大学eラーニング協議会 監修
日本リメディアル教育学会

大学における
eラーニング
活用実践集

大学における学習支援への挑戦2

Building a System
of Developmental
Education at
Universities and
Colleges in Japan 2

ナカニシヤ出版

まえがき

　文部科学省高等教育に関わる，大学競争的資金プログラム「現代 GP（e ラーニング）」の採択大学が集まって，「大学 e ラーニング協議会」を 2009 年 6 月に発足した。e ラーニングによる大学の実践は，一過的なプロジェクトではなく，各大学での実態を踏まえながら独自の取組を継続的に実践しておくことが重要である。そういった意味・視点から，協議会の各大学の方々が，積極的に関与してくださったことに感謝の気持ちでいっぱいである。

　最近，タブレット型を含め，軽量かつ高性能なノートブック型パソコンが急速に普及し，従来の教科書的なコンテンツは電子化されてきている。私たち，大学 e ラーニング協議会も，将来に向けて，e ラーニングと電子教科書の融合などについても十二分に議論・検討する時期に来ているのではなかろうか。さらに，開かれた大学教育を実現していくためには，e ラーニングという教育手段は，今後，よりいっそう求められるだろう。前述したモバイル PC（タブレット）は，いつでも，どこでも，そして誰でもが，"学ぶ"というニーズと意欲がある人たちにとって，きわめて利便性の高いデバイスである。このような動向を十分に認識して，大学 e ラーニング協議会の存在の意味・価値を，さらに高めていく必要があるだろう。

　こういった事項をふまえて，私たちの協議会に加盟して戴いている大学が，それぞれの特徴を出し合って，ここに本書『大学における e ラーニング教育への挑戦―ICT を活用した教育改善の実践事例』を，刊行することとした。本書は，2012 年に刊行された日本リメディアル教育学会監修『大学における学習支援への挑戦―リメディアル教育の現状と課題』の姉妹書として，位置づけられる。それぞれの大学の目的遂行に対応した知恵，特徴，また制約条件，組織造りなどのノウハウが詰まった貴重な書物である。日本を代表する e ラーニング推進事例もかなり紹介されているので，大学教育の発展にうまく利用していただけるのではないかと自負している。

　最後に，本書の刊行にあたって多大のご尽力をいただいたナカニシヤ出版の米谷龍幸氏に執筆者を代表して感謝の意を表したい。

2015 年 12 月
岡本敏雄

目　次

まえがき　*i*

01　本書の概要 ──────────────── *1*

1. はじめに（穂屋下 茂）　*1*
2. eラーニングの使い方（岡本敏雄）　*2*
3. 高等教育における学習支援（寺田 貢）　*7*
4. ICT活用による学習支援（穂屋下 茂）　*10*

第1部　システム編

02　eラーニングプラットフォーム ──────── *18*

1. 本章の概説（喜多敏博）　*18*
2. Moodle（喜多敏博）　*18*
3. CHiLOs：大規模オンラインコースを考慮した学習支援システム
（堀 真寿美）　*22*
4. CEAS/Sakai システム（冬木正彦）　*27*
5. Sakai（常盤祐司）　*31*

03　eラーニングのコンテンツ ─────────── *36*

1. eラーニング用コンテンツについて（森 祥寛）　*36*
2. 教材のタイプ（米満 潔・穂屋下 茂）　*37*
3. コンテンツ標準規格 SCORM の導入と活用（仲林 清）　*41*
4. 佐賀大学における教材運用事例（古賀崇朗・穂屋下 茂）　*46*
5. デジタル教材制作における学内標準化の取組（畑 耕治郎・西尾信大）　*51*
6. インストラクショナル・デザイン（ID）理論を活用したブレンディッド型授業への再設計事例：愛媛大学 日本語リテラシー入門（仲道雅輝）　*55*
7. 学生のプロジェクト学習と連動した教材開発と運用（山川広人）　*61*
8. 基礎知識の確立を目指したコンテンツの組織的運用（児島完二）　*65*

9　大学発ベンチャーを活用した教材作成・運用に関する試み
　　　（森　祥寛・佐藤伸平）　　68

04　IT活用教育支援システム ——————————————— 75

　1　本章の概説（不破　泰・長谷川　理）　75
　2　ポータル・シラバス・出席管理（中野裕司）　75
　3　事例「金沢大学におけるポータルサイト構築方法」（森　祥寛）　79
　4　eラーニングシステムとeポートフォリオを活用した教職教育支援：
　　　信州大学の事例（長谷川　理・谷塚光典）　83
　5　オープンソースLMS「ILIAS」を用いたICT活用教育の実践
　　　（福村好美・中平勝子）　86

05　協調学習を支援する：CSCL ——————————————— 91

　1　本章の概説（岡本敏雄）　91
　2　eラーニングによる教育の改革：
　　　協調学習を実現するLearning Technology（岡本敏雄）　91
　3　電子教科書と協調学習（田村恭久）　100
　4　協調学習支援のための技術基盤（香山瑞恵）　103
　5　協調学習指向のモバイルラーニングの形態と実態（永田奈央美）　106
　6　CSCLに基づいた学習モダリティ（小尻智子）　110

06　eポートフォリオ ——————————————————————— 119

　1　概要（中野裕司）　119
　2　eポートフォリオシステム（中野裕司・渡辺　潮・丹羽量久）　120
　3　オープンソースeポートフォリオシステムMahara（隅谷孝洋）　123
　4　Sakaiコミュニティにおけるeポートフォリオ（宮崎　誠・梶田将司）　127
　5　創価大学で開発したポートフォリオシステム（望月雅光）　131
　6　「学生カルテ」の活用：教職員が連携した中途退学予防の取組（斉藤和郎）　136
　7　職業人研修におけるeポートフォリオ：ITSSスキル診断を例として
　　　（戸田博人）　141
　8　ビッグデータとしてのeポートフォリオ（佐伯　敦・島田昌紘）　145

第2部　学習支援

07　入学前教育 ——————————————————— 152

1　本章の概説（石田雪也）　*152*
2　eラーニングを利用した入学前教育の実践（湯川治敏）　*153*
3　学力試験を課さない入試区分合格者に対するeラーニングを活用した入学前教育：
　　鳥取大学の事例（森川　修）　*156*
4　入学前教育実施における効果と成績推移（大河内佳浩）　*160*

08　初年次教育 ——————————————————— 164

1　本章の概説（穂屋下 茂）　*164*
2　ICTを活用した初年次教育の改善の試み（穂屋下 茂）　*165*
3　山梨大学におけるプレースメントテストと初年次教育の取組
　　（佐藤眞久）　*171*
4　eラーニングと作問演習を併用した数学リメディアル教育の実践
　　（高木正則）　*178*
5　ICT活用により学びのふりかえりを促す初年次教育：
　　「スタディスキルゼミ（プレゼンテーション）」の授業設計（岩崎千晶）　*184*

09　学部教育の学習支援 ———————————————— 191

1　本章の概説（小松川 浩）　*191*
2　茨城大学におけるeラーニングシステムを用いた教育支援（宇野美由紀）　*192*
3　学習管理システムを活用した大規模授業運用（松葉龍一）　*196*
4　ICT技術を活用した学習サイクル形成のための英語教育実践（深田將揮）　*200*
5　大学授業の規格化（本村康哲）　*204*
6　理工系コンピュータ教育におけるICTの活用事例（安室喜弘）　*208*

目　次　*v*

10　キャリア教育 ——————————————————— *214*

1　キャリアポートフォリオについて（望月雅光）　*214*
2　創価大学における活用事例（望月雅光）　*215*
3　キャリア教育でのポートフォリオ活用（石田雪也）　*218*
4　金沢工業大学のキャリア教育（藤本元啓）　*221*
5　短期大学におけるポートフォリオの活用（加藤竜哉）　*227*
6　「蓄積・ふりかえり・発展」を促す映像ポートフォリオ（石毛　弓）　*231*

第3部　組織・運営

11　学部教育 ——————————————————— *238*

1　本章の概説（仲道雅輝）　*238*
2　授業設計支援の普及推進を目指した全学的支援体制の構築：
　　教育デザイン室の設立（仲道雅輝）　*239*
3　e ラーニングから始める組織的な学習支援体制の構築（宮原俊之）　*244*
4　創価大学の教学マネジメント体制：
　　1つの事例として（寺西宏友・馬場善久）　*250*
5　e ポートフォリオを活用したアクティブ・ラーニングの実質化
　　（新目真紀・玉木欽也）　*255*
6　ソーシャルメディアを活用したアクティブ・ラーニングの実質
　　（新目真紀・玉木欽也）　*259*

12　組織的な連携 ——————————————————— *264*

1　組織的な連携について（福村好美）　*264*
2　大学・高専の技術者育成を支援するeラーニング高等教育連携
　　（福村好美・西野和典・小川信之・兼松秀行）　*265*
3　学士力養成のための共通基盤システムを活用した主体的学びの促進
　　（小松川　浩）　*273*
4　学習コミュニティを基礎とする福井県大学間連携（Fレックス）
　　（山川　修）　*276*
5　四国の地域づくりを担う人材育成のための大学間連携（eK4）（林　敏浩）　*280*
6　国内外における MOOC を活用した大学間連携の動向（重田勝介）　*284*

あとがき（小松川 浩）　　289
関連用語集（米満　潔・山川広人）　　291
事項索引　　303
人名索引　　309

01 本書の概要

穂屋下 茂・岡本敏雄・寺田 貢

1 はじめに

穂屋下 茂

　日本における e ラーニングの推進は，e-Japan 重点計画（IT 戦略本部，2001）に基づく，情報のブロードバンド化（高速大容量通信）に伴ってはじまった。2000 年 11 月には，IT 基本法が策定され（大学審議会，2000），文部科学省も e ラーニングを推奨し，2001 年 3 月には大学設置基準法改正が行われた。双方向で対面講義に相当する教育効果さえ確保できれば，卒業に必要な 124 単位のうち 60 単位を e ラーニングでも修得可能になった。また，e ラーニングを活用すると画一的な戦後教育から脱却して，個々人に応じた教育を実施することができるという期待もあった。高度情報通信ネットワーク社会推進戦略本部は，2010 年 5 月には「新たな情報通信技術戦略 工程表（IT 戦略本部，2010）」を，2012 年 7 月にはその改訂版を策定した。小・中学校から ICT 活用教育の積極的な導入を図る計画が示されている。

　そのような中で，大学における e ラーニング実践は 10 年以上経過し，珍しい学習方法ではなくなったが，まだまだ大学教育で十分に活用されているとはいいがたい。それに加え，大学の経営陣が費用対効果や教育の質保証を期待して，e ラーニングを全面的に導入したいと願っても，思ったように推進できない状況にある。

　最近，少子化に伴う全入時代を迎え，高校時代に修得しておくべき基礎学力を身につけていない学生が入学してくるようになった。そのため，大学教育が成り立たず，基礎科目の学習（リメディアル教育）支援体制も必要になってきている。また，高校までの教育から大学教育への転換を図る初年次教育も導入されてきている。一方で，教育の出口である大学は，社会・経済界から教育の質保証や卒業時の学士力や就業力を強く求められてきている。

このような状況に対して，教員数を増やして少人数教育で対応したいところであるが教職員数はむしろ減少傾向にある。そうなると，eラーニングやeポートフォリオなどのICT活用による学習支援導入が現実的な手段となりうる。反転授業のようにeラーニングを対面授業を支援（補完）する手段として利用すれば，教育の質を著しく向上させることができる実例も報告されはじめた。eラーニングの教育改善への積極的な利用はむしろこれからが本番であり，大きく期待されている。

2 eラーニングの使い方

岡本敏雄

● 2-1　大学によるeラーニングの組織的実践

2009年6月，文部科学省高等教育に関わる，大学競争的資金プログラム「現代GP（eラーニング）」の採択大学が集まり，「大学eラーニング協議会」を設立した。

eラーニングによる大学の実践は，一過的なプロジェクトではなく，各大学での実態を踏まえながら独自の取組を継続的に実践していくことが大切である。このような大学におけるeラーニングの実践という定常的な教育活動において，組織的取組は不可欠である。その条件として，以下の事項を特筆しておく。

> ①大学におけるeラーニング活用の教育理念の合意
> ②大学全体のカリキュラムの下でのeラーニングによる実施科目
> ③eラーニングコンテンツの開発体制と方法論
> ④eラーニングによる教育に対する評価の方法（各大学における教育評価，コンテンツの評価，組織の評価，FDといった視点からの評価など）
> ⑤コスト・パフォーマンス

上記の観点から，大学eラーニング協議会では，内部に，①システム運用部会，②コンテンツ・教材共有部会，③ICT活用教育事例部会という3つの部会を設け，加盟大学が，いずれかの部会に主体的にコミットし，物や資源（コンテンツ，各種ユーティリティ，評価法など），大学内の組織作り，人材開発などの経験や知恵を相互交換する取組を継続してきた。

文部科学省の多くの政策における，「現代GP（eラーニング）」に採択されたeラーニングの実践はきわめて良好で，かつ成功した事例ではなかっただろうか。その成果は，毎年開催される"e-Learning World/Award"とよばれる日本で最大規模

の展示・実践の公開場で，多くの方々に公開されている．

● 2-2　変化する教育環境とeラーニング

　近年，インターネット技術，Web技術の急速な発展・進歩に伴って，多くの人々が，情報発信を積極的に行えるようになった．Webページの開設，Blog，SNS，Wikiなどは，その活動を支援してくれるコミュニケーション型の知識共有の道具であり，今後，さらに多様な道具が登場するであろう．そこでは，データ・情報の保存や再利用，リソースの共有，そして知識マネージメントといった行為を支援する機能も具備されよう．このようにインターネットの普及は，情報のやりとりや意思・思考の交換において，個人と社会との関わりの形態を大きく変化させつつある．

　こういった変化に伴って，社会の構造が大きく変化し，社会の機能・構造形態も未分化から分化，そしてクロスオーバー型へと変容しつつあるように見受けられる．また人々の学習形態も，集合学習（一斉学習），グループ学習，個別学習などさまざまなものが増え，また学習の目的，内容として期待されるものが知識伝達，知識理解，知識応用，知識構築そして知識創造へと変化してきている．つまり，「学習」という概念も個人の学習と同時に社会的関わりや相互作用を伴ったものへと変化し，そのような学習の機会が提供されるようになってきた．今では観察，協働といった行為を伴う多くの学習や情報交換の場が提供されている．協働学習環境は，知識を作り出すためのいわば生産財，資本財である．そしてそこでは実践を通した問題解決のための実践知をどのように共有・蓄積・再利用するかということもポイントとなる．

　こういった環境変化に伴って，学校世界において，どのような優位さと効果をもった学習環境や方法を提供していくべきかが問われている．そして教育の質保障の問題も声高に叫ばれ，教師の教育力を問う声も盛んである．つまり，学び手の確かな能力形成のための教授力も問われ，また要求されているのである．

　このような状況は，当然ながら教育活動にも大きな影響を与え，ひいては学習活動の形態や教育の場を変化させている．家庭・地域，私塾・寺・教会，学校といった従来型の学びの場に加え，現在は，Virtual Schoolや，eラーニングを行うことのできる場が仮想空間上に形成されつつある——そして，そこでは，かしこい（スマートな）電子教科書，かしこいコミュニケーション・ツール，インタラクティビティとリアリティのあるコンテンツ，さらに知識創産・共同作業ソフトなどが出現するであろう．そして，それらの活用によって教育活動での的確なフィードバック処

理と成績・評価活動などの迅速化・効率化・多様化が図られるだろう。

　昨今，MOOC（Massive Open Online Course）とよばれる実際の授業・講義の動画像配信システムが脚光を浴びている。そして反転授業という用語も人口に膾炙している。しかしながら，この取組はむしろ技術的，教育的には何ら新しいものではなく，インターネット技術の発達と動画音声を高速に転送できる技術によって可能になったものであり，教育的な視点からの技術要素においては何ら目新しいものを含まない。かつて，米国スタンフォード大学やMITを訪問した時，すでに小規模ながら実践されていたことを思い出す。

　また，MOOCとともに，流行している反転授業も実習・演習を学校で行い，事前学習をMOOCによって，予め関連知識などを自宅で学習していくというものであり，教育工学の歴史において，何ら，技術的，教育的に新しいものではない。しいていえば，Massive（大容量の動画像・音声を送れる）ということが魅力なのであり，ある意味では，従来の視聴覚教育の延長ともいえよう。

　しかしながら，重要なことは，学び手（学習者）の確かな学力形成を個々人に対して，学習活動の記録（ログ・データ）をきちんと取り，それを学習ポートフォリオとして多面的な視点で診断・評価し，活用できる仕組みをつくることが重要であり，それはeラーニングシステムの重要な機構なのである。この本質をきちんと見極めなければならない。

● 2-3　eラーニングと電子教科書の融合と素朴な疑問

　現在，紙のノートブックを思わせるほど携帯性の高いタブレット端末が出現し，モバイル化が進んでいる。それによって，自由度の高い，ダイナミックな授業が工夫される必要があるが，その実現のためには，学校と実世界をつなぐことが重要である。

　このような多機能デバイスは，ユビキタスという概念・機能を実現しながら，安価な日常的道具として普及している。それゆえ，従来の教科書的なコンテンツは，電子化が可能な条件が整い，紙ベースの利用感，そしてさらに紙の教科書にできないことを実現させはじめている。また，通信機能の充実と利用コストの低減に伴って，マルチメディア機能を始め，さまざまな表現，書き込み，加工，記録，再生などの機能を搭載した夢の教科書を創り上げることもできるようになった。同時に素朴な紙ベースの使用感を充足させるためのさまざまな技術的な工夫（特にインタフェイスにおいて）もされている。このような教材が有効活用が想定される利点を列挙してみよう。

①全ての教科の教科書をノートブック型のPC1台で対応できる（何冊もの教科書を鞄の中に入れ，持ち運ぶ必要はない）
②ノートブック型のPCを活かした新しい教材の可能性がある。eラーニングの形態として活用できる
③学習記録（ログデータ）が保存され，個人個人の学習活動評価が可能になる（eポートフォリオを作成・活用して）。そして，それらを基にした，幅の広い学習活動の支援が可能になる
④タッチパッドなので，操作性が簡単である
⑤教材の自主開発ができ，学校全体を活性化することができる
⑥協調学習など，新しい学習方法が展開できる
⑦マルチメディア対応の教材が開発できる

逆に，以下のような問題点も指摘されている。

①個人データはどこに保存されるのか？　個別の機械か，サーバーか？
②無線LANはどう設定するつもりなのか。全義務教育学校に無線LANをということであるが，そのリスクは？
③眼の疲労や精神的な影響などはないのか？
④操作性は小学校低学年でもできるのか？　漢字や変換の方法などは小学校でも可能な設定か？
⑤宿題などは端末を持ち帰って行うのか？　家庭での破損はだれの負担になるのか？
⑥デジタル教科書の中身は，誰がどのように開発するのか？　著作権などの問題はないか？（デジタル複写も含めて）
⑦教科書検定制度はどうするのか？
⑧著作権の認定はどうするのか？
⑨動画コンテンツの扱いはどうするのか？
⑩関連必要資料の扱いはどうするのか？
⑪インターネット空間でのWebやSNS機能をどう活かすのか？
⑫音声をどう活かすのか（英語や音楽などでは音が重要でイヤホンも必要）
⑬技術的なさまざまなトラブルへの対処はどうするのか（電源を入れてからの起動時間や，起動がうまくいかない場合，無線LANの設定やトラブルへの対処など）

上記のような問題点をふまえるならば，運用面での技術的なサポートは不可欠であり，学校予算に，それが組み込まれる必要がある。また，学校内へのインターネット系の ICT コーディネーターの配置（企業からの派遣といった契約も必要）も不可欠であろう。なお，学生と教員が，十分な face to face の環境を確保することも重要である。つまり適切な企業との連携・協力体制は不可欠である――そして，これは，新たな雇用を創出できる。

● 2-4　ブレンディング：統合的な活用方法
　従来から e ラーニングシステムは，①コンテンツ（デジタル教材）の開発環境（オーサリング機能），②配信機能（デリバリング），そして，③監視機能（システムの監視，児童・生徒の学習状況の教育的なモニタリング）といった視点で研究・開発・実施がなされてきた。今日，電子教科書（そのデバイスも含めて）が，インターネット空間と Web 機能を取り込んだ，より汎用性と柔軟性を有した形で進化していくとしても，それは，次世代の「e ラーニングシステム」であり，何ら差別化をする必然性はないだろう。マーケット（需要と供給サイド）は，すでにその方向で動いており（筆者も関係する）ISO-SC36 などで検討している国際標準化活動も継続されている。
　本節で説明したように，電子教科書を活用した学習形態・環境は，極めて自由度の高い学習世界を提供するが，重要なことは，教師の役割である。「教える」という行為と担当する学習者（生徒）に対して，迅速で適格な「診断と処方箋を与える」という行為が重要となる。そういった教育・指導能力を研鑽できる仕組みも，不可欠となろう。そして，最も重要なことは，教育は，「人を見て法を説け！」といわれるように，環境，デバイスは何であれ，教師は，学生の確かな成長をみる眼をもち，養うことが最も重要であることを十分に認識する必要がある。
　かつて，e ラーニングにおいても，動画像を含むマルチメディア対応のコンテンツ開発が盛んな時期があった。しかし，開発コストが掛かり過ぎることと，ネットワーク上での転送速度の遅延の問題もあり，この部分はビデオテープ（または CD）というメディアが利活用されてきた（これは視聴覚教育において，一時期，大きなブームになった）。そして，全ての学校の視聴覚教室にテレビが設置されたものである。現在，インターネットを介して，学校のみならず，家庭で視聴できる技術が提供され，前述の MOOC の発展につながっているが，本質的な違い，ポイントを見失ってはならないであろう。もちろん，これらの統合的な活用方法による共存（ブレンディング）がポイントなのである。

3 高等教育における学習支援

寺田　貢

● 3-1　高等教育の変遷

　本節では，高等教育機関における学習支援について，それが必要となる背景やその対象となる学生など，学習支援に関わる問題点について簡単に述べる。学習支援に関する事例については，高等教育機関における多数の取組を紹介した，『大学における学習支援への挑戦』(日本リメディアル教育学会編, 2013) を参照されたい。

　理工系の分野で大学をはじめとする高等教育機関における学生の学力低下が問題視され，学生の学力低下が顕在化したのは 1994–5 年ごろと推測される。筆者が関与していた応用物理学会応用物理教育分科会会誌「応用物理教育」では，その前年までにはほとんど語られることのなかった「理科離れ」が1つのキーワードとなり，「理工系学生の学力の問題」が取り上げられるようになったのがこの時期である (宮尾, 1994; 風間, 1994)。会誌に記事として掲載され顕在化するという以前にも，関係者の中では議論されていたことと考えられる。

　1991 年のいわゆる大学設置基準の大綱化，新設大学の増加，入試科目数の削減などの変化により，日本の大学には大衆化の時代が到来したといわれた。その後，初等・中等教育の学習指導要領の改訂により，各種の教科の学習内容・学習時間が削減された，いわゆる「ゆとり教育」が話題となり，その教育を受けた「ゆとり世代」が大学に入学するといういわゆる「2006 年問題」が注目された。日本リメディアル教育学会が創設されたのは 2005 年 3 月で，まさに 2006 年を目前にした瀬戸際の時期であったといえる。

● 3-2　学習支援が必要となる背景

　大学などの高等教育機関で実施されている学習支援は，主に推薦入学者を対象とする入学前教育に始まり，入学後には，単位が付与される形式で実施される初年次教育や単位の付与されないリメディアル教育などがある (谷川他, 2013)。学年が進むと修得単位数や出席状況を基に一部の学生に対して行われる修学指導や卒業後の進路に関する行われる指導などがあり，学習支援とは少し性格は異なるかもしれないが学生に対する支援と考えられる。

　このように在学中の種々の段階で実施される学習支援は，学生が定められた期間内に卒業することがその主目的であると考えられる。定められた期間内に卒業することは，当然のことではあるが，人それぞれの多様な個性を尊重することが求めら

れる現代の社会では，定められた期限にはしばられず，必要な能力が身につくまで在学して，勉学を継続することも求められるようになるかもしれない。

　大学などにおける学習の成果は，学習者個人の資質，学習に対する意欲，入学前の学習状況など，多様な要因により定まる。本来であれば，年限に関係なく，設定された単位数を修得することが重視されるべきであり，卒業の基準を満たせば卒業するということが単位制である。一方で，一般の大学であれば，例えば4年間在学することが卒業の要件であると認識されている。高額な学費，その負担者である保護者およびその保護者の属する社会からの要請は，当然4年間での卒業であり，これがさまざまな形での学習支援を実施させる原動力となっている。

　就職状況は厳しいとはいっても，「3月に大学を卒業した者は，4月から新社会人となる」ことが社会的通念であり，これから脱落しないことがよいことと一般には認識されている。トコロテン式と嘲るか，秩序正しいととらえるか，評価は分かれるところであるが，学習支援を十分に施し，留年や中退をできるだけ抑制し，「秩序」を守ろうとすることが選択されているものと考えられる。

● 3-3　学習支援の対象となる学生像と支援に対する問題点

　前述のように，多様な学習支援が実施されているが，その中でも最も重要なものは，成績が不振で学力が不十分な学生に対する学習支援である。学生が成績不振に陥るには，いくつかのパターンがある。

> ①学習の基礎となる学力が十分でなく，講義内容を理解できない
> ②講義には出席するが，理解できないことを教員に質問したり，友人と勉強しようとする積極性や社会性が欠けている
> ③入学後に，友人など適切な人間関係を築くことができない
> ④勉強はそっちのけで，アルバイトやクラブ活動に注力しすぎる
> ⑤精神面の疾患などで，大学生活に対応できない

　実際には，これらが複合的に組み合わさることにより生じる原因やこれら以外の要因が存在することも十分に考えられるが，学生の日常から見受けられる原因としては以上のようなものが代表的であると考えられる。

　これらの事項の多くから生じる結果としては，一部の場合を除けば，不登校に陥ることが挙げられる。学校に来ても，講義を理解できず，友人もなく，自分の居場

所を見出すことができないという悪循環で，勉学を継続することをあきらめてしまう。中退して新たな目標をもって生きていくことができればよいが，⑤のように精神面への問題につながる場合もある。

学習支援として準備されるのは，高校を退職したベテラン教員，委託を受けた予備校の講師，大学院生や高学年の学生，専任のリメディアル教育担当教員などによる，個別指導や補習授業であることが多い。これらは成績不振の学生の勉強を手助けし，一般の講義をフォローできるようにすることが主な目的である。

これらの学習支援は，上記の①と②のような「やる気はあるがうまくいかない」という学生に対しては，学習支援を受けにさえ来れば，コーチングとしての効果が期待できる。一方，③のように在学すること自体に意味を見失った者や⑤のような者に対しては，カウンセリング的な対応が必要と考えられ，コーチングはむしろ逆効果になる場合さえある。eラーニングなどのICT利活用教育が学習支援に適用されることも期待されるが，意欲を失ってしまった者に対しては有効な方法となりえるかどうかについては疑問が残る。また，厭世的になり，eラーニングなどの他人とかかわらない勉強法以外を拒むようなことが起きた場合には，社会への適応性に欠ける人格を生む懸念もある。

このように，学習支援の実施よりも，学生部などの学生生活について指導する部門や健康衛生面に対応する部門によるケアが必要な場合も存在する。さらに，学生の個人情報の保護という観点から，成績や生活状況などについての情報は，一般の教員に提供されることが制限されるケースがある。学生が成績不振に陥る予兆を見逃すだけでなく，その状況の把握を困難している。ICTを利活用して，教員に情報を提供するシステムを導入できても，そこに情報を掲載することが制限されることにより，システムが活用されないことも考えられる。

● 3-4　学習支援の必要性への教員の関与

多くの教員に共通する意識として，「学生は自分で勉強するのが当たり前」「講義内容でわからないことは質問などをして学生が自分で解決する」ということがある。また，学生はたとえ大学生であっても，高校までの授業スタイルから抜け切れず，「先生が黒板に書くことを，ノートに書き写す」「講義中に配布されるプリントをもらっておけば安心する」というような感覚である場合が多い。このミスマッチがさまざまな問題の発生源であるかもしれない。

大学の大衆化はすでに常態化し，学習指導要領の改訂によりゆとり教育という

状況も解消したとされる今後は，教育に対するこれらの阻害条件が取り払われたとみなされる。学習支援による知識補完を頼りにすることなく，学生の本来の学力の状況に適したカリキュラムを構成し，適切な教育法を用いて，多様な学生に効果的な教育を提供することに取り組むことが教員の責務となる。本書で紹介されているICTを利活用したさまざまなシステムが，正課の講義科目の中で有効なツールとなり，教員の責務が果たされるようになることを期待する。

● 3-5 まとめ

高等教育が機能するために，成績が不振の一部の学生に対する学習支援は必須の要件であるとは考えられるが，これにより救済される学生は限られる。その境界は，「やる気の有・無」ということである。「やる気」を失うに至るまでに，タイムリーに学習支援を提供する体制が実現されること，または学習支援により，失われた「やる気」を学生に再び取り戻させることができれば，学習支援の意義も評価も変化するはずである。

4 ICT活用による学習支援

穂屋下 茂

● 4-1 教育の質の保証

日本は，高齢化率が25.0％を超える超高齢社会であり，国内市場が飽和するなか，新卒で外国人を採用する企業や，海外市場に力を入れる企業が増えてきている。さらに国内にいても，海外との取引を見据えてグローバルに活躍できる人材が求められている。そのような大きく変容する経済社会において，学士力や就業力が低いまま大学を卒業し，グローバル社会で活躍できない人が増えてきていることは大きな社会問題になっている（中央教育審議会，2012）。その主な原因は，大学に入学したものの学ぶ意欲が低く，学習時間も欧米に比べて著しく短く，必要単位に相当する十分な学修をしないままで卒業できてしまうような環境にある。昨今，学修環境の改善による「教育の質の保証」が求められ，その1つとして「単位の実質化」が強く推奨されはじめた。

1単位は，授業時間を含め45時間の学修時間を前提に設定されたものである。単位の実質化はそれを遵守することにあたり，履修登録できる総単位数の上限を制限するCAP制が導入されると，半期（1セメスタ）に20単位前後の科目履修登録しかできなくなる。CAP制を導入したものの，講義方法が従来のままであれば，学生

にとって増えた授業外時間は，そのままアルバイトなどの時間になるのではないかという懸念もされている。ただ長いだけの学修時間を確保することよりも，短くても集中できる学修時間を確保することが重要であるから，学修時間に拘らないというID（Instructional Design）の考え方も当を得ている。

教育には「教わる」「学ぶ」「教える」の3つの要素がある。俗に，ある知識を得るとき，その知識全体を100とすれば，一方向講義では20，議論しながら学んだ場合（双方向学修）は50，教える側にたてば80以上の理解度になるといわれる。昨今，教育改善の策として「教える教育」から「学び合い，教え合う教育（学修）」への教育の質的転換が求められ，大学教員の授業力量形成の実践的研究も遂行されている。大学の構成メンバーは役員，教員，事務職員，学生である。従来の一方向講義形式から脱却して，双方向の授業を実現するために，ティーチング・ポートフォリオ（TP）やチュータ制度の効果的な導入のほか，事務職員も教育支援に積極的に携わる教職協働も注目されている。

● 4-2 学士力や就業力を重視した教育環境

大学教員は，教育，研究，地域・国際貢献のほか，さまざまな各種委員会などの学務がある。そこに，教育改革の必要が迫られ，自立および自律した学生を育成するための教育改善が求められている。これまでの「何を教えるか」から「何ができるようになるか」へのパラダイム変化が迫られ，一方向授業から双方向授業が求められている。効果的な方法として，能動的な学修であるアクティブ・ラーニングが挙げられる。例として，演習，実験，実習，野外調査なども含まれるが，最近注目されているアクティブ・ラーニングは，高次のアクティブ・ラーニング（溝上，2007）と呼ばれるもので，教室内の授業を能動的にした課題研究型授業，クリッカーなどを用いて逐次フィードバックさせる学生参加型授業，各種の共同学習を取り入れた授業（協調学習／協同学習），問題発見・問題解決させるPBL（Problem Based Learning）／TBL（Team Based Learning）を取り入れた授業，さらに予習とミーティングを併せたLTD（Learning Through Discussion）話し合い学習法など（安永，2006）がそれに相当する。アクティブ・ラーニングは単に双方向であるというだけでなく，小グループワークなどで学生が主体的に意思決定を行うことに意義があるとされている。

特に大学に入学してきたばかりの学生を対象とした初年次教育にこれらの学習法を導入すれば，学部の専門科目の授業にも効果的に影響するのではないだろうか。この取組を広げるためには，その学習法を教員らに教えられる人材の確保や研修の

実施，さらにはその効果の検証などが必要である。

また大学教育についていけない学生のためのリメディアル教育を行う教員および学習室を備えた学習支援センターの設置も必要となっている。教員のみでは様々な学力レベルの学生に対応できる十分な時間が確保できないので，職員の教育支援も必要になり，これまでにない教職協働の考え方が大学全体で共有される必要がある。

将来の目標（夢）をもっていない学生も多い。キャリア教育・就業力支援も重要になってきている。就業力とは「就職力」ではなく，「就職した先に適応し，さらに自分を発達させる力」であるとすれば，キャリアセンターなどの専門職員の育成が重要で，ここでも教職協働の考え方が重要になる。初年次教育におけるコミュニケーション能力育成も，人間力や就業力を養うのに重要な要因である。対人コミュニケーション能力を測定（小野他，2012）し，向上させる方法を導入することなども重要課題となっている。

● 4-3　ICT 活用教育

質の高い教育の実践は，学生に単位に相当するだけの学修をさせること，すなわち単位の実質化が基本であろう。しかしながら，授業時間外に課題を与えて学生に自学自習させようとしても，教員が綿密にチェックして評価しなければ学生は勉強してこない。これが日本の大学の現状である。

e ラーニングを対面授業の補習・補完教育として用いれば，教員の負担を軽くして，より高い学習効果や教育改善が実現可能になる（米満他，2008）。LMS の学習履歴などを収集・整理してデータ化すれば，学習カルテ（e ポートフォリオ）の基礎データにすることもできる。これは「単位の実質化」を実現するための１つの手段であり，学生の教育の質の保証につながる。

2009 年 2 月に「大学 e ラーニング協議会」が設立され，大学間連携を図りながら，ICT を教科教育や学務への活用について研究を進めている。e ラーニングに関するノウハウや，教育方法と密接に連携した FD の取組などを積極的に公開し，e ラーニングを活用した効果的な授業展開や新たな教育方法の確立を検討するのが目的である。今後の活動の１つとして，教務ポータルサイト，シラバス，LMS，e ポートフォリオ，さらに IR（Institutional Research）などのシステムを統合した，利用しやすい教学システムの構築の研究を期待したい。また，教育評価に欠かせない評価尺度の利用研究や各大学の具体的な教育目標を詳細に描ける人材（専門職員）育成が重要になってくると思われる。

● 4-4 ICT を高度に活用した反転学習へ

ICT は，同期型遠隔授業，VOD 型フル e ラーニング，対面授業に e ラーニングを取り込んだブレンディッド・ラーニングなどさまざまな形態で，正課科目の授業に利用されている。従来の授業は，教室で講義形式で行われ，主な知識伝達はそこで行われる。学生は主体的にメモを取りながら知識・スキルを獲得していく。そして，自宅で復習して知識を定着させるのが一般的な従来の授業スタイルである。

それに対し，授業外時間に自宅などで動画などによる講義を聴講して，知識を習得し，教室では獲得した知識をもとに「教え合い，学び合い」で知識を確認し，さらに発展的な課題に取り組む反転授業が注目されている。これは，まさしく経済産業省や文部科学省が望んでいる問題解決型の人材育成の大学教育への変革に相当する。正課のいくつかの必修科目などで反転授業を実施できれば，すなわち学生が年に数科目，反転授業の実施により，授業外時間に自学自習で主な知識獲得を行い，教室では協同学習などにより教え合い，かつ学び合う機会を得ることができれば，大学教育に大きな変革をもたらすことができるかもしれないと筆者は密かに期待している。

これを実現するためには，科目の内容に合わせて動画講義や教材などを準備しなければならない。原則，教員が自分で準備しなければならないが，無料で提供されているコンテンツを利用する方法もある。例えば JST（独立行政法人科学技術振興機構）は学習コンテンツサービスを行っており，理科コンテンツや基礎的技術や知識の VOD 型教材が揃っている。OCW（Open Course Ware）は，大学などで正規に提供された講義とその関連情報のインターネット上での無償公開活動である。MOOC は，主に講義の模様が映像コンテンツとして配信・公開しており，その大半は無料で視聴することができる。映像の他に履修内容を確認するテストが用意されていたり，条件を満たした受講者に履修完了を認定する証書の発行を受けることができたりする場合もある。これは OCW と異なるところである。ただ，今すぐ各大学の正課科目の授業に適した教材を簡単に得るのは困難そうであるので，しばらくは教員同士または大学間連携事業として自分達で作成するしかなさそうである。

● 4-5 ポートフォリオの有効活用

日本の大学における ICT を活用した教育環境は少しずつ拡大している。ICT 活用として，最近 e ポートフォリオが注目されている。ポートフォリオは「紙ばさみ」

を意味する英語からきている。eラーニングの仮想教室にあたる LMS は，半年か1年の短期間の利用であるが，eポートフォリオは入学から卒業までの長期間の利用である。eポートフォリオには，「学習ポートフォリオ」や「キャリア・ポートフォリオ」「学習カルテ」「メンタリング」など，さまざまな利用方法が考えられる。

　また，チュータ制度（担任制度）を導入する傾向も強い。特に学習ポートフォリオなどは学生とチュータをつなぐ有効なツールとして期待されている。ティーチング・ポートフォリオ（TP）やスタッフ・ポートフォリオ（SP）などは，教員や事務職員の FD／SD の一環として，導入も始まっている。しかしながら，その効果が報告されているものの，全体的には発展途上段階にあり，今後効果的な利用事例に基づいて，各大学に適したかたちに形態を変えながら発展すると考えられる。

● 4-6　授業支援体制

　アクティブ・ラーニングやピア・ラーニングは，学修量や質を考慮しながら全学的に活用しなければならない。そのため教員を支援する体制が必要である。すなわち，学修環境やカリキュラムをデザインする力，教員，職員及び学生の組織を授業に活かす力，さまざまな形式で実施されるアクティブ・ラーニングに適合した空間をもつ教室を設計する力，さらにはアクティブ・ラーニングに対する効果を測定する尺度を開発・利用する力などをもつ教員や職員が必要となる。このような能力をもつ教員や職員をいかに育てるか，また適材適所に配置できるかが，大学の教育改革の鍵になる。

　ICT をフルに活用して，さらにアクティブ・ラーニングやピア・ラーニングを展開してこそ，これまでに果たせなかった教育改善が可能になると期待される。文部科学省大学間連携共同教育推進事業において，筆者らによる「学士力養成のための共通基盤システムを活用した主体的学びの促進」が採択され，2012 年 8 月から事業を開始した。eラーニングやeポートフォリオなどの ICT を十分に活用して，教育責任者である教員の負担を軽くし，職員や学生チュータと協働して授業を活性化させ，自律した学士力及び就業力の高い学生を輩出できる教育環境を構築できることを願っている。

【引用・参考文献】
第2節
大学審議会（2000）．グローバル化時代に求められる高等教育の在り方について（答申），文部科学省(2000年11月12日)〈http://www.mext.go.jp/b_menu/shingi/old_chukyo/old_daigaku_index/toushin/1315960.htm（2015年8月14日参照）〉
IT戦略本部（2001）．e-Japan重点計画―高度情報通信ネットワーク社会の形成に関する重点計画（2001年3月29日），政府官邸ホームページ〈http://www.kantei.go.jp/jp/it/network/dai3/3siryou43.html（2015年8月15日参照）〉
IT戦略本部（2010）．新たな情報通信技術戦略 工程表（2010年6月22日）〈http://www.kantei.go.jp/jp/singi/it2/pdf/120704_siryou1.pdf（2015年8月14日参照）〉

第3節
風間重雄（1994）．若者の理科離れのほんとうの深刻さ 応用物理教育, **18**(2), 101-102.
谷川裕稔・長尾佳代子（2013）．再考：「リメディアル教育」概念 リメディアル教育研究, **8**(1), 43-48.
日本リメディアル教育学会［監修］（2013）．大学における学習支援への挑戦―リメディアル教育の現状と課題 ナカニシヤ出版
宮尾 亘（1994）．技術立国と若者の理科離れ 応用物理教育, **18**(1), 1-2.

第4節
小野 博・工藤俊郎・穂屋下 茂・田中周一・加藤良徳・長尾佳代子（2012）．学習型コミュニケーション能力の測定と育成方策（学習型コミュニケーション能力を高める授業の導入を目指して） 日本リメディアル教育研究, **7**(1), 98-105.
中央教育審議会（2012）．新たな未来を築くための大学教育の質的転換に向けて―生涯を学び続け，主体的に考える力を育成する大学（答申），文部科学省(2012年8月28日)〈http://www.mext.go.jp/b_menu/shingi/chukyo/chukyo0/toushin/1325047.htm（2014年11月6日参照）〉
溝上慎一（2007）．アクティブ・ラーニング導入の実践的課題 名古屋高等教育研究, **7**, 269-287.
安永 悟（2006）．実践・LTD話し合い学習法 ナカニシヤ出版.
米満 潔・藤井俊子・時井由花・池上康之・穂屋下 茂（2008）．初年次教育の数学へのeラーニング教材の活用 日本リメディアル教育研究, **3**(2), 60-67.

第1部
システム編

02 eラーニング プラットフォーム

喜多敏博・堀 真寿美・冬木正彦・常盤祐司

1 本章の概説

喜多敏博

　本章では，大学における学習支援を行うツールであるeラーニングプラットフォームの具体事例について述べる。LMS（Learning Management System）と呼ばれる学習支援プラットフォームをはじめ，eラーニングを実施するシステムにはさまざまなものがあるが，ここではとくにオープンソースの枠組みで開発され，日本の大学で利用実績のあるプラットフォームを取り上げて紹介する。オープンソースのシステムを利用するメリットは色々挙げることができるが，その柔軟性や自由度の高さが最も重要な点であろう。それぞれの大学のニーズや事情に合うように，システムのカスタマイズや機能追加を臨機応変に行うことができるため，その大学が理想とする教育環境の実現にも直接的に役立てることができる。それは裏を返せば，システムの運用や維持に自助努力が求められるものであるともいえるのだが，オープンソースシステムを開発し保守している開発コミュニティの存在が大きな支えになり，また，同様のシステムを用いる大学同士のつながりを含めたユーザコミュニティでの情報共有や情報交換が，時代の流れに応じた教育支援を実施するための力となっている。本章の各節を読めば，そこで述べられている各プラットフォームがこのような特徴をうまく活かしたものであることがわかっていただけるだろう。

2 Moodle

喜多敏博

● 2-1　Moodle の概要

　Moodle（ムードル）は，GNU GPL（General Public License）の下で配布されてい

るオープンソース LMS（Learning Management System）である。オーストラリアのパース在住のマーチン・ドウギアマス（Martin Dougiamas）氏を中心としてコミュニティで開発および保守が行われている e ラーニング用のプラットフォームとして世界中で利用されている代表的な LMS の 1 つである。Moodle の最大の特徴は，そのコミュニティの規模が大きいことである。世界中に多くのユーザと開発者がいて，公式サイト http://moodle.org（図 2-1: これも Moodle を用いて構築されている）などでたいへん活発に意見交換や共同開発が行われている。公式サイトによれば，2014年 3 月時点で，世界中には Moodle サイトが 68,000 以上あり，200 カ国以上で使用

図 2-1　Moodle 公式サイト〈http://moodle.org（2014 年 11 月 13 日参照）〉

実績がある。日本においても，全国の多数の高等教育機関で利用されている。

　Moodleがこれほど広く利用されるようになったのにはいくつかの理由が考えられるが，第一には，Moodleの創始者で今は開発リーダであるドウギアマス氏の存在がある。彼は商用LMSの管理をしていた経験から，オープンソースのLMSが必要だと思い立ってMoodleの開発を始めた。計算機科学と教育学の修士学位をもっていることからもわかるようにICTと教育学の両方に通じていて，ワークショップモジュール（教員が評価項目を指定でき，学習者が多数であっても効果的に学習者同士で相互評価を行うことができる機能）などのように教育学的見地から意義深い機能がMoodleに備わっているのも，彼の存在があってこそだと考えられる。

　Moodleを取り巻くコミュニティが活発であることも，Moodleが普及した大きな要因だと言える。これもドウギアマス氏の人当たりのよさ，コミュニティの運営が上手なことが大きく影響している。彼自身からも，「要望を出せば改善してもらえる，とユーザが思えるような雰囲気作りを心がけている」と聞いたことがある。手軽に使える言語であるPHPで書かれていることも，多くの開発者を世界中で呼び込むことにつながり，コミュニティ形成に役立っている。

　日本においてMoodleが普及したのには，操作画面の日本語翻訳作業を迅速・的確に行っている吉田光宏氏の存在が大きい。絶えず増え続ける膨大な言語ファイルやドキュメントを献身的に翻訳する活動には頭が下がる思いである。Moodle公式サイトにあるJapanese Moodleという場でも，日本語化の改善や日本語環境に特有の問題などについて，多くの人により情報交換が盛んに行われ，Moodleユーザの貴重な情報源，相談所の役割を果たしている。

　また，MAJ（日本ムードル協会）という団体もあり，MAJ主催で毎年開催されるMoodle Moot Japanでは，日本全国のMoodle利用者が集まり，授業実践や追加機能開発についての発表や情報交換が活発に行われている。

● 2-2　Moodleの機能

　Moodleには，一般に多くのLMSに備わっている機能が一通り揃っている。

　「小テスト」（自動採点されるオンラインテスト）によって，高い学習効果が期待できる自習用教材を提供できる。「ページ」や「ファイル」と呼ばれる機能によって，WebサーバへのアップロードかたやHTMLなどについての知識がなくても，簡単に教材ページを作成できたり，ワープロ文書やスライド資料などを公開できる。学習者がどのページや資料をいつ見たかという記録が残り，その記録を検索するこ

ともできる。「フォーラム」は，学習者が議論のために自由に書き込むことができる掲示板だが，書き込み内容がメールで参加者に転送される機能もあり，それが Moodle サイトへのログインを促して議論の活性化にも役立つ。

「課題」によって，提出されるレポートが整然と管理でき，提出期限遅れや未提出も一目でわかる。これ以外にも，チャット，メッセージ送信，レッスン（学習者とのインタラクションで表示されるページや問題が変化する教材），投票，用語集，Wikiなど，さまざまな便利な機能が標準機能として揃っている。

e ポートフォリオなどの外部システムとのデータのやり取りや SSO（ログイン認証が一度だけで済む仕組み）などの連携機能も充実している。スマートフォンやタブレットでの利用にも対応した「テーマ」（操作画面のデザイン）も標準的に提供されている。

標準機能以外にも，世界中の開発者が独自に開発した多数のモジュールやプラグインやテーマが公式サイトで公開されており，追加インストールすることで誰でも自由にその機能を使用することができる。また，Moodle のコードを一部改変して使い易くしたり，自分で独自モジュールを開発して機能追加するのもそれほど難しくない。オープンソースであり，かつ PHP で書かれていることの強みといえる。

Moodle の機能を実際に試してみたいのであれば，公式サイト自体が Moodle で構築されているので，まずは公式サイトにユーザ登録するのがよいだろう。また，管理者・教員・学習者などの権限で自由に試用できるデモサイト http://demo.moodle.net も準備されている。

● 2-3 Moodle を用いた実践例

Moodle を用いて本格的に e ラーニングを実施しているサイトの例はたくさんあるが，日本での例を挙げるならば，三重大学，信州大学，UPO-NET（オンライン学習大学ネットワーク），富山大学，千葉大学などを挙げることができる。これらの名前と Moodle をキーワードとして検索すると，各サイトをみつけることができ，Moodle 利用のためのマニュアルや解説がオンラインで公開されているのを見ることができる。熊本大学でも，これまで利用してきた商用 LMS に代わり，2014 年度より Moodle を本格的に全学利用する予定であり，熊本大学の他の情報システムと同様に CAS（Central Authentication Service）によるユーザ認証を用いて，シングルサインオンでの運用を行い，IMS Enterprise と呼ばれる標準化された形式のデータによる全科目（コース）の生成，学生登録を自動で行っている。熊本大学の e

ラーニング大学院である「教授システム学専攻」において得られた知見を応用してMoodleの効果的な利用方法を実践し，これまでにも増して，対外的にも情報提供を行う予定である。

大学間連携にもMoodleは利用されている。2011年4月，震災で影響を受けた大学へのeラーニング利用の支援策として，大学eラーニング協議会が中心となり運用が開始された大学連携高度教育基盤システムはその良い例の1つである。

● 2-4 Moodleの強み

Moodleを利用していて，あまり一般的には利用されていないような機能を使うと，しばしばバグに遭遇する。これを十分に補ってくれるのが，コミュニティの層の厚さである。不具合やバグをMoodle公式サイトのユーザフォーラムで報告すると，すぐに誰かが解決方法に関して書き込みをしてくれ，多くの問題が短時間で解決できた経験を著者はもっている。

また，バージョンアップのスピードが早いことも特徴だろう。サイト管理者としてはアップグレード作業が頻繁に発生することになるが，セキュリティ問題への対応が行われている結果でもあり，eラーニングプラットフォームとしての操作性向上や高機能化が進むことも意味している。

Moodleは，内部構造が比較的わかりやすく，自分で機能を追加したり，カスタマイズしたりするのが難しくないことも，ユーザとしてはありがたい。実際に使っていると，「このボタンはユーザ一覧に一緒にID番号も表示できないかな？」とか「小テストの成績分布表示を，教員だけでなく学生にもみせたい」などのいろいろな細かい希望も出てくるわけだが，数時間頑張って追加コードを書けばそういう機能が実現できてしまうのもMoodleらしさといえるだろう。

3 CHiLOs：大規模オンラインコースを考慮した学習支援システム

堀 真寿美

● 3-1 はじめに

eラーニングという用語は，1990年代の終わり頃に登場したといわれており，1999年には，コロンビア大学がeラーニングのプロバイダとしてFathom (Rosenblatt et al., 2002) というベンチャーを創業するなどの隆盛をみせ，当時，大学の講義は全てオンラインにとって代わられるのではないかとささやかれるようにまでなった。しかし，Fathomは数年で破綻し，eラーニングは，世界的にみても，噂

されたほどの普及をみせることはなかった。

　日本においても，高等教育機関へのeラーニング普及は進まなかった。その原因は，システム開発，運用保守の困難さ，教材開発にかかわる経済的，人的コストの増大，そして，教員のモチベーションの低さとITスキルの不足にあったと考えられる（田口・吉田, 2006）。

　本節では，従来のeラーニング実施の方策に代わる，新たなコンセプトによる学習支援システムとして，大規模オンラインコースを考慮した学習支援システム，CHiLOs（Creative Higher Education Learning Objects）について報告する。

● 3-2　eラーニングから大規模オンラインコースへ

　eラーニングという用語が生まれる以前の1996年より，TIESという教育学習支援システムの開発が，帝塚山大学にて行われてきた。TIESは，「連携，共有，公開」を合言葉に，大学の枠組みを越えて，世界でも非常に早い時期からオープンエデュケーションを目指したユニークなeラーニングシステムであった。しかし，一時は83大学3万人を越える利用者があったものの，独自システムでの運用の限界，上述の日本の高等教育機関の固有の課題などから，2011年頃より成長の限界を迎えていた。

　そのような状況の中で我々は，アメリカでのMOOC（Massive Open Online Courses）と呼ばれる大規模オンラインコースに着目し，MOOCのような大規模オンラインコースに適合したシステム開発の必要性を痛感した。

　そこで，2011年には全く新しいオープンソースベースのシステムを開発することにした。The year of the MOOC（Pappano, 2012）と呼ばれた2012年には，TIESも大規模オンラインコースに対応した学習支援システムとしての開発をほぼ終えていたのである。

● 3-3　CHiLOsシステム

　大規模オンラインコースに対応した学習システムとして，我々は，次の5つの要件を考慮した結果，電子書籍をポータルとしたオンラインコース，CHiLOsを開発した。

- ラーカー[1]への配慮
- ネットワークのスケーラビリティ
- 費用対効果に見合ったユーザー認証
- 個別の学習者に最適な学習支援
- ユビキタスな学習環境

CHiLOs は，図 2-2 に示す 4 つの機能を実装している。

図 2-2　大規模オンラインコースのアーキテクチャ

1) CHiLO Lectures

我々は過去の実証実験において，学習者の多くはラーカーであり，2 分以上のビデオを閲覧しないという結果を得ている。我々は，そのような学習者に対応するため，1 回の講義（約 90 分）に相当する講義内容を，1 分程度の複数のレクチャービデオに分割，あるいは集約するレクチャービデオの規格（ナノレクチャー）を開発した。これを CHiLO Lecture と呼んでいる。

2) CHiLO Books

学習者がいつでもどこででも学習でき，かつユーザビリティの高いインターフェースとして，我々は電子書籍に着目した。電子書籍は，モバイル端末やスマートフ

---

1) 課題の提出や学習コミュニティへの参加を行わない消極的な学習者。MOOCs の受講者の多くがラーカーであり，MOOCs の 10%に満たない学習完遂率の低さの原因だといわれている。

ォンにダウンロードさえしてしまえば，ページをめくる操作だけで学習を進める事ができる。そこで，我々は，上述の CHiLO Lectures を講義資料と共に電子書籍に埋め込んで，学習者に提供することとした。

また，その電子書籍から LMS にアクセスすると小テストや課題が提供される，LMS 連携機能を実装した。このような電子書籍を CHiLO Books と呼んでいる。現在，この実装は EPUB2 フォーマット，iBooks フォーマットにて実現できている。

3) CHiLO Badges

CHiLO Book では学習者の成果に対して，LMS からバッジを付与している。電子バッジの規格としては Open Badges を採用している。

LMS を分散配置することで，大規模アクセスに対応できるスケーラビリティを向上する設計になっていると共に，学習者が分散配置された LMS にシームレスにアクセスし，バッジを一元的に管理できるよう，それら LMS を統一認証している。

4) CHiLO Community

従来の e ラーニングは，複数回分の講義内容をコースにして学習者に提供するコース中心構造である。しかし，CHiLO Books は，学習者が，自由に講義 1 回分に相当する CHiLO Book を選び，自らの学習レベルと目的に応じて学習できる，学習者中心構造となっている（図 2-3）。

そして，個別の学習者に対し，どの CHiLO Book を学習すべきかアドバイスする学習コミュニティとして，学習者同士が協業するコノサー（connoisseurs, 目利き）

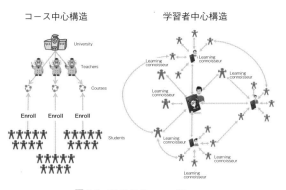

図 2-3　CHiLO Communities

制度を導入する構造となっている。

● 3-4　実装状況と利用例

図2-4はCHiLOsの実装状況である。CHiLO Booksは，iBooksとEPUB2の2つの規格で提供しており，iPad，Nexusなどのタブレット端末，及びほとんどのスマートフォン，PCで閲覧することが可能となっている。また，LMSとして，CHiLOに最適化したテーマを適用したMoodle2.6+を採用し，また，CHiLO CommunitiesとしてはFacebookを利用している。MoodleとFacebookをシームレスにつなぐ認証連携を導入しており，Facebookアカウントにより，CHiLOsの全ての機能が利用可能となっている。

今後，Moodle以外のLMS連携も実現していく予定である。

なお，CHiLO Booksは，現在，iTunesU，iBookstore，Google PlayブックスおよびCHiLO Booksポータル[2]にて無償で配信されている。また，放送大学MOOCとして採用され，2014年4月よりNIHONGO STARTER A1全10巻[3]（放送大学＋国際交流基金），コンピュータのしくみ全11巻[4]（岡部洋一）を配信している。

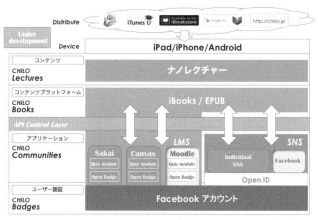

図2-4　CHiLOs実装状況

---

2)〈http://chilos.jp（2014年11月13日参照）〉を参照。
3)〈https://www.facebook.com/nihongostarter（2014年11月13日参照）〉を参照。
4)〈https://www.facebook.com/how.computers.work.chilo（2014年11月13日参照）〉を参照。

● 3-5 おわりに

　2012 年には大学を駆逐するのではないかとまで言われた MOOC も，2013 年に入って，かつての e ラーニングブームと同様に，ハイプ（誇大宣伝）なのではないかとささやかれ始めている。しかし，現在のオープンオンラインの動向は一過性のブームで終わることはない。大規模オンラインコースでは，1 つのオンラインコースを数万人単位の学習者に提供することができる。そのスケーラビリティにより，e ラーニングが抱えていた，システム開発や運用保守，教材開発に係わる経済的課題が解決され，より安価なオンラインコースの提供が可能となってくる。

　大規模オンラインコースは，かつての単なる e ラーニングシステムの弱点を克服し，ビジネスとして十分成立する可能性がある。すでに一部の MOOCs に見られるように，必ずしも高等教育機関自身が独自のオンラインコースを提供する必要はなく，外部のオンラインコースを安価に利用することが可能となっている。教員は，e ラーニングの特別なスキルを身につける必要はなく，学生がオンラインコースで学んできたことをフォローし発展することに専念することができるため，よりアクティブな教育の提供が期待できる。

　TIES は常に世界に先駆けた新しい試みを追究してきた。しかしながら，資金不足などから十分な展開をできずに，この 20 年近くをオープンエデュケーションのための小さなプラットフォームとして存在してきた。今後数年の間は，TIES にとっての普及期と位置づけており，より多くの人々に TIES を通じたオープンエデュケーション活動に加わっていただきたいと願っている。

4　CEAS/Sakai システム

冬木正彦

● 4-1　はじめに

　CEAS/Sakai システムは，コース管理システムである CEAS（シーズ）と，学習管理システムである Sakai CLE が「授業支援型ユーザインターフェイス」にしたがって連携統合された授業支援型の e ラーニングシステムである。CEAS/Sakai システムはオープンソースとして提供され，関西大学，畿央大学をはじめ国内のいくつかの大学で全学利用されている。

　CEAS（Web-Based Coordinated Education Activation System）は，企業向けの学習管理システムであるパナソニックラーニングシステム（PLS）をベースに，コース管理と授業実施支援の機能を追加し，授業担任者にとって使いやすいユーザインター

フェイス（UI）を実現したシステムである（辻, 2004）。

CEAS は 2002 年バージョン 1.1 の関西大学工学部における試験運用開始以降，利用者の要望を反映させながらバージョンアップと機能改善を重ねている。2003 年 9 月には CEAS2.0 が公開され，他の教育機関への提供も始まった。2005 年度からは関西大学で CEAS2 系の全学運用が始まった。その後，2008 年には Java のフレームワークを採用し国際化対応や保守性を高めた CEAS3 系が新規開発され，さらに 2009 年には Sakai CLE（以後 Sakai と記す）の機能を連携統合した CEAS/Sakai システムが開発された。CEAS/Sakai システムは，CEAS2 系との並行運用を経て，2011 年度から関西大学で単独で全学運用されている。

CEAS/Sakai システムは，CEAS3 系の授業支援機能に Sakai の機能である SCORM 機能とフォーラム機能を連携統合している。これら Sakai の機能は，CEAS の UI からシームレスに利用することが可能となっている。

本節では，ICT 活用教育のプラットフォームの事例として，CEAS の機能と特徴，授業支援型 UI，CEAS/Sakai システムを紹介する。

● 4-2　CEAS の機能と特徴

CEAS は，多人数対面教育を対象に授業と学習（予習・復習）のサイクル形成支援を目的とし授業支援に重点をおいて開発されたシステムである。最初のバージョンの開発に当たっては，2002 年当時のコース管理／学習管理システムの機能をベースに，授業実施支援に必要な次の機能がコースおよび学習管理機能に追加された。

- 教室における小テストなどの同期実施機能
- 授業を単位とする教材／授業データの管理機能
- 多人数の小テスト・レポート採点／評価を簡便に行える機能
- 学期末評価を簡便に行える機能

教員が利用できる機能については従来のコース／学習管理システムと大差がないにもかかわらず，CEAS が教員にとって使いやすい要因として，採用された授業支援型 UI に加え，CEAS のモデルと現実との対応関係がわかりやすいことが挙げられる。CEAS では，「科目」や毎回の「授業」を明示的に扱うとともに，授業で利用する授業資料や小テストなどの教材に対する教員と学生のアクセス権限の違いや利用可能期間などを，担任者が実際の授業と同様に設定できるようにしている。

● 4-3 「授業支援型ユーザインターフェイス」

教員利用者にとって適合性の高いUIの要件を次の2つにまとめ，この要件を満たすUIを「授業支援型UI」と名づけている（植木, 2010）。

[要件A] 授業の準備・実施・評価の各活動段階の利用者の活動と，それに必要な機能操作の集まりとが，UIでわかりやすく提供されていること
[要件B] 一覧的な情報の提示があること

[要件A]を満たす実装イメージとしては，操作を行うメニュー項目などを，準備・実施・評価の活動に対応する「操作のカテゴリ」でまとめ，「活動別操作カテゴリ表現」と呼ぶ。図2-5に示す担任者Topページでは，機能選択メニュー項目はこの分類にしたがってグループ化されている。

[要件B]を満たす一覧的な情報の提示の表現については，準備・実施・評価の活動で操作する機能に応じた一覧表示・連結表示の表現を用意する。CEASの特徴を与えている授業回数のくくりで教材などを配置する表現，「授業回数順教材配置一覧表現」は，授業回数順にそれぞれの授業回数で利用する教材が配置されている一覧表現であり，「授業回数毎教材割付表現」は，授業回数ごとにその授業で利用する教材をまとめた表現である。授業実施に関する画面は，学生と担任者に共通であり，授業を単位とする学習に関する諸活動が把握しやすくなっている。さらに「連結評価一覧表現」は，授業回数ごとの出欠データ，小テスト結果などを特定の科目について授業回数順に連結し，その科目の履修学生について一覧できる表現である。

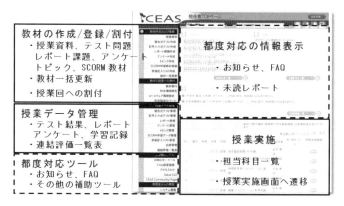

図2-5　担任者Topページにおける活動別操作カテゴリ（CEAS/Sakai版）

● 4-4　CEAS/Sakai システム

　Java のフレームワークを用いて新規開発した CEAS3 系のシステムには，手書きレポートの提出及び採点のサポートなど授業支援の機能が新規に追加された。オンライン教材の学習記録を取得し学習の評価に利用できる機能や，コミュニケーション機能の大幅な強化に対する利用者（担任者）からの要望に対しては，すでにそれらの機能を有する Sakai を利用して応えることとし，CEAS と Sakai の連携システム，CEAS/Sakai システムが開発された。

　CEAS/Sakai システムでは，SCORM 規格のコンテンツを扱う機能，フォーラム機能が，CEAS の授業支援型 UI で利用できる。

　担任者 Top ページ（図 2-5）に表示される機能選択メニューの「教材作成および登録」のブロックに「SCORM 学習教材作成」「トピック作成」メニュー項目が設けられ，作成または登録した SCORM 学習教材，フォーラムのトピックを他の授業教材と同様に各授業回への割りつけることができる。学生は，各授業回に割りつけられた教材を利用して学習を行える。学生の学習記録やフォーラム機能を利用した意見交換の記録は，担任者 Top ページの機能選択メニューの「授業データ管理」に設けられた「SCORM 学習データ管理」「トピック管理」から，集約情報を表示することができ，学生の学習進捗状況の把握や成績評価に利用できる。

　なお，SCORM 学習教材，トピックの実体の管理は Sakai で行い，書き込みや学習，記録などの操作は Sakai 上のツールを利用し，Sakai に蓄積する。CEAS 側には Sakai のトピックに対するリンク用 URL のみを保持する。CEAS で集約情報を表示する際は，Sakai からデータを取得して動的に集約情報を作成し，授業支援型 UI の一覧性の［要件 B］を満たす表示形式をとっている。

● 4-5　利用の広がり

　関西大学では，CEAS/Sakai システムは専門教育だけでなく，英語教育，初年次教育，ゼミなど，また入学前教育などの幅広い授業で活用されている。畿央大学では，e ポートフォリオの運用を支援するツールとしての利用も始まっている。さらに，ICT 活用教育における授業の双方向性を高めるためモバイル端末を使うレスポンス・アナライザ S-maqs が開発され，CEAS/Sakai システムと連携利用できる。ICT 活用教育のプラットフォームとしての CEAS/Sakai システムの役割は今後さらに広がると期待される。

5 Sakai

常盤祐司

● 5-1 はじめに

大学における学習支援という文脈で Sakai が使われる場合，一般的には授業支援システムとしての Sakai を意味することが多い。しかしながら Sakai は「Sakai Foundation が司令塔となり，Sakai Community の運営と Sakai CLE のリリースを主要な柱として活動するプロジェクトの総称」（常盤, 2007）であり，単なるソフトウェアの名称にとどまらない。そのため授業支援システムとしての Sakai を示す場合には Sakai CLE（Collaboration and Learning Environment）と CLE を追加して表記することが望ましい。Sakai CLE に関しては，リリース後 10 年以上の歳月を経ており，コミュニティの Web サイト[5]および梶田（2008）などで多くの情報が得られるので，それらは最低限の紹介にとどめ，本節ではコミュニティ，事例紹介，授業支援システムとして Sakai CLE を採用する意義について述べる。

● 5-2 システム概要

Sakai CLE は Open Source Initiative が定める Educational Community License v. 2.0 にもとづいて公開されているオープンソースソフトウェア（以下，OSS）である。Sakai CLE は Java で実装されており，Java プラットフォーム用の JSF, Velocity, Tomcat, Hibernate, Spring といったフレームワークを用いて開発されている。Sakai CLE は 2004 年にバージョン 1.0 がリリースされ，2005 年にバージョン 2.0，そして 2014 年にはバージョン 2.10 がリリースされ，名称もバージョン 1.0 の発表後 10 周年を記念し Sakai 10 に変更された[6]。

Sakai CLE は全世界で 350 以上の機関で利用されており，授業で利用されるお知らせ，テスト・クイズ，課題，資料配布などの機能は全て提供されている。また，ポートフォリオ機能についても 2008 年にリリースされた Sakai CLE 2.5 から標準パッケージとして提供されており，今後後述する KARUTA に移行される。授業支援システムは文字通り，毎週開催される授業を支援するシステムであるが，Sakai CLE は任意の時期に開始・終了するプロジェクトを支援するシステムとしても利用されてい

---

5) Sakai CLE, Sakai Project 〈http://www.sakaiproject.org/ （2015 年 8 月 15 日）〉を参照。
6) Sakai10 以降の名称は CLE が省略されるが，ここでは授業支援システムとしての Sakai を表わす場合には SakaiCLE と記述する。

る。

英語圏で開発されるOSSを日本で利用する場合には常に翻訳の課題に直面するが，2013年から日本のSakaiコミュニティであるJa Sakaiコミュニティが中心となって組織的な翻訳を開始した。また，発表当初はダブルバイトに起因する問題もあったが，日本の開発者による貢献によって主要な機能については解消されている。

● 5-3 コミュニティ

昨今のOSSはFoundationを設立して組織的な開発を進めていくことが多い。Sakai CLEの開発についても同様の手法を採用しており，2005年にnonprofit 501（c3）の資格を有する非営利組織のSakai Foundationを米国にて設立している。Sakai FoundationではSakai CLEの設計，開発，配布だけでなく，開発管理と著作権管理，Sakai Communityのliability shield（法的保護）などをミッションとして活動を行っている。

Sakai Foundationは約100の組織で構成されており，これらのメンバーによる年会費でSakai Foundationは財務的に自立している。日本からは名古屋大学，法政大学，京都大学などのSakai CLE利用校およびSakai CLEによるサービスを展開する企業がメンバーとなっている。メンバーはFoundation運営に関わる発言権をもつが，個人および組織でFoundationとContributor Licenseを結べば開発したソフトウェアをSakai CLEに追加することもできる。こうした枠組みのなかで京都大学では新しいポートフォリオシステムKARUTAを米国，カナダの研究者らとともに開発[7]を行っている。

Sakai Foundationの重要な役割の1つはカンファレンスを主催することである。毎年開催されるこのカンファレンスには世界中から開発者，教員，管理者など500名が集い，6日間で約140の発表が行われる。Sakai CLEを利用する各大学の事例紹介および開発者による技術的な報告が行われるだけでなく，Face to Faceの場が提供されることによりグローバルコミュニティでシステムを開発するメンバー間の円滑なコミュニケーションが推進されている。

Sakai Foundationは2012年にJavaによる大学システムを開発するJasigと合併しApereo Foundationとなった。Sakai CLEは合併前後での名称の変更はないが，

---

7) Karuta, Apereo Foundation〈https://www.apereo.org/projects/karuta（2015年8月22日参照）〉を参照。

Foundation およびコミュニティは Apereo の名称となる。Apereo Foundation が開発するシステムとしては Jasig による CAS, uPortal などと Sakai コミュニティによる Sakai CLE などとなり，大学システム全体をカバーすることになった。

● 5-4　事　例

法政大学では 2011 年 4 月から Sakai CLE 2.7.1 をカスタマイズした授業支援システムを利用している。図 2-6 には執筆時点で最新の Sakai 11 開発版のログイン画面を示し，図 2-7 には法政大学で利用しているシステムのログイン画面を示す。ログイン画面を例にとると法政大学版では新たに開発した時間割が追加されており，カレンダーは削除されている。Sakai CLE では授業を選択する場合，画面上部にある

図 2-6　Sakai CLE 画面事例　Sakai 11 開発版

図 2-7　Sakai CLE 画面事例 法政大学

タブに示される授業名をクリックする手順が一般的だが，法政大学では新たに追加した時間割で授業を選択するユーザが多い．OSS の採用はコスト削減に目を奪われがちだが，むしろ教育の自由度に応じて改変できることが重要である．

　Sakai CLE は授業環境を設定する際に 28 のツールが用意されているが，法政大学では Sakai CLE 以前に利用していたシステムと同等の機能を提供する 9 のツールとし，唯一追加した機能は新たに開発したクリッカーにとどめている．これは Change Management の観点から当初はシステム移行に注力し，機能追加は翌年以降に計画するという理由による．Sakai CLE をベースとした授業支援システムの利用は導入後 3 年が経過した 2014 年 4 月時点で学生 21,408 名，教員 761 名，登録科目は約 12,000 となっている．

● 5-5 　ま と め

　本節では，法人組織，コミュニティおよびソフトウェアを総称する Sakai に関して説明し，Sakai CLE は大規模な全学的授業支援システムとしての利用が進んでいることを紹介した．最後に改めて Sakai を導入する意義をまとめておこう．

　授業支援システムには学生，教員，授業，履修データが管理されており，これらを利用した新たな機能追加が望まれる．このような場合，Sakai CLE では Java によるスケーラビリティを活かし，授業支援システムから包括的な教育システムへの拡張性が期待できる．例えば法政大学では複合機を仲介して紙メディアを統合するシステムおよび学習ツール連携の標準仕様である LTI を活用した学習支援ツール組み込みなどが計画されている．また，Foundation とコミュニテイの 10 年にわたる活動により確立されてきた互恵的相互依存を目指すエコシステムが確立しつつあり，教育システムに求められる継続性が期待できる．さらに開発者および研究者が集うコミュニティのグローバルな人的リソースを活用して先進的な研究・開発を目指す学究性が期待できる．

　結果として Sakai は，その枠組みのなかで創造する成果物をもってコミュニティ，ひいては社会に貢献することを目的とする大学にとって意義のある環境を提供してくれる単なるソフトウェアを超えた枠組みといえよう．

【引用・参考文献】
第2節
喜多敏博・中野裕司（2008）．オープンソースeラーニングプラットフォームMoodleの機能と活用例（特集解説）　情報処理, **49**(9), 1044–1049.

第3節
田口真奈・吉田　文（2006）．日本の高等教育機関におけるeラーニングの特質（〈特集〉実践段階のeラーニング）　日本教育工学会論文誌, **29**(3), 415–423.
Pappano, L. (2012). The year of the MOOC. The New York Times. November 2. 〈http://edinaschools.org/cms/lib07/MN01909547/Centricity/Domain/272/The%20Year%20of%20the%20MOOC%20NY%20Times.pdf（2014年11月6日参照）〉
Rosenblatt, W., Trippe, W., & Mooney, S. (2002). *Digital rights management: Business and technology.* New York: John Wiley & Sons.

第4節
植木泰博・冬木正彦（2010）．コース管理システムCEASの授業支援型ユーザインターフェイス　教育システム情報学会論文誌, **27**(1), 5–13.
辻　昌之・植木泰博・冬木正彦・北村　裕（2004）．Web型自発学習促進クラス授業支援システムCEASの開発　教育システム情報学会論文誌, **21**(4), 343–354.

第5節
梶田将司（2008）．コミュニティソースによる教育現場の多様性を育むオープンプラットフォームの実現に向けて　情報処理, **49**(9), 1039–1043.
常盤祐司（2007）．Sakai調査　法政大学情報メディア教育研究センター研究報告, **20**〈http://hdl.handle.net/10114/227（2015年9月15日参照）〉

03 eラーニングのコンテンツ

森 祥寛・米満 潔・穂屋下 茂・仲林 清・古賀崇朗・畑 耕治郎・
西尾信大・仲道雅輝・山川広人・児島完二・佐藤伸平

1 eラーニング用コンテンツについて

森 祥寛

　通常，学習用教材という場合，紙の本として作られた教科書や参考書，ドリルにプリントなどを思い出すのではないだろうか。今でも紙の本は最も安価で使いやすい完成度の高い学習教材といえる。紙の発明から2千年近くたち，活版印刷や平版印刷などの印刷製本技術の発達といった，長い年月をかけて多くの人々の手を経た技術の集大成としてあるのだから当然である。

　一方で，本書で扱っているeラーニングなどに使用する教材は，eラーニング用コンテンツなどと呼ばれ，主にPCやスマートフォンを使って学習する教材全般を指す。紙を使わないため，紙のもつ利便性が失われることもあるが，紙の本ではできないことを色々と実現できる面白さもある。これは新しい学びの在り方，学習の可能性にもつながっているだろう。

　eラーニング用コンテンツは，その内容や形式などに，まだまだ多くの工夫の余地を残している。それはコンテンツそのものに留まらず，コンテンツの作成体制，作成したコンテンツを使用した教育の実施体制，著作権処理の方法など多岐に渡り，作成者（個人や組織）の意識，思想を反映することができる。

　本章では，このeラーニング用コンテンツについて，事例を中心に紹介していきたい。第2節では，eラーニング用コンテンツについて，教材としての種類とその利用方法について説明する。第3節では，コンテンツの共通規格「SCORM」について紹介する。共通規格を踏まえたコンテンツ作成は，より広範な利用を可能にするだろう。この2つの節でコンテンツの大まかな概要について掴んで欲しい。第4節からは佐賀大学，大手前大学，愛媛大学，千歳科学技術大学，名古屋学院大学の

コンテンツとその作成に関する取組を紹介していく。ここでは，各大学がどのような思想のもとでコンテンツを作成しているか，そして作成に当たってのコンセプトや体制，作成したコンテンツを実際にどのように利用しているかを説明する。同じような活動に見えても，大学によってそのとらえ方が異なることを読み取っていただければ，自分たちの活動における参考になるのではないだろうか。最後に作成したコンテンツなどの著作権処理について金沢大学の例を紹介する。著作権処理もまた重要な要素である。コンテンツ作成の参考としていただければ幸いである。

2 教材のタイプ

米満　潔・穗屋下　茂

● 2-1　教材の種類

eラーニングの「e」は，electronic の頭文字であることから，電子機器や情報通信を利用して行う学習のことを示している。eラーニングに使用する電子機器としては，CD/DVD プレイヤー，パーソナルコンピュータ，タブレット端末，スマートフォン，ゲーム端末などが挙げられる。また，情報通信に関しては，インターネットなどのコンピュータネットワークを通じて，Web ページ，電子メール，SNS，Web 会議，ビデオ配信などの技術が活用されている。

情報通信を利用するeラーニングの大きな特徴として，学習教材の配信や学習者の受講状況や成績などを統合して運用管理するシステムが LMS（学習管理システム：Learning Management System）である。そこで，LMS との連携の有無で教材の種類を分けてみた。

[1] LMS と連携しない教材

高速なインターネット接続環境が教材提供者側や学習者の家庭に普及する以前は，双方の連絡手段はおもに郵送による教材の配布と回答の提出であった。この場合，教育者から学習方法の指示や内容の説明などのテキストは PDF や印刷物で配布され，CD-ROM や DVD-ROM のような光ディスクメディアに収められた教材による学習が行われていた。この教材では光ディスクメディアの大容量の特性を生かし，動画や音声などのマルチメディアを活用したインタラクティブな教材が利用されている。

この方法は，テキストの印刷や CD-ROM や DVD-ROM といった光ディスクメディアを作成し配布するコストがかかり，配布後の内容の修正も難しい。また，教育

者が個々の学習者の進捗度や点数などの学習状況を一括して管理することが困難であるという問題がある。

[2] LMS と連携可能な教材

この問題を解決するために，LMS の利用が始まった。これは，高速なインターネット接続環境が普及したことも大きな要因である。

教育者が学習教材を LMS 上に保存して，直接学習者のコンピュータに配信することにより，CD-ROM などのメディアを配布するコストをおさえられる。教材も LMS で集中管理できるので，修正などが発生しても LMS 上のファイルを変更するだけで，学習者は最新の教材を常に受講できる。しかし，単に LMS に CD-ROM で配布していたような教材や PDF を保存するだけでは学習者の学習履歴を記録することはできない。

学習者の学習履歴を LMS に記録していくためには，LMS と e ラーニング教材を結びつけるための手続きが必要である。この手続きが LMS ごとや教材の制作者ごとに異なっていると，教材が特定の LMS でしか利用できない，あるいは教材制作者が異なる LMS ごとに教材の仕様を変更しなければならないという弊害が発生する。

このような弊害をなくすためには，教材と LMS 間の手続き，つまり規格を統一化して，両者の総合運用性を高めなければならない。それを目的としているのが e ラーニングにおける世界標準の規格である SCORM（Sharable Content Object Reference Model）である。つまり，SCORM 対応の LMS と SCORM 対応の教材であれば問題なく利用できることになる。また，教材制作者にとっても複数の仕様ではなく SCORM 対応の教材を制作することで，SCORM 対応の LMS で広く利用されることになる。これにより利用する LMS や教材の選択肢が増えることは，教育者にも学習者にも大きなメリットである。

● 2-2 佐賀大学で制作した教材

佐賀大学では，単位が取得できる「ネット授業」（穂屋下他，2005）の教材として VOD 型教材を作成している。その後，時間外学習やリメディアル教育のための演習問題型教材の作成も開始し，科目数や問題数も充実したものとなっている（原口他，2008；久家他，2010）。これ以降，佐賀大学で制作した教材の種類と制作方法の変遷について紹介する。

[1] VOD 型教材

　これまでに制作した「ネット授業」の VOD 型教材は，オーサリングの手法により大きく分けると 3 つの世代に分類することができる（古賀他，2011, 2012）。それぞれの特徴をまとめたものを表 3-1 に示す。いずれの世代の教材も，講義映像（もしくは音声）と講義スライドと，そのリストから構成されている。

　以下に，佐賀大学で制作してきた VOD 型教材の 3 つの世代の変遷について説明する（表 3-1 に特徴をまとめた）。

　① SMIL：2002 年のネット授業開始当初の VOD 型教材は RealVideo 形式の講義映像と GIF（Graphics Interchange Format）形式の講義スライドを SMIL（Synchronized Multimedia Integration Language）によって同期させたものであり，RealNetworks 社の RealPlayer で再生できる。

　② Producer：2004 年度からは Microsoft 社の Microsoft Producer for Microsoft Office PowerPoint 2003（以下，「Producer」と呼ぶ）を使った VOD 型教材へと移行した。WMV（Windows Media Video）形式の講義映像と，Producer によって HTML（Hyper Text Markup Language）に変換された講義スライドを組合せて表示する他，ナレーション文やキーワードといったテキスト情報をスライドの下部に表示することが可能となった。

　しかし，SMIL と同様，Microsoft 社の Windows からの視聴は可能だが，Apple 社の Mac OS からの動作が保証できず課題が残った。

　③ Flash：①，②までは，LMS の仕様に沿った教材を作成し配信していたが，③の 2007 年度からの SCORM 1.2 対応 LMS での教材配信にむけて，2006 年度より，Adobe Systems 社の Flash を使った教材制作へ移行した。Flash 化したことで，Mac OS からの視聴も可能になった。

　Flash を使った VOD 型教材は，FLV（Flash Video）形式の講義映像と SWF（Shockwave Flash file）形式の講義スライドおよび Flash で再生できる簡易的な HTML を組合せたものを，Adobe Flash Player で再生するものである。スライド中の文字や図形にベクターグラフィックスを使用できるので，コンテンツを拡大表示しても見やすく，全体的に VOD 型教材の品質が向上した。また，2010 年度から SCORM 2004 に対応させ，より細かい履歴を取得できるようになった。

表3-1 VOD型教材の特徴

No.	オーサリング	講義映像	講義スライド	テキスト情報	SCORM	課題	制作開始年度
1)	SMIL	Real Video（ストリーミング）	GIF	—	非対応	スライド単位での再生不可	2002
2)	Producer	Windows Media Video（ストリーミング）	HTML	HTML	1.2	MacOSで視聴不可	2004
3)	Flash	Flash Video（プログレッシブダウンロード）	SWF	簡易HTML	1.2	Internet Explor8で縮小表示	2006
		Flash Video（ストリーミングorプログレッシブダウンロード）	SWF	簡易HTML	2004	iOSで視聴不可	2009

[2] 演習問題型教材

　自学自習や授業で必要な教材には，VOD型教材（講義コンテンツ）の他に演習問題型教材がある。演習問題型教材は，自学自習用のクイズ型教材としてWBT（Web Based Training）として利用されてきた。最近のLMSには，演習問題作成機能（Moodleでは小テスト機能）が備わっており，教育者が自分で演習問題教材を制作することもできる。ただし，LMSの機能を使用して作成した教材は，他のLMSでも同様に利用できるとは限らない。

　したがって，教材を共有化し多くのLMSで使えるようにするためには演習問題型教材も，VOD型教材と同様にSCORMコンテンツにする必要がある。ただし，VOD型教材にはない自動採点機能を付加し点数や受験回数などの情報をLMSの学習履歴情報に記録する仕組みが必要である。自動採点を実現するためには，記述式の解答をさせる問題ではなく，二者択一問題や多肢選択問題（単一選択，複数選択），穴埋め問題，マッチング問題などが適している。

● 2-3　今後の教材の形式

　現在配信しているVOD型教材も演習問題型教材も形式はFlashコンテンツである。FlashコンテンツはGoogle社のAndroid OS 2.2以上であればフル機能のFlashが利用できるので教材を利用できるが，Android OS 4.1以降およびApple社のiOSではWebブラウザ上でのフル機能のFlashは標準ではサポートされておら

ず，教材の利用ができないあるいはしにくいといった新たな課題もでてきた。したがって，今後，eラーニング教材は，標準化が進められているHTML5を基本とした形式への転換を図っていく必要があると考える。

3 コンテンツ標準規格SCORMの導入と活用

仲林　清

● 3-1　eラーニングコンテンツ標準規格の必要性

eラーニングにおけるさまざまな学習形態の中でも，学習コンテンツを用いた独習型eラーニング（自己学習，セルフペースド・ラーニング，などとも呼ばれる）は，もっとも基本的な学習形態である。独習型eラーニングは講義の補完（予習・復習）や講義自体の代替，アドホックな知識の獲得や確認などに用いられる。独習型eラーニングの特徴は，以下の通りである。

- 時間や場所を選ばない。PCや携帯端末があれば，いつでもどこでも学習できる。
- 自分のペースで学習できる。わからないところを繰り返し理解できるまで学習できる。すでに理解している内容はスキップすることもできる。
- 学習履歴が記録される。演習問題や学習時間などの学習履歴が閲覧できるので，教員は学習者の学習状況を把握でき，学習者ごとの個別アドバイスの可能性が生まれる。

これらの特徴の中でも，特に3番目の学習履歴の記録は，単なるWebコンテンツの閲覧と独習型eラーニングを区別する本質的な差異であり，これを実現するためには，学習管理システム（Learning Management System：以下LMS）が必要となる。LMSは，通常，グループ学習など多様な機能を有しているが，独習型eラーニングでは，学習者はLMSに登録された複数のコンテンツの1つを選択して学習する。コンテンツはある学習主題に関する解説画面や演習問題の集まりである。学習者が，コンテンツのどの部分を学習し，演習問題にどのように解答したのか，といった履歴はLMSに記録される。

コンテンツは，教員や管理者が自ら作成したり外部から購入したりするので，学習履歴をLMSに記録するためには，コンテンツとLMSの間で情報をやりとりするための事前の取り決め，すなわち，インターフェース仕様が必要となる。このイ

ンターフェース仕様が，特定の LMS ベンダーに固有な非公開のものだと，大学などLMS の利用組織は，そのベンダーの LMS やその LMS のみで動作するコンテンツを利用し続けなくてはならず，特定ベンダーによる囲い込み（ベンダーロックイン）が起きる。一方，このインターフェース仕様が標準規格として公開されていれば，利用者は複数のベンダーの LMS やコンテンツを自由に組み合わせて利用したり，自身でコンテンツを作成することが可能となる。これが，e ラーニングコンテンツの標準規格が必要な理由である。

● 3-2　SCORM の概要

Sharable Content Object Reference Model（SCORM）は，前節で述べた e ラーニングコンテンツ標準規格の一種である（仲林, 2006; 2012; eLC, 2010）。2000 年に SCORM1.2，2004 年に SCORM2004 が策定され，その後，2 年に 1 回程度のペースで改訂が行われている。SCORM は，一般的な Web 環境を前提としており，さまざまなマルチメディアデータを活用したコンテンツを作成できる。また，学習履歴の記録はもちろんのこと，学習者の演習問題に対する解答状況などに応じて提示するコンテンツを動的に変化させることができる。

SCORM の概要を図 3-1 を用いて説明する。SCORM は Web 環境で動作するプラットフォーム（LMS）とコンテンツの間のインターフェース仕様を定めている。コンテンツとプラットフォームは，それぞれサーバ側とクライアント側（ブラウザ側）の構成要素からなる。

サーバ側コンテンツは，教科書の「章節項」のような階層構造を記述するための教材構造定義ファイルで，その記述方法が（1）のコンテンツアグリゲーション規格で定められている。階層の末端のノードは，教科書の「ページ」に相当し，学習者に提示されるクライアント側コンテンツに対応づけられている。学習者は，LMS によってブラウザに表示される前後移動のボタンや目次を使って，コンテンツのページを閲覧する。

クライアント側コンテンツは，通常の HTML ファイルであり，一般的な画像，音声などのマルチメディアデータは全て表示できる。クライアント側コンテンツのうち，プラットフォームとの通信機能を有するものを Sharable Content Object（SCO）と呼ぶ。通信の手順や通信できるデータ種別が，（2）のランタイム環境規格で定められている。SCO はこの通信機能を使って，学習者 ID などをプラットフォームから取得したり，演習問題の解答や成績などをプラットフォームに送信する。

学習者の演習問題に対する回答や正誤などはこの機能によってプラットフォームに記録される。

さらに，SCORM 2004 で導入された（3）のシーケンシング規格を用いると，学習者の理解状況に応じて，提示するクライアント側コンテンツを動的に決定することができる。このような動作を記述するためのシーケンシングルールは，教材作成時に教材構造定義ファイルに記述し，実行時には，プラットフォームがシーケンシングルールを解釈して，学習者に提示するページを決定する。シーケンシング機能を使うと，事前テストの結果によって提示するコンテンツの難易度を変えたり，章末テストに合格するまで繰り返し復習を行わせる，といった制御が可能となる。

● 3-3 SCORM 準拠 LMS の導入

現在，LMS は，商用製品，無償のオープンソース，ASP 形式で提供されているものなど，多様なものが存在している。SCORM への対応についても，基本機能として備わっている場合や，追加のアドオン・プラグインとして提供されている場合などさまざまである[1]。

いずれにしても LMS を導入する場合，SCORM に関してどのような機能が備わっているのかを確認する必要がある。ポイントとして，まず，対応している

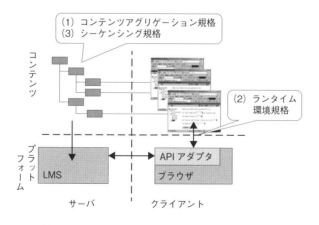

図 3-1　SCORM 規格における LMS とコンテンツの関係

---

1) 例えば，筆者らは Moodle に組み込み可能な SCORM 1.2/2004 対応の SCORM エンジンをオープンソースで開発し，〈http://elecoa.ouj.ac.jp/〈2015 年 8 月 15 日参照〉〉で公開している。

SCORMのバージョンが挙げられる。現在広く普及しているSCORMのバージョンは1.2と2004で，この大きな差異は前節で述べたシーケンシング機能の有無である。シーケンシングを行いたい場合には必然的に2004に対応したLMSを選択することになる。

また，1.2，2004いずれの場合にも，さらに細かな差異があるので確認が必要である。1.2については，前節で述べたランタイム環境規格で扱えるデータ種別に差異が存在する。規格では，LMSで実装が義務づけられているMandatory（必須）と，実装しなくてもよいOptional（任意）のデータ種別が定められていて，必須のデータ種別しか実装していないLMSも存在する。例えば，演習問題のSCOで，総得点を表わすデータ種別は必須であるが，個々の枝問の得点や解答を表わすデータ種別は任意である（eLC, 2005）。したがって，細かな学習履歴を取得したい場合にはすべてのデータ種別が実装されているLMSを選択する必要がある。

2004では全てのデータ種別が必須となっているが，規格の版によってシーケンシングの仕様に微妙な差異がある。第2版までは仕様自体に細かなバグが存在するので，第3版以降に対応したLMSが推奨される。また，2004に対応しているLMSは，1.2にも対応している場合が多く，新規に導入するのであれば，2004に対応したLMSを選択するのが無難であろう。

他に確認が必要なポイントとして履歴データの扱いが挙げられる。SCORMではランタイム環境規格で記録できるデータ種別は規定されているが，それをLMSがどのように格納したり表示したりするかは規定されておらず，機能はLMSによってまちまちである。学習者の履歴を活用する場合には，履歴表示機能の良し悪しが使い勝手に大きく影響するので，目的に合った機能が備わっていることを確認する必要がある。演習問題個別の解答傾向を出したり，ある学習者の複数コンテンツにまたがる成績を求める，といった細かな分析を行いたい場合には，Excelなどの外部ツールを用いたほうが望み通りの分析が行える場合も多いので，元データをCSV形式で取り出す機能も必要となる。

● 3-4 SCORM準拠コンテンツの導入

コンテンツを導入する形態は，既存のレディメイドコンテンツを購入する場合と，カスタムコンテンツを作成する場合に大別される。既存コンテンツを購入する場合には，前項で述べたSCORMのバージョンに注意が必要である。SCORM2004準拠のコンテンツはSCORM1.2準拠のLMSでは動作しない。また，2004は1.2に対し

て完全な上位互換ではないので，1.2準拠のコンテンツを2004準拠のLMSで動作させる場合もコンテンツの変換などが必要になる場合がある。

　カスタムコンテンツを作成する場合には，手持ちのコンテンツを利活用する場合とスクラッチから作成する場合が考えられる。手持ちのコンテンツを利活用する場合，HTMLで作成された解説ページはそのまま利用できる可能性が高い。動画などのメディアもHTMLに埋め込むことで利用可能となる。パワーポイントのデータをSCORMコンテンツに直接変換するツールも販売されている。いっぽう，演習問題はHTMLをそのまま利用するのは通常困難で，LMSと通信するランタイム環境規格のプログラムをHTMLに組み込むか，オーサリングツールを使用して新たに演習問題SCOを作成する必要がある。

　カスタムコンテンツを作成する場合に考えておかなければならないのは，どのような履歴を取得するかである。解説部分については，コンテンツ階層の末端のノードが履歴を取得できる最小単位となるので，それを考慮して学習者の閲覧履歴を取得したい単位を決める必要がある。また，演習問題については，総得点がわかればよいのか，個々の問題の正誤や回答内容，所要時間なども知りたいのかを予め決めておかなくてはならない。さらにシーケンシングを行う場合は，コンテンツ全体としてどのような動作をさせるのか，そのために個々のSCOからどのような履歴データを取得するのか，といった設計が必要となる。コンテンツを内製する場合はもちろん，外注する場合でも上記のような事項を要求仕様として整理してベンダーに提示する必要がある。SCORMコンテンツの作成については文献（eLC, 2006）を参考にされたい。

● 3-5　運用上の課題と解決策

　3-1で述べたようにSCORMの目的は，複数のベンダーのLMSやコンテンツ，オーサリングツールを自由に組み合わせて利用できるようにすることである。したがって，規格に準拠した製品であれば，どのような組み合わせでも問題なく動作するはずであるが，実際には3-3で述べた仕様の差異や，規格で規定しきれていない細かな実装の違いで問題が発生する場合がある。これらの問題には，コンテンツがLMSに登録できなかったり，登録できても全く動作しない，というものから，動作するがエラーが発生する，期待した動作と異なる，文字化けが発生するといったものが考えられる。

　これらの詳細については，ここで解説する余裕はないので参考文献（eLC, 2005）

を参照されたい。また，コンテンツを購入ないし外注している場合はコンテンツ作成業者に，オーサリングツールを使用している場合はそのメーカに問い合わせるのが原則であるが，LMS 側の問題の可能性もあるので注意が必要である。日本イーラーニングコンソシアムでは，SCORM 技術者資格制度を運営しており，有資格者の所属企業・氏名を公表しているので，これを予め参考にしてベンダーを選択することも考えられる。

4 佐賀大学における教材運用事例

古賀崇朗・穗屋下 茂

● 4-1 新しい教育方法への挑戦

2001 年，佐賀大学では当時普及し始めたマルチメディアを利用した新しい教育方法への挑戦が始まった。同年 5 月の全学教育協議会で，全学教育ネット授業推進委員会の設立が認められ，インターネットを用いた全学教育を充実・発展させることが決まった。早速，学内に「e ラーニングスタジオ」を設置し，当時としてはまだ珍しい VOD（Video On Demand）型のフル e ラーニング「ネット授業」を単位の取得できる正課科目として 2002 年に開始した。当時は PC やインターネットの普及率も今のように高くなく，演習問題を解く WBT（Web-Based Training）が e ラーニングの主流であったが，佐賀大学では，Web 上で視聴できる動画教材を使い，教室での対面授業を行わない「ネット授業」として開講した。また，教材の制作や学習管理システム（LMS：Learning Management System）の運用を外部の企業などに依存せず，e ラーニングスタジオにて行うこととした。本節では，この「ネット授業」をはじめとする，佐賀大学における教材制作と運用について述べる。

● 4-2 「ネット授業」の展開

ネット授業は 2002 年度に教養教育の主題科目 5 科目（前学期 1 科目，後学期 4 科目）で開始した。ネット授業として最初に開講した「21 世紀のエネルギーと環境問題」の画面を図 3-2 に示す。その後，教養教育の科目だけでなく，学部の専門科目や大学院科目も追加され，2013 年度には，前学期・後学期合わせて 26 科目を開講している。当時，佐賀大学の教養教育科目では，講義を行える教室の数と収容人数の制限などにより，履修希望者数に対し開講科目数や受講可能者数が不足していた。そのため，学生が履修を希望する科目を必ずしも履修できない状況にあった。しかしネット授業では，講義のために教室を使用する必要がなく，1 科目の受講者数の

図 3-2　ネット授業「21 世紀のエネルギーと環境問題」
(佐賀大学で 2002 年に初めて制作した VOD 型教材)

増加への対応や，同じ科目を前学期・後学期の各々で開講でき，多くの学生が履修できるようになった。

　ネット授業では，収録・編集された講義映像（もしくは音声）とスライド資料を組合せた教材を，インターネットに接続された PC から LMS にログインし，視聴する。また，視聴するだけでなく，理解度の確認のために，LMS 上で小テストやミニレポートを課している。履修状況は，メンターの役割を担う e ラーニングスタジオのスタッフや各科目を担当する TA（Teaching Assistant）が定期的に確認し，未受講者には視聴の催促や警告のメッセージや電子メールを送っている。このメンターと TA のサポート体制の整備，コンテンツ制作技術の蓄積によるコンテンツの質の向上，更には社会の高度情報化による学生の情報リテラシーの向上などもあり，受講者数は徐々に増加するとともに，ネット授業受講者へのアンケートでも対面授業に劣らないとの評価を得ている（図 3-3・図 3-4）。

　近年では，VOD 型の教材だけでなく，演習問題の教材制作と運用にも力を入れている。e ラーニングスタジオでは，演習問題の問題データは基本的に表計算ソフトで管理している。表計算ソフトに入力された問題データは，専用のマクロを使い SCORM（Sharable Content Object Reference Model）規格に対応した Flash 形式や Moodle の小テストとしてインポートできる XML 形式へ変換し，教材化している。数学や物理の演習問題では，数式を使った表現が必要となることも多いが，Excel

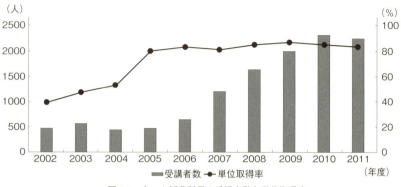

図3-3　ネット授業科目の受講者数と単位取得率

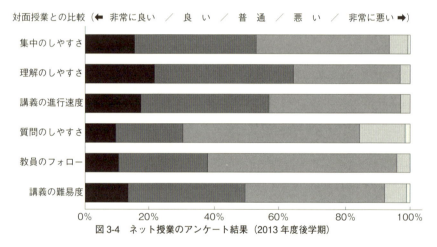

図3-4　ネット授業のアンケート結果（2013年度後学期）

中にTeX表記で数式を入力しておけば，Flash形式の場合はTeX表記の内容を数式に変換したものがFlash内に画像として配置され，Moodleの小テストの場合には，MoodleのプラグインであるTeXフィルタによって，画像に変換され，数式が表示される（図3-5）。これらの演習問題は，理工学部での入学前教育用の教材として，また入学後の専門科目での対面授業の補助教材としても活用されている。例えば，推薦入試などで入学を許可された学生に対し，入学までの数ヶ月間を活用し，基礎科目の学力を大学教育についていけるレベルまで向上させることができる。また，高校で学習していない基礎科目の学習にも効果的である。そして入学後でも基礎学力を補うための学習教材として活用できる。図3-6に示すように，通常の対面授業に

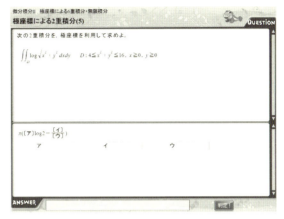

図 3-5 演習問題（Flash 形式）の画面

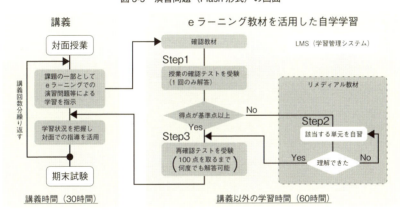

図 3-6 eラーニング教材を活用した教育方法の例

加えて，eラーニングによる確認テストや苦手分野の学習を行うことで，演習時間を確保しつつ，効率よく授業を進めることができる。

さらに，ネット授業と対面授業を交互に組み合わせたブレンディッド・ラーニングを実施し，質の高い教育を実現できることが明確になってきている。ブレンディッド型ネット授業を実践している「英語」では，表3-2に示すように，クラスを半分に分け，学生はまず授業時間外に自宅などでネット授業を聴講し，次の回は教室で対面授業を受ける。学生は1回おきに教室に来るが，教員は毎回，クラスの半分の学生とコミュニケーションを図りながら，質の高い英語教育を実施することができる。反転授業の試みともいえる。しかしながら，このような方法を大学全体の英

表3-2 ブレンディッド・ラーニングでの授業構成例

週	1	2	3	4	5	6	7	8	9	10	11	12	13	14	15	16
Aグループ	ガイダンス	ネット[1]	対面[1]	ネット[2]	対面[2]	ネット[3]	対面[3]	ネット[4]	対面[4]	ネット[5]	対面[5]	ネット[6]	対面[6]	自習	自習・まとめ	定期試験
Bグループ	ガイダンス	自習	ネット[1]	対面[1]	ネット[2]	対面[2]	ネット[3]	対面[3]	ネット[4]	対面[4]	ネット[5]	対面[5]	ネット[6]	対面[6]	自習・まとめ	定期試験

語教育に活かすのは，担当教員だけでは不十分である。佐賀大学の事例では，メンターやTAなどの授業支援を活用できる体制を構築する仕組みを作ると効果が出てくることが実証されている。このブレンディッド・ラーニング以外でも，eラーニングによる生涯学習としての運用や，2008年度からは教員免許状更新講習の選択科目として，認定試験以外はインターネットで受講できる科目を開講し，さらに大学コンソーシアム佐賀での単位互換科目として開講するなど，佐賀大学の学生を対象とした教育にとどまることなく，さまざまな教育への展開をみせている。

● 4-3 佐賀大学におけるeラーニング教材運用の特徴

これまでに制作したネット授業の科目には，「有田焼入門」「伝統工芸と匠」や「吉野ヶ里学」「地域の環境―森・川・海を繋ぐ環境と暮らし」など，佐賀の伝統工芸や地域の歴史文化，あるいは地域の環境について学ぶ地域性豊かな教材が多い。このことは，佐賀大学におけるeラーニング教材の特徴として挙げられる。通常，これらの分野の知識や経験を教授することができる人物は著名な匠や郷土歴史家であっても，教員としての経験がないと非常勤であっても大学の教員として雇うことは難しいのが現状である。また，これらの科目の内容は，教室で講義を行うだけでは伝えられないものや，実際の現場を見ることが地理や時間などの理由で困難なものが多い。これらを伝える手段として，映像化された教材は非常に有効であり，貴重なものである。さらに，これらのコンテンツは生涯学習用の教材としての需要も高い。

佐賀大学では，これまでに述べてきたような教材の制作や運用をeラーニングスタジオを中心に，学内の人員ですべて行っている。教材の制作においては，講義映像の収録，編集，オーサリングのほか，教材の運用においても，サーバの設置から

LMSの設定，運用に至るまで，佐賀大学eラーニングスタジオのスタッフが行っている．この一連の過程を学内の人員で行うことにより，そのノウハウが着実に学内に蓄積され，次の教材の制作や運用に活かされる．

この学内に蓄積されたコンテンツ制作の技術を対面の教育へと活かすべく，2008年度に，主に社会人を対象とした特別の課程「佐賀大学デジタルコンテンツ・クリエーター育成プログラム」，2009年度に，佐賀大学学生を対象とした「デジタル表現技術者養成プログラム」など，デジタルコンテンツの制作技術を身につけ，ICT活用能力をもった人材を育成する教育プログラムを開講した．このように，eラーニング教材の制作や運用の技術や経験は，eラーニングだけでなくさまざまなICT活用教育へと活かされている．

● 4-4　まとめ

本節で述べてきたように，佐賀大学ではeラーニングスタジオを中心として，eラーニング教材の制作・運用が行える環境を構築している．その技術や経験は佐賀大学学生向けのeラーニングだけでなく，さまざまなICT活用教育へ展開されている．そして，それらのICT活用教育に，教員だけでなく教材制作に携わる技術職員も関わることで，職員のコンテンツ制作能力がさらに向上するとともに，教育への興味や理解も深まった．eラーニング教材の制作や運用には，画像や映像，Webなど，さまざまなデジタルコンテンツ制作の知識や技術が要求されるが，それに適した人材をみつけることは難しく，育成にも時間がかかっていた．しかし，デジタルコンテンツ制作を学ぶ教育プログラムの履修生をアルバイトとして雇うことで，それまでは確保することが難しかったコンテンツ制作能力を備える人材を育成し，不足しがちなクリエータを補う環境も整った．履修生にとっては実際のコンテンツ制作の現場が体験できる良い機会にもなっており，教職員にとっても学生にとっても，よい循環を生んでいる．今後はHTML5を用いたVOD型教材のマルチデバイスへの対応などを進め，更に利用しやすい教材の制作と運用を目指す．

5　デジタル教材制作における学内標準化の取組

畑　耕治郎・西尾信大

● 5-1　はじめに

大手前大学では，2008年度から全学的にeラーニングを開始した．その後，2010年度にはeラーニングを用いた通信教育課程を設置し，通学教育課程で13科目，通

信教育課程（畑・田中, 2011）で約100科目をeラーニングで提供している。これらの授業で用いているデジタル教材は，単に授業を録画した動画ではなく，学内ベンチャーとの協働によりインストラクショナルデザインに基づいた設計を経て，動画，スライド，アニメーションなどを盛り込み，学びやすさを追求した教材づくりに取り組んでいる（田中他, 2009）。

デジタル教材の制作にあたり，学習効果が期待できる学びやすい教材を作ることはもちろん，多数のeラーニング授業を展開することから，eラーニング授業間でのさまざまな格差をなくすこと，そしてデジタル教材を効率的に制作することもeラーニングを始めた当初からの課題であった。本節では，その課題解決策として取り組んできたデジタル教材の標準化について通学教育課程を例として紹介する。

● 5-2　eラーニング授業

まず，大手前大学の通学教育課程におけるeラーニングについて紹介する。通学教育課程では，15回全ての学習内容をオンデマンド型のデジタル教材で提供する授業のことをeラーニング授業と呼称している。授業は15回分の教材を一度に公開するのではなく，面接授業と同様に各回の教材を1週ずつ順次公開していく開講方式を採用している（図3-7）。eラーニング授業では各回原則二週間の「出席認定期間」を設けており，期間を超過しての学習は遅刻扱いとして成績評価に大きく影響することを学習者に指導している。このように学習期間を設定することにより学習者が学習スケジュールを立てやすくしている。

● 5-3　デジタル教材

大手前大学では，eラーニング授業間で起こりうる格差をなくすために「デジタル教材制作マニュアル」を作成し，学習者がストレスなく学べるデジタル教材づくりに努めている。「デジタル教材制作マニュアル」に基づいて制作することで，制作

図3-7　eラーニング授業の開講スケジュール

工数の削減やデジタル教材の標準化にもつながっている。以下，制作工程，授業構成，教材構成について，その標準化の取組を紹介する。

[1] 制作工程の標準化
　デジタル教材の制作に当たっては，インストラクショナルデザインのモデルを参考にして，教員と複数のスタッフが協力しながら，[概要設計]⇒[詳細設計]⇒[ストーリーボード作成]⇒[収録]⇒[デジタル化]の流れで行っている。概要設計書や詳細設計書などそれぞれの工程をマニュアル化するとともに，必要なデータシートのテンプレートなどを用意し，制作の標準化を図っている。

[2] 授業構成の標準化
　大手前大学のeラーニング授業は，先述のとおり原則として第1回から第15回までの全15回で構成される。各回には4つ程度の「節」を設置することにしている。各節は約15分から20分程度で学習できる教材で，動画，アニメーションやクイズ，ディスカッションなどがある。
　第1回の授業の前には，学習意欲を鼓舞し，授業への興味を促進するような授業概要を担当教員のビデオ映像で紹介する「オリエンテーション」を設置する。オリエンテーションでは授業概要，学習目標，評価方法，学習の進め方などの紹介だけでなく，教室で直接会うことのない教員に対して，「この先生から学ぼう」と親しみをもって受講してもらうことを促す目的もある。また，オリエンテーションには受講の目的や習得済み知識の確認を行うために受講前アンケートも設置する（図3-8）。

[3] 教材構成の標準化
　各節で用いるデジタル教材は，全ての授業において[タイトル]⇒[コースマップ]⇒[学習目標]⇒[本編]⇒[学習活動]⇒[まとめ]⇒[次への指示]という流れで学習が進められるように構成している。[コースマップ]では，授業全体に対して当該回の位置づけを明確にし，この回の学習目標を示す。[学習活動]は，クイズやシミュレーションなど学習者がキーボードやマウスを動かしながら学習する教材で，解説を聞くだけの単調

図3-8　授業構成の例

な学習になることを防ぐ目的で必ず取り入れるようにしている。そして，各回の最後の節には［まとめ］として確認テストやレポート，ディスカッション，プレゼンテーションなどの課題を設置し，学習成果や知識の習得状況を確認できるようにする（図3-8）。

なお，デジタル教材のデザインについても，タイトルやボタンの位置や配色，又は注意を喚起する文字の配色，共通アイコンの利用など授業間で視覚的な意味に差異が生じないようにデザインレギュレーションを作成して共通性を保っている（田中・畑, 2011）。

● 5-4　改善の取組

面接授業同様に，e ラーニングも授業を重ねるたびにより良く改善していくことが必要であるが，標準化についても e ラーニング授業の見直しに合わせて改善を繰り返している。

大手前大学では，学期が終了するとデジタル教材の設計業務を担当したスタッフの呼びかけで授業ごとに授業改善のための打ち合わせ「授業改善会議」を実施している。授業改善会議には，授業担当教員に加えて学習アドバイザー[2]と称する学習支援を行うスタッフや制作スタッフらが参加し，次学期に向けた授業改善のための具体的な方策が練られる。この打ち合わせでは，受講アンケートや学習ログなどを参考にして e ラーニング授業の見直しが検討され，デジタル教材の改善が必要な場合は制作スタッフにより実施される。

また，学期終了後の長期休暇中には情報メディアセンターの呼びかけで e ラーニング授業に関係するスタッフ（授業担当教員，チュータ，学習アドバイザー，システム管理者，教務課職員，情報メディアセンター職員など）が一堂に会した「リフレクション会議」を開催し，e ラーニング授業全体の運用に関する課題について情報交換を行っている。この会議では e ラーニングに関する提言だけでなく，授業における ICT の利活用につながる貴重な意見が得られることも多く，ここで得られた知見を元に標準化の見直しも行うこととしている。

---

[2] 大手前大学の e ラーニング授業では学習アドバイザーが学生問い合わせの一次窓口業務を行っており，学習ログや受講アンケートの集計作業も担当している。そのため，学習アドバイザーは受講者が学習につまずいている課題やデジタル教材の不備などの情報をよく把握している。

5-5 まとめ

多数のeラーニング授業を展開する際，教材間でのインターフェースの不一致などの格差があると，学習者のストレスにつながりかねない。そこでデジタル教材制作を標準化することで一貫した教材設計を可能とし，学習者の学びやすさを高め，ストレスを与えることのないようにしている。この標準化は，制作工数の削減や作業の漏れを防止する効果も得られている。いっぽうで，授業そのものは，面接授業同様に担当教員の研究や経歴，そして個性に基づくオリジナリティを出すべきであり，デジタル教材の標準化によって個性が削がれることがないよう配慮している。

これらの標準化は，eラーニングに取り組む大学や組織で異なるものであると思われるが，事前に標準化を見据えて取り組むことで後々の規模拡大などにも大いに資するものであると考えられる。

6 インストラクショナル・デザイン（ID）理論を活用したブレンディッド型授業への再設計事例：愛媛大学 日本語リテラシー入門

仲道雅輝

6-1 概　要

本節では，愛媛大学での全学的なeラーニング普及推進を果たすための解決策として，全学共通科目として開講される「日本語リテラシー入門」科目のブレンディッド・ラーニングへの再設計支援を行った結果を紹介する。

6-2 取組内容と方法

2013（平成25年）度後学期より，全1年生の必須科目として「日本語リテラシー入門」が設置された。当科目では，1年生約1,900名の学生に対して実施する予定であったが，それに伴う教員数の増員は難しく，授業改善により教育の質を維持する必要があった。それまでの類似科目では学生約40名に1名の教員が授業を担当しており，単純計算でも必要な教員数は約40名であるが，実状は11名での対応であった。教育の大幅な効率化の際にその質を維持する方策としてブレンディッド・ラーニングを取り入れた授業再設計の過程をまとめた。

[1] 教員ヒアリングによる到達目標の明確化と授業内容の活動要素分析

授業担当教員へのヒアリングと授業の到達目標の明確化に着手した。到達目標を

設定することは，授業設計の要点の１つである。限られた授業回数のなかで，段階的かつ着実にステップアップしていける毎回の授業目標を導き出し，効果・効率・魅力の３つの要素から授業の活動要素を１つひとつ見極めていった。分析には，ガニェの９教授事象（ガニェ他, 2007）を用いて，教授事象と活動内容を細分化した（表3-3参照）。ガニェの９教授事象とは，人の学びのプロセスをさかのぼって，教材の構成を考えていくための枠組みである（ガニェ他, 2007）。さらに，その活動要素を概観し，ｅラーニング化によって教育効果や効率を向上させることができる部分を導き出した。教員が対面授業を要望する具体的な授業内容を聴き取るとともに，その理由を探った。その理由には，対面授業は新しい授業内容を提示する際に，学生の反応を確認し，必要に応じて説明内容を追加したり，例を挙げて説明するなどの修正を加えながら授業を進められることが挙げられた。よってそれらの利点を活かす方向で設計することとした。さらに，入学後半年であり，ｅラーニング自体に学生が不慣れである場合に，対面授業での追加指導が可能であること，教員が学生の

表3-3　９教授事象による活動要素の分析（仲道他（2014）を一部改編）

	9教授事象		対面授業で実施している活動	今回の e-learning 活用事象
導入	事象1	学習者の注意を喚起する	独自開発した日本語リテラシー入門テキストを用いている。特徴ある教材・内容を準備する。	対面授業・e-learning
	事象2	授業の目標を知らせる	学習目標を知らせる。	対面授業・e-learning
	事象3	前提条件を思い出させる	前提得知識の振り返りの意味を含め，テストを実施している。	e-learning
展開	事象4	新しい事項を提示する	日本語表現に関する新しい概念や方法を教える。	対面授業
	事象5	学習の指針を与える	レポートなどに関連性のある例題などを取り上げる。	e-learning
	事象6	練習の機会をつくる	練習問題をその場で解かせている。	e-learning
	事象7	フィードバックを与える	ペアワークで練習問題の間違いや傾向などに関する学生相互のフィードバックを行わせている。	e-learning
			教員から，共通する事柄（練習問題で間違った点，傾向など）に関する学生全体へのフィードバック・解説する。	対面授業
まとめ	事象8	学習の成果を評価する	レポートによる最終試験を行う。	e-learning
	事象9	保持と移転を高める	レポート課題や統計資料の読み方など応用的問題にも取り組ませ，ポートフォリオを記入させている。	e-learning

状況を把握する機会をもちたいという理由もあった。また、対象校独自の日本語リテラシー入門テキストが開発されている点も、ブレンディッド・ラーニングを選択した理由として挙げられ、テキストがあることで、eラーニング時に知識を補うことが可能になると考えた。日本語リテラシー入門では、日本語を用いて表現することを授業目標としているため、練習問題に取り組む時間を重要視している。そのため毎回の授業で、講義と練習問題を組み合わせて実施していたものの、練習問題を解く時間が限られていたこともあり授業時間外の課題とする場合もあった。

[2] 開講形態・クラスサイズの分析・設計

開講形態およびクラスサイズの検討にあたり、これまでの対面授業と、学生約1,900名に対して授業を実施するために必要な教員数および教室数の確保、他科目とのカリキュラム上の整合性などの分析を始めた。

開講回数は、全8回のうち対面授業とeラーニングに振り分けて実施することが可能であると判断した。まず、対面授業4回、eラーニング4回に振り分け、かつ交互に配置した。交互に配置した理由は、まず対面授業で新しい学習内容2章分を提示し（表3-4参照）、その次に対面授業で実施した2章分の練習問題、ミニレポートの作成、ポートフォリオの作成をeラーニングで行った。つまり対面授業とeラーニングの両方を受講してはじめて2章分の学習目標を達成する構造である。

クラスサイズでは、学生数を半期16回の授業回数のうち、前半8回との受講生

表3-4　授業形態と概要（仲道他,2014）

回	授業形態	概要
1	対面授業	オリエンテーション 【第1章】文の長さ・句読点・かかり受けを学ぶ 【第2章】単語・文・段落を学ぶ
2	e-Learning	【第1章】【第2章】の振り返り（ポートフォリオ）
3	対面授業	【第3章】ものごとを正しくとらえ、分かりやすく伝える 【第4章】資料を解釈し、説明する
4	e-Learning	【第3章】【第4章】の振り返り（ポートフォリオ）
5	対面授業	【第5章】仮説を立て、考えを組み立てる 【第6章】確かな解釈に基づき、主張する
6	e-Learning	【第5章】【第6章】の振り返り（ポートフォリオ）
7	対面授業	【第7章】主張を検証し、批判する
8	e-Learning	【第7章】の振り返り（ポートフォリオ） 最終試験及び全体の振り返り

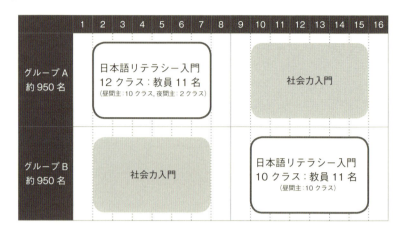

図3-9　クラスサイズの概要（仲道他, 2014）

が同一学生であったため交互開講が可能となった。それにより半数の約950名に対して11名の教員で担当する，つまり，1クラスの受講学生数を70名から110名程度に幅をもたせ，かつ所属学部・学科などを加味したクラス編成が可能になった（図3-9参照）。次に，時間割上で，対面授業を実施するコマ数と担当教員数を当てはめ，無理のない実施体制であるかを検証し，提案した。

[3] eラーニングでのペアワークの設計

　ブレンディッド・ラーニングを取り入れるにあたり，科目担当教員には，eラーニングでペアワークやグループワークが実施できるのかという不安があった。対面授業では時間内にミニレポートを記入し，学生相互でフィードバックしていた。このように，対面授業ではな半ば強制的に「やらざるを得ない」状況をつくることで，学習目標を達成させる側面があった。そのため，eラーニングでは学習者が自発的に実施するのかどうかを不確定要素として捉えており，実際にどのように取り組ませる手段があるのかを明らかにすることが課題であった。これらの課題をeラーニングで解決する機能として，フォーラム（ディスカッション）を活用し，どのように使うかを具体的に示した。学生がミニレポートを作成し，eラーニング上（フォーラム）に提出したあと，他の学生が書いたミニレポート2名分以上を読み，それらに意見（コメント）を書くことを受講済みの条件とした。その条件を設定することによって，必然的に学生がフォーラム（ディスカッション）機能にコメントを書き込む作業を行い，コメントのやり取りをする状況をつくることになる。この機能を活用

することによって，学生同士のコメントの活性化を促すことを計画した。また学生同士のディスカッションを閲覧することも可能となるため，対面授業ではペアや少人数の間での意見交換に終わるところが，eラーニングによって多くの学生の意見を閲覧することが可能になった。

[4] 教員などへのサポート

教員が教材設計などの専門的な知識をもたず，ICTスキルへの不安や負担感があることなどから，なかなかeラーニングの活用が進まない事例が数多くみられる。そうした不安や負担感を解消しつつ進めることがブレンディッド・ラーニングの実現に重要なファクターとなる。そこでまず，教育デザイン室の支援体制および支援内容を教員に周知することから始めた。

[5] eラーニングを取り入れたブレンディッド・ラーニング設計の要点

授業の再設計に際して，まず対面授業とeラーニングに振り分け可能な授業内容であるかどうかを確認した。これについては，授業目標を達成する方法として対面授業がどの程度必要で，eラーニングを取り入れることによる効果がどの程度望めるのかを確認することがその後の設計の適否左右するため，最初に取り掛かることを推奨する。対面授業が万能でないのと同じように，eラーニングも万能の授業方法ではないため，それぞれの長所と短所をうまくブレンドすることが成功の鍵になる。しかしながら，全ての教員が全ての授業方法に精通しているわけではなく，授業設計の専門家であるインストラクショナルデザイナーの支援を受けながら，科目担当者の目指す授業を設計していくことが効率的である。

授業目標達成の方法にはいくつかあるが，学生のレディネスや意欲などによって効果的な授業方法は異なってくる。そのなかでも，講義に限らず，1つの授業方法から得られる効果には各々特徴があり，例えば講義形式にペアワークやグループワーク，学生間の相互評価を適宜取り入れることで，より効果的で魅力的な授業へと進化させることが可能である。また，授業方法のみならず，それに伴う課題の設定，課題内容の指示が成果に影響する。そのため，指示内容の表示方法を工夫し，学生自身が「何ができれば合格なのか」を明確に理解することができるよう配慮する必要がある。これは，ARCS動機づけ理論で説明されるところの「関連性（relevance）」および「自信（confidence）」に影響する（ケラー, 2010）。eラーニングにおいては，いつでも，どこでも取り組める長所がある一方で，学生の自主性にゆ

共通

◆章の学習内容を確認するための，動画を視聴すること

前回の授業の復習として，動画教材を制作した。PowerPointと教員の解説映像を同期させたコンテンツである。メニューは，スライドに対応した目次になっており，学生が自主学習を行いやすいように工夫した。また，Moodle上には学生の学習履歴のログが残るため，教員は学生が動画を視聴したかどうかを確認することができる

◆授業の振り返り（ポートフォリオ）を記入し，提出すること

振り返り（ポートフォリオ）を提出してもらう場合に利用できるMoodleの機能には「課題提出」と「アンケート」がある。アンケート機能を利用すると，学生の入力データを簡単にExcelのデータとしてダウンロードできるというメリットがあるので，アンケート機能を選択した。

＋

【2回目】

◆確認問題を解き，合格点（80％以上）に達すること
※合格点に達しない場合は，合格点に達するまで繰り返し確認テストを受ける

学生が動画を視聴しただけでは，前回の授業内容が身についたかどうかは分からない。そこで，確認問題に解答し合格点に達することを，受講済みの条件の一つとしている。Moodleのテスト機能を利用することで，学生本人が点数を確認することができ，納得がいくまでテストを繰り返し受験することができる。点数を表示させない，1回のみの受験，ランダム出題など，用途に応じた設定にすることができる。

【4・6・8回目】

◆章の確認問題としてミニレポートを作成・提出し，核問題について他の学生が書いたミニレポートを2人分以上を読み，それらに対する意見（コメント）を書く

他の学生が提出したミニレポートを読み，コメントをして，学生同士で意見交換をしてもらう。2人以上の学生にコメントすることを受講済みの条件の一つとすることで，ディスカッションの活性化を促す。コメントをしたり受けたりすることで，学生の意識も高まり，積極性を引き出すことにもつながる。ディスカッションには教員も参加でき，さらなる議論の活性化や議論の軌道修正などを行うことも可能である。

【8回目】

◆最終試験を受験すること

図 3-10　eラーニングの流れ（仲道他，2014）

だねられているところが大きく，周到にデザインされていなければ授業目標の達成が難しい状況を作ることになる。例えば，練習問題の合格基準やコメントの仕方を「80％以上」「2名以上の学生にコメントすることを受講条件とし，具体的に「疑問点」「修正点」を記載すること」など，具体的に示すこと，あるいは練習問題に繰り

返し取り組めるようにしておき，幾度か取り組むなかで解答および解説を繰り返し学習し，テキストを読みこなすこととなり，最後に1回のみ取り組めるテストを設けておくなどの工夫が求められる。

● 6-3 支援体制構築と活用による効果

今回の再設計が円滑に進んだ要因として，大人数を対象とした必須科目の再設計でありその規模が大きく，授業担当者が教育設計の専門家であるインストラクショナルデザイナーや，教育デザイン室の支援を活用して再設計した点が挙げられよう。eラーニングを取り入れる際に，ICTスキルに自信のない教員への具体的な支援は，時間的負担を軽減するだけでなく，相談者がいるという安心感を与え，それが再設計を完遂する力になるのではないだろうか。このことは，開かれた授業運営にもつながる有効な組織連携であろう。また，学内規程の整備，マニュアルやガイドラインの作成によりハード面での支援を行ったことも，教員が授業内容の精選や準備に集中できる環境を提供することに貢献したといえる。授業は担当教員だけで創るものではない。学生はもちろんのこと，教職員の連携によってより効果的なものに進化するはずである。今回の授業の再設計後に，担当教員に聞き取りを行ったところ，「授業を学生含め，皆で創り上げている感覚があった」「教員を目指すTA・SAにとっても貴重な経験になる」「さまざまな教育方法を学ぶことができた」などの感想があった。授業改善の取組は，授業の質を維持向上させるだけでなく，教員自身の授業に対する意識・満足感の向上に影響を与えていると考えられる。

7 学生のプロジェクト学習と連動した教材開発と運用

山川広人

● 7-1 はじめに

eラーニングの導入や利用には，質や量を考慮しつつ教材の整備をおこなうことが不可欠である。質の面では，教材の内容や難易度がeラーニングを用いるカリキュラムの内容に沿っていることや，教材の形式（例：Webフォーム，映像，音声，テキストなど）がカリキュラムの中での学生の学習方法にあっていることなどが重要となる。量の面では，質が考慮された教材を数多く，例えば複数の類題などを用意できることが，多様な学習形態へのeラーニングの利用を可能とする上でも望ましい。しかしながら，こうした教材を十分に用意するには相応の教材開発体制や費用が必要である。カリキュラムは経年的に変化していく可能性もあり，変化にあわせ

て教材を追加・改良していく持続可能性も考えなければならない。その上で，開発体制や費用を実際の教育現場や高等教育機関で準備し運用していくことは必ずしも容易ではない。

千歳科学技術大学では，全学的なeラーニングへの取組の中で，こうした課題の解決を図りながら学生のプロジェクト学習と連動した教材開発を行ってきた。本節では事例紹介として，千歳科学技術大学のeラーニング教材，教材開発体制，運用の実例とポイントについて述べる。

● 7-2　千歳科学技術大学のeラーニング教材

千歳科学技術大学のeラーニング教材は演習教材と教科書教材の2つに大別される。演習教材は問題文・解答欄・ヒント（解法）が掲載されたもので，1教材が演習問題1問分に相当する。教科書教材は映像・音声・アニメーションなどとともに解説テキストが掲載されたもので，1教材が紙の教科書のおよそ1項分に相当する。どちらの教材もHTML5もしくはAdobe Flashを用いたマルチメディアファイルとして作成されている。マルチメディアファイルの教材には，映像や音声との連係，解法や解説の表示タイミングといった教員の教材への意図や要望を反映しやすいといった利点がある。一方で，教材開発用ソフトウェアの利用方法や教材開発のノウハウ（以後，これらを教材開発スキルと記載）の習得が必要なことや，1教材の作成に時間を要するといった欠点もある。千歳科学技術大学では，1教材にかかる作成時間を演習教材では約30分，教科書教材では約240分と見積もっている[3]。

● 7-3　**学生のプロジェクト学習と連動した教材開発体制**

教材開発体制にはさまざまな形が考えられる。千歳科学技術大学では，図3-11に示すような学生のプロジェクト学習と連動した教材開発体制を構築している。このプロジェクト学習は，学生の情報系分野でのキャリアアップを目的とした，単位化されない参加型の課外学習である。この体制の特徴は　1．教職員と学生が参加していること　2．学部2年生がプロジェクト学習を通して上級生から教材開発スキルを継承していくこと　3．上級生が学部2年生の学習を支援し，また主な教材開発をアルバイトとして請け負うことの3点にある。これらの特徴を踏まえながら，

---

3) これは教材作成経験のある学生が標準的な内容の1教材の作成にかける目安の時間であり，実際の作成時間は教材の内容や映像・音声の有無などに大きく左右される。

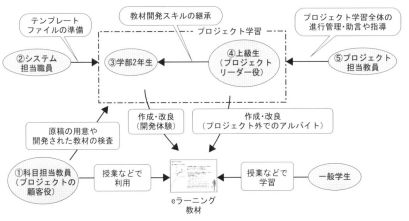

図 3-11　教材開発体制のイメージ図

教職員や学生の役割を以下に述べる。

　図中①の科目担当教員は，授業などでeラーニング教材の利用を希望する教員である。プロジェクトの顧客役として教材の原稿を用意し，開発された教材を教員としての利用者の観点から検査する。原稿には授業などで利用しているスライドやプリント，手書きの紙を用いて[4]，教員の負担を極力抑える配慮をしている。図中②のシステム担当職員はeラーニングシステムを運用する部局の職員であり，教材のテンプレートファイルを準備する。テンプレートファイルにはeラーニングシステム上で教材として動作するための仕組みが内蔵されており，学生が詳細な技術仕様を把握しなくても教材を開発できるようにしている。プロジェクトは図中③の学部2年生と，図中④の上級生（プロジェクト学習の経験者）で構成される。学部2年生は上級生から教材開発スキルを学んだ上で，学生同士や科目担当教員とコミュニケーションもとりながら教材の作成・改良を体験する。上級生はプロジェクトリーダー役として，自らの体験も参考にしながら学部2年生を支援する。また上級生は教材作成・改良をプロジェクト外のアルバイトとして請け負えるようにしている。まとまった数の教材開発が必要になった場合は上級生が活躍することで，業者委託などの手段と比べて費用も抑えられることを狙っている。図中⑤のプロジェクト担当教員は，プロジェクト学習全体の進行管理と教育面での効果を引き出す教員である。

4）映像や音声の収録・編集が必要な場合は，プロジェクトと教員の間で別途調整する。

情報系分野を専門とする教員が担当し，学生だけの取組だけではむずかしい情報システム開発の観点からの助言や，情報系分野のキャリアパスを学生が意識できるように指導を行う。

● 7-4 教材開発体制の運用の実例とポイント

教材開発体制の実例として，2005年度からの4年間には毎年度約2,000の教材の作成と，ほぼ同数の教材の修正を継続できた[5]。これは，千歳科学技術大学の教材開発体制が教材開発スキルを経年的に継承させながら，多くの教材の作成と，教材の質の向上やカリキュラムの変化に対応する教材の改良の両方を持続できる実例となったと考えている。

こうした開発体制が運用できているポイントはいくつか考えられる。まず，プロジェクト学習で得られる成果が参加する学生のニーズとマッチするように配慮している点である。千歳科学技術大学は理工系の単科大学であり，就職先にもいわゆるIT関連企業が目立つ。そのため，学部2年生のニーズは情報系分野に進む上級生の姿を自身の進路や将来の目標と照らし合わせながら活動できる部分にあると考えている。実際にプロジェクト学習に参加した学部2年生にアンケートで参加の意図を調査した結果，情報系分野のスキルアップはもちろん，システム開発プロセスの習得やコミュニケーション能力の向上といった，卒業後の進路にもつながる能力の向上に役立てたいという回答が多かった。こうしたニーズを満たせるように，プロジェクトリーダーとなる上級生には情報系研究室へ進んだ学生やIT関連企業に就職が決まった学生を配置している。またプロジェクト担当教員からも，参加を希望する学部2年生にはプロジェクト学習が単位にならない自由参加の課外学習であることや，自身のキャリアアップにむけて主体的な活動が必要なことを確認し，上級生には学部2年生の模範となるように教材開発スキルの継承やリーダーを務めるように要請している。

こうした開発体制をゼロから構築することも容易ではない。千歳科学技術大学の場合，情報系研究室の中で小規模の教材開発体制を数年間運用した上で，しだいに開発体制の規模を拡大していった点も重要であったと考えている。拡大していく中で新たに発生したトラブルや問題点，その解決法などはノウハウ化の一環として

---

5) この4年間は特に学内でのeラーニング利用が拡がった時期であり，毎年度約90名の学生が10程度のプロジェクトに分かれて開発を行っていた。

Wiki ページにもまとめ，後年の体制の中で参考にできるようにしている。

また運用成果の中には，本来，科目担当教員を用意しなかった語学科目において，学部2年生が独自に教材を教員に提案し実用に結びついた事例や，科目担当教員の要望に沿って従来のテンプレートファイルを独自に改良し，新たな機能として組み込んだ事例などもみられている。こうした事例は単なるトップダウン型の開発体制やアルバイト主体の開発体制では考えにくく，学生主体の取組ゆえの成果と考えている。

8 基礎知識の確立を目指したコンテンツの組織的運用

児島完二

● 8-1 自学自習システムとコンテンツ

一般に経済学部では大教室での授業が多く，少人数の専門科目はゼミが中心である。大教室で双方向性をもたせるのは難しく，日常の予習復習を前提とする授業参加よりも学期末試験の結果によって成績評価が決定する科目も少なくない。しかし，基礎学力の低下が進行すると授業に出席していても内容を理解できなかったり，学期末試験の準備や対応さえできない学生が増えてきた。他方，学習意欲や理解度の高い学生がいるので，多くの授業で2極化の傾向が強まった。その対応は，大人数の授業でも個々の学生の理解度を調査し，それに応じた教材や課題を提供することである。一例として，Webの自学自習ステムを活用し，学部教育の基礎コンテンツを構築・運用する方法がある。そこで，名古屋学院大学の「自学自習システム」ならびに「経済学基礎知識1000題」を紹介する。

名古屋学院大学では，繰り返し学習のためのWebシステムとして，択一形式の設問を出題できる「自学自習システム」を構築した。教員が用意した設問を学生が解答すれば，ただちに採点結果と解説が提示される簡単な仕組みである。1つの出題範囲は最少6題で構成され，これを1タームとしている。ターム内の設問が繰り返し学生へ出題され，一問も間違えることなく全て正解すると全問クリアとしてタームが完了する。このシステムでは出題ごとに解答選択肢の順番が変わるので，学生は全問クリアするために正答を覚える必要がある。何度も学習すれば，誰でも必ず全問正解できるようになる。

教員が作問する場合，Webから1題ずつ入力する方法以外に，CSVなどのテキストファイルでの一括登録もできる。テンプレートを用意して，ユーザの利便性を高めている。設問にはマルチメディアファイルが添付可能なので，図3-12のよう

図 3-12　自学自習システムの出題画面（例）

な画像などを含んだ設問にも対応できる。さらに，音声ファイルでのリスニング問題，データをダウンロードさせた計算問題など，出題のバリエーションは豊富である。

　また，この自学自習システムはキャンパスコミュニケーションサービス（以下CCSと呼ぶ）という学内統合システム内に組み込まれており，他の学内システムと連動する。例えば，教員はあらかじめ用意されている授業ページに自学自習の設問範囲をリンクしたり，教務情報の履修者名簿で個別学生の自学自習の進捗状況を確認できる。いわゆるワンストップ・ソリューションで，教員ユーザの使い勝手はよい。学生はスマートフォンからでもCCSへアクセス可能なので，自分のポータルを確認したついでに学習できる。全学必修の情報リテラシー科目で実際に自学自習を使っているので，操作に戸惑う学生はほとんどいない。

　以上のように運用面でのハードルは低いにもかかわらず，当初は一部の教員だけが自主的にコンテンツを登録し，授業で利用する程度で，ほとんどの教員は授業で導入しようとしなかった。

● 8-2　学部教育コンテンツ「経済学基礎知識 1000 題」

　学部教育で必要な基礎知識を確立するため，学部の基幹科目に対して教員が設問

を用意し，授業で活用する取組を学部教授会で決定した．コンテンツ作成には経済学の専門教員全員が関わり，1人あたり20題を新たに作問した．当時（2006年）では，PC操作に不慣れな教員もいたために，設問の提出には手書きやワープロ文書でも受けつけた．こうして1000題以上の設問群「経済学基礎知識1000題」が完成し，各分野を基幹科目に関連づけて運用した．

この取組を通じて，教員は自作の設問コンテンツを自分の授業で使わせるようになった．受講生がどれほど学習したかはCCSの履修者名簿から一瞥でき，自学自習を平常点としただけで利用率は著しく向上した．とりわけ，タームの全問クリアを評価対象とすれば，学生は全問正解するまで反復学習を行う．また，期末試験には自学自習の関連問題を出題したので，学生の学習インセンティブが高まった．結果として，組織的な活用を機会に学部生の利用率が急上昇し，取組の教育効果も検証されている（児島他，2006）．取組開始から7年以上経過し，当初よりは学部内での徹底した利用は影を潜めている．しかし，2014年現在でも3割ほどの教員が自ら設問をリバイスしながら活用しており，学部の特色ある教育の1つになっている．

● 8-3　学部組織のコンテンツ活用と見える化

以上の取組から得られた知見は，使い勝手のよい教学システムや優れたLMSを用意しても，学習コンテンツの利用にはつながらないことである．システムやコンテンツ・アクセシビリティといったeラーニングの必要条件に加えて，組織的活用とユーザのインセンティブが活用率の向上に寄与することが学習データから明らか（児島，2011）になっている．コンテンツ利用を高めるには，授業と連動する仕組みをいかに構築するかである．

また，コンテンツ活用を促進する方法にはデータの「見える化」がある．学生は自らの学習到達度をポイントなどで確認することができる．学習量に応じて鳥のキャラクタが進化するといった仕掛けやポイントでの学内順位といったゲーミフィケーションを導入している．自ら目標を設定し，これを達成できると画面上に賞状が現れるというモチベーションを高める工夫をしている．現在（2014年2月），CCSの自学自習システムには全学で33356問が登録されており，そのうち経済学部教員が14019問を作成している．図3-13のように自学自習システムのトップページには，活用頻度の高い科目範囲（ターム）を人気設問としてランキング表示している．あわせて，最新の登録問題（新着設問）や学部ごとの学生活用分布（学習状況）などを提示する．図中のキャラクタは右へ遷移するほど，学習量が多いことを示しており，

図 3-13　自学自習の教員画面（2014 年 2 月時点）

経済学部が突出している状況がわかる。これは学部内にコンテンツ利用が定着している１つの証左である。

自学自習を外向けに開放した「名古屋学院大学 OpenCourse（学びの広場）」を用意している。自学自習システムの登録時に外向けに開放してもよいというチェックを入れた科目範囲（ターム）がこのサイトより公開されている。

9　大学発ベンチャーを活用した教材作成・運用に関する試み

森　祥寛・佐藤伸平

● 9-1　はじめに

金沢大学における教材作成は，2004 年度現代的教育ニーズ取組支援プログラム（現代 GP）に採択されたことから始まる（鈴木他, 2006）。現代 GP を円滑に進めるために金沢大学内に作られた組織は，形を変えながら教育に ICT を活用する方法を検討し，推進してきた。その中には ICT 教育用教材の作成も含まれる。金沢大学の ICT 教育用教材の作成においては，「大学発ベンチャーの活用」「著作権処理の流れと著作権契約」「公募型教材作成の実施」という３つの特徴がある。本節では，こ

の3つの特徴について説明する。

● 9-2　大学発ベンチャーの活用
　この大学発ベンチャー企業は，名称を「金沢電子出版株式会社[6]」といい，金沢大学で作成されたICT教材を有効活用することを目的として，2005年8月に起業され。起業当時，その事業を支える基盤として，金沢大学は金沢電子出版に対して，ICT教育用教材の著作権を独占的に譲渡し，著作者人格権については，それを行使しないとした。そして，著作権譲渡された教材をもとに再編集・再構成をした教材を金沢大学以外の大学・組織に向けて販売することで，金沢大学教員が多大な労力をかけて作成した教材を，有効に活用するための道筋を作り出した。

　ベンチャー企業を通じての販売という方策をとった理由は3つである。1つ目は，教材の販売とあわせて，教材の著作権管理を行わせるため。2つ目は，販売によって，著作権使用料が教員と大学にの還元されるため。3つ目は，一般に使いにくいといわれる他者の作成した教材を，発注者にあわせて作り替えるため。特に3つ目の理由は，教材はそれを手に入れるだけでは，実際の教育に使用することは難しく，授業の内容，形態，担当教員の考え方，教え方などにあわせてカスタマイズしなくてはならず，そのための対応が必要だからである。

● 9-3　著作権処理の流れと著作権契約
　金沢大学では，教材作成における著作権処理は「教材作成段階」と「教材完成段階」の2つがあると考えている（森他，2011）。

　「教材作成段階」の著作権処理は，教材作成段階に，作成者自身が，著作権を有しない著作物（図表，写真，文章，文言および一部データなど）を利用した場合に行うものである。現行の著作権法では，私的使用の複製や引用などに代表される著作権の制限（著作権法第30条から第47条の10まで）や著作権の保護期間（著作権法第51条から第58条）を越えての利用であれば著作物を使用することが可能である。しかし，著作権者の利益を不当に害さないように，また著作物の通常の利用が妨げられないように心がけなくてはいけない。なお，著作権が制限される場合でも，著作者人格権は制限されないので注意が必要である。

　「教材完成段階」の著作権処理は，実際に作成し完成した教材に対するもので，金

6）金沢電子出版株式会社〈http://www.kepnet.co.jp/〉（2014年11月13日参照）〉を参照。

沢大学の教材作成としてユニークな部分といえる。金沢大学では，法人著作などを除き，完成した教材の著作権はそれを作成した教員がもつものとしている。ここで，作成に際して金沢大学から資金を供出する場合（後述の重点教材作成資金など）は，供出の条件として，この著作権を図3-14のような形で著作権譲渡を行うことを課している。図3-14の著作権譲渡に関する流れは，大学発ベンチャーが入っていることで特殊なものとなっていて，これを実現させるために，3種類の著作権契約書が必要となった。1つ目の契約は，金沢大学と大学発ベンチャーとの間の「著作権譲渡に関する基本契約」である。これは組織間（法人間）で締結する契約で，両者の関係を明示的に定義している。特に，第1条「本契約は，ICT教育用教材の作成，販売のために甲が保有するICT教育用教材の著作権を乙に対して譲渡する際の基本的事項を定め，併せてICT教育を利用した高等教育の広い普及を図ることを目的とする」にその意図が明確に現れている。2つ目の契約は，1つ目の基本契約を踏まえた，金沢大学と教員間の「著作権譲渡契約書」である。これを教材ごとに随時締結していく。これによって金沢大学教員（必要に応じて，金沢大学以外の教員も含む）が作成したICT教育用教材の著作権を金沢大学に譲渡してもらっている。3つ目の契約は，金沢大学と大学発ベンチャー間の「著作権譲渡個別契約」である。これは2つ目の契約によって，金沢大学に譲渡された著作権を大学発ベンチャーに再譲渡する契約である。

　これらの契約では，2つ目の契約で大学発ベンチャーについて，3つ目の契約で教員について言及しなくてはいけない点が特殊な形になっている。このため契約書内には，「丙」と呼ばれる3番目の構成者が含まれてる。ただし丙は契約書に対して署名捺印をする契約締結の当事者とはなっていない。

　契約の締結に際しての事務的な手続きについては，担当の事務職員が行っている。また半年に1回，大学発ベンチャーから売り上げの報告と著作権使用料の支払いがされている。

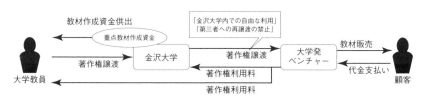

図3-14　著作権譲渡の流れ

● 9-4　公募型教材作成の実施

　金沢大学では，ICT を活用した教育の実施に必要な教材について，大学発ベンチャーを活用する方法をとり，その著作権処理方法についても整備した．しかし多くの教員にとって，ICT を活用した教材は資金・時間・技術の面で作成することが難しく，敷居の高さを感じているようである．そこで教作成をしたい／してみたいという意識のある教員をサポートするための取組として公募型教材作成を実施している．

　この取組は，「重点教材作成資金」という名称で，原則年度区切り，一口を 50 万円から 100 万円として，その範囲内で作成可能な教材企画を募集している．採択件数はその年の応募状況および予算状況によって変わっている．選定基準は，①基礎的な内容のものでより多くの教員が利用可能なものを優先する，②作成後の利用計画がしっかりとしているもの，③実際の利用についてインタビューに応じ，ホームページなどに掲載を認めるもの，④担当部署主催の研究会・シンポジウムなどで発表すること，⑤作成した教材の著作権は，前述のスキームに従って金沢大学に譲渡することである．大まかなタイムスケジュールは，5 月末に公募の詳細を決定し，6 月頭に公募実施，6 月末に選定作業，7 月頭に選定結果の発表後，作成を開始，年内に完成を目指すとしている．

　実際の作成作業については，公募企画の内容を踏まえて，金沢大学担当事務組織を含めて，公募した教員と教材作成業者（前述の大学発ベンチャーに限らない）の三者で打ち合わせながら行っている．教材の作成内容によっては，資金の範囲内で作成できないものもあるので，その時の内容や分量の調整も含めて作業は進めている．この打ち合わせによって，教員自身が教材作成に関する技術をもたない場合でも，ICT 教材を作成することが可能となっている．

　重点教材作成資金の取組は，決して大きなものでは無く，作られる教材も華々しいものではない．しかし 7 年間，継続して取組を続けることによって，教員に対して ICT 活用のモチベーションを与えることができていると考えている．ICT の教育への活用を学内に普及するためには，全学をあげてのプロジェクトも重要だが，それ以外にもこのような草の根的な活動を，如何に継続的に続けていくかも重要なのではないだろうか．

【引用・参考文献】
第2節
久家淳子・米満　潔・古賀崇朗・原口聡史・永渓晃二・梅崎卓哉・藤井俊子・穂屋下 茂（2010）．リメディアル教材作成と学習環境の構築　2010九州PCカンファレンス発表講演論文集（長崎大学），第二分科会-2（2010-11），22-23．

古賀崇朗・藤井俊子・中村隆敏・角　和博・高崎光浩・大谷　誠・江原由裕・梅﨑卓哉・米満　潔・久家淳子・時井由花・河道威・本田一郎・原口聡史・永渓晃二・田代 雅美・穂屋下 茂（2011）．VOD型eラーニングの実践環境の構築　教育システム情報学会特集論文研究会（九州工業大学），(2011-3)，45-50．

古賀崇朗・藤井俊子・中村隆敏・角 和博・高﨑光浩・大谷　誠・江原由裕・梅﨑卓哉・米満　潔・久家淳子・時井由花・河道　威・本田一郎・永渓晃二・田代雅美・穂屋下 茂（2012）．教養教育におけるネット授業の展開　大学教育年報，佐賀大学高等教育開発センター，No.8(2012-3)，33-45．

原口聡史・永渓晃二・古賀崇朗・久家淳子・米満　潔・梅崎卓哉・穂屋下 茂（2008）．Flashコンテンツの効率的な開発環境について　教育システム情報学会，第33回全国大会講演論文集（熊本大学），A2-5(2008-9)，68-69．

穂屋下 茂・角和　博・米満　潔・梅崎卓哉・藤井俊子・江原由裕・高崎光浩・大谷　誠・渡辺健次・皆本晃弥・大月美佳・岡崎泰久・近藤弘樹（2005）．大学教育におけるVOD型eラーニングの実践と展開　情報処理教育研究集会（九州大学），SP2-08，32-35．

第3節
仲林　清（2012）．技術標準化とシステム開発　矢野米雄・平嶋　宗［編］教育工学とシステム開発　ミネルヴァ書房，pp.194-204．

仲林　清・清水康敬・山田恒夫（2006）．eLearning標準化技術の開発と実践の新しい展開―SCORMとLOMを中心に　人工知能学会誌，**20**(1)，92-98．

eLC（2005）．事例に見るSCORM相互運用性向上のための応用技術，日本イーラーニングコンソシアム〈http://www.elc.or.jp/files/user/doc/061006_hosoku_scorm1.2.pdf（2015年8月17日参照）〉

eLC（2006）．SCORM 2004コンテンツ作成ガイド，日本イーラーニングコンソシアム〈http://www.elc.or.jp/files/user/doc/SCORM2004_contents_guide.pdf（2015年8月17日参照）〉

eLC（2010）．SCORM2004解説書，日本イーラーニングコンソシアム〈http://www.elc.or.jp/files/user/doc/WG1_manual_106.pdf（2015年8月17日参照）〉

第4節
古賀崇朗・中村隆敏・藤井俊子・高﨑光浩・角　和博・河道　威・永渓晃二・久家淳子・時井由花・田代雅美・米満　潔・田口知子・穂屋下 茂（2013）．就業力を育むデジタル表現技術者養成プログラムの実践　佐賀大学全学教育機構紀要，**1**，79-91．

古賀崇朗・藤井俊子・中村隆敏・角　和博・高﨑光浩・大谷　誠・江原由裕・梅﨑卓

哉・米満　潔・久家淳子・時井由花・河道　威・本田一郎・永溪晃二・田代雅美・穂屋下　茂（2012）．教養教育におけるネット授業の展開　大学教育年報, **8**, 33-45.
藤井俊子・早瀬博範・フェルナー, M.・ボーマン, A.・アンゴウブ, D.・辻　倫子・長峰加奈・久家淳子・穂屋下　茂（2008）．eラーニングを用いた英語教育の効果的手法　日本リメディアル教育学会論文集, **3**(1), 57-62.
穂屋下　茂（2007）．eラーニング導入により変化する大学教育改革　文部科学時報, **1578**, 60-61.

第5節

田中秀樹・合田美子・畑　耕治郎・吉野知也・碁盤美都子・小柳直美・前地純一（2009）．高等教育におけるeラーニング科目の質保証―産学連携の組織的な取り組み事例　教育システム情報学会第34回全国大会講演論文集, 442-443.
田中秀樹・畑　耕治郎（2011）．大量開発するデジタル教材の質保証　教育システム情報学会第36回全国大会講演論文集, 472-473.
畑　耕治郎・田中秀樹（2011）．通信教育課程におけるICT活用　教育システム情報学会第36回全国大会講演論文集, 178-179.

第6節

ガニェ, R. M.・ウェイジャー, W. W.・ゴラス, K. C.・ケラー, J. M.／鈴木克明・岩崎　信［監訳］（2007）．インストラクショナルデザインの原理　北大路書房（Gagné, R. M., Wager, W. W., Golas, K. C., & Keller, J. M. (2005). *Principles of instructional design*. Belmont, CA; Thomson/Wadsworth.）
ケラー, J. M.／鈴木克明［訳］（2010）．学習意欲をデザインする―ARCSモデルによるインストラクショナルデザイン　北大路書房（Keller, J. M. (2010). *Motivational design for learning and performance: The ARCS model approach*. NY: Springer.）
仲道雅輝・秋山英治・清水　史（2014）．インストラクショナル・デザイン（ID／教育設計）を活用した対面授業からブレンディッドラーニングへの再設計支援　大学教育実践ジャーナル, **12**, 47-54.

第7節

山川広人・立野　仁・川西雪也・吉田淳一・小松川　浩（2010）．持続可能性を意識したeラーニング教材の整備と運用　教育システム情報学会誌, **27**(1), 128-136.

第8節

児島完二・荻原　隆・木船久雄（2006）．経済学基礎知識1000題による学部教育の標準化と質保証　IT活用教育方法研究, **9**(1), 11-15.
児島完二（2011）．学習データからみるLMSのあり方　中山惠子［編］経済学周辺の確率過程と教育　勁草書房, pp.91-105.

第 9 節

鈴木恒雄・井町智彦・笠原禎也・佐藤正英・車古正樹・高田良宏・松本豊司・森　祥寛・堀井祐介（2006）．教材開発とイーラーニングの学内普及へ向けての取り組み　メディア教育研究, **2**(2), 11-17.

森　祥寛・堀井祐介・佐藤正英・鈴木恒雄（2011）．金沢大学におけるICT教材の著作権譲渡と二次利用（〈特集〉e ラーニングを活用したリメディアル教育の実践事例）　リメディアル教育研究, **6**(2), 119-124.

04 IT活用教育支援システム

不破　泰・長谷川 理・中野裕司・森　祥寛・谷塚光典・福村好美・中平勝子

1 本章の概説

不破　泰・長谷川 理

　本章では，ICT活用教育支援システムの具体的な実践事例について述べる。ICTを活用した教育支援システムには，eラーニングシステムをはじめとしてさまざまなものがあるが，ここでは特に，ポータルシステム，シラバス，出席管理システム，eラーニングシステム，eポートフォリオシステムについて取り上げて紹介する。これらのICT活用教育支援システムは，大学教育の改善が強く求められている中で必要不可欠になりつつある。しかし，これらのシステムは単に導入することで効果の出るものではない。また，高等教育機関がこのようなICT活用教育支援システムを導入する場合，システム構成などさまざまな検討事項がある。そこで本章では，これらのICT活用教育支援システムの構成や導入経緯，実践事例を幅広く紹介する。本章がICT活用教育支援システムの導入を検討している大学にとって参考になれば幸いである。

　学部の多くの学生はこのような講義に興味をもつが，多くの理工系の学生は興味を示さない。理工系でも，理系と工学系では異なり，文字通り学問の性格や研究スタイルなどが学生の特性にも反映されている。インストラクショナルデザインでは，対象者に合った授業をデザインし実践し修正するというPDCAサイクル（Plan-Do-Check-Act cycle）を繰り返す方法である（赤堀, 2006）。

2 ポータル・シラバス・出席管理

中野裕司

　ICTの活用で教育学習環境は大きく変化してきた。シラバス参照から履修申請，

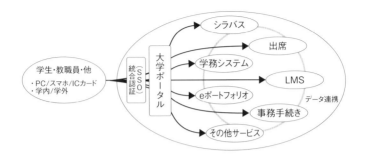

図 4-1 大学ポータルと学習支援サービス

LMS や e ポートフォリオによる学習環境，成績管理までが Web 上に構築され，また，IC 学生証による出席管理や入退室なども導入が進んできた。シングルサインオンとポータルによって，これらのさまざまなサービスを一元的に管理し，ユーザにとっては1つの大きなシステムにみえるようなシームレスなシステム連携が可能になってきた。ここでは，ポータルとシラバスおよび出席管理システムに関して紹介する。

● 2-1　ポータル

ポータルとは，元来の英語の意味は，「港」に起源した「門」とか「扉」という意味で，物事をはじめる起点という意味へつながる。その Web 版のことを Web ポータルとかポータルサイトと呼び，広義では検索やニュースなどのサイトを示すが，ここでは大学におけるポータル，すなわち「大学ポータル」について扱うこととする。大学ポータルとは，大学が提供する情報システムのユーザである学生，教職員，場合によっては，保護者，卒業生，共同研究者などが，個々のロール（役割）に合ったサービスを利用する起点となる Web ページのことで，ユーザが利用可能なサービスへのリンクや，ロール，所属，個人に対応した情報提供を行う。そのため，一般人を対象とした大学ホームページとは異なり，認証を伴うことになる。また，利便性を高めるため，ポータルアクセス時に一度の認証で全てのサービス（システム）を利用可能にするシングルサインオン（SSO）や，ロールや個人によってカスタマイズできる機能などを含む。

参考文献（カッツ，2010）にあるように，米国では，すでに 2000 年前後から大学ポータルの大学経営戦略における重要性が議論され，2001 年には Jasig[1]) による大学ポータルのオープンソースによるフレームワークの実装である uPortal[2]) の開

発が開始された。また，ポータル上のアプリケーションの標準規格として Portlet (JSR286[3])などがあり，uPortal も含め種々のオープンソースソフトウェアや商用のベンダーがサポートしている。

日本国内では，名古屋大学が 2003 年度に uPortal をもとに名古屋大学ポータルを構築・運用開始（梶田他, 2007）し，全学 ID の導入と CAS[4] によって LMS などの各種サービスへの SSO を実現した。2006 年度より，熊本大学でも同様に uPortal と CAS ベースに，熊本大学ポータルおよび教授システム学専攻ポータルの運用を開始した（中野他, 2006）。両者は同一システムであるが，専攻ポータルは遠隔学習者のロール専用にスキンや Portlet による機能拡張を施している。2007 年度には，金沢大学で独自開発のアカンサスポータルの運用が開始された。詳細は，第 4 章第 3 節に譲るが，生涯 ID である金沢大学 ID の導入や，米 Internet2 由来で情報学研究所の学認でも利用される Shibboleth を SSO として採用しているといった特長がある。

● 2-2 シラバス

シラバスとは，文部科学省の Web ページ[5] から引用すると，「授業科目の詳細な授業計画のことをシラバスといい，授業名，担当の教員名，講義の目的，到達目標，各回の授業内容，成績評価の方法や基準，準備学習の内容や目安となる時間についての指示，教科書・参考文献，履修条件などを記載することが期待される。シラバスは，学生に科目選択のための情報を提供する役割のほか，授業期間全体を通じた授業の進め方を示すとともに，各回の授業に求められる予習についての具体的

---

1) Jasig (Java in Administration Special Interest Group) は高等教育に資するオープンソースを支援する教育機関のコンソーシアム。〈http://www.jasig.org/（2015 年 10 月 26 日現在リンク切れ）〉
2) uPortal は高等教育コミュニティによって開発された高等教育コミュニティのためのエンタープライズなオープンソースポータルのポータルフレームワーク。ホームページ〈http://www.jasig.org/uportal（2015 年 10 月 26 日現在リンク切れ）〉
3) JSR268 (Portlet Specification 2.0) Web ページ〈https://www.jcp.org/en/jsr/detail?id=286（2015 年 8 月 16 日参照）〉
4) CAS (Central Authentication Service) は最初は Yale 大学で開発され，Jasig が引き継いだシングルサインオンシステム。ホームページ〈http://www.jasig.org/cas（2015 年 10 月 26 日現在リンク切れ）〉
5) 文部科学省：大学の教育内容・方法の改善に関する Q&A（平成 26 年 2 月更新）より Q3。Web ページ〈http://www.mext.go.jp/a_menu/koutou/daigaku/04052801/003.htm（2015 年 8 月 16 日参照）〉

指示を提供するという役割があり，後者の役割を充実していくことが重視されています」とされる。

このようにシラバスは高等教育機関の教育の質の改善に寄与することが期待され，多くの大学でシラバスの充実が進みつつある。2009年度の調査[6]によると，約96％の学部で全ての授業科目でシラバスを作成している。しかし，その記載内容にはばらつきがあり，到達目標，準備学習，履修する上での必要な用件などはまだ記載率が高いとはいえず，今後も内容の充実に取り組む必要があろう。

また，多くの大学ですでにシラバスのWeb公開も行われており，高等教育機関に置ける情報システムの中でも重要な位置づけを占めつつあると思われる。シラバス関係システムの実装方法はさまざまであるが，学務システムやLMS，eポートフォリオとの連携が重要である。一般的に，シラバスの元となる科目情報は学務システムにあり，シラバスで設計された各回の授業内容や事前学習などはLMS上の授業の骨格であり，成績評価と対応する学習成果はeポートフォリオシステムに関連づけられるであろう。最近では，さらに，学修成果（アウトカムズ）と科目の紐づけ，科目ナンバリングなどもシラバスと関連し，その重要性が増すとともに，カリキュラムマップの概念も含め，システムの機能の切り分けと連携がさらに重要になると思われる。

● 2-3　出席管理

出席管理に関しては，学生の受講評価という側面だけではなく，学習行動のモニタリングという観点から，例えば，早期によいフィードバックを与えることができドロップアウトを防ぐ効果が見込まれる。さらに，ある程度の生活状況も反映されるため，メンタルサポート[7]へも応用されている。コンピュータ教室などであれば，その端末へのログイン・ログアウトのログであったり，IPアドレスなどで制限をかけたLMS上での出席を用いて出欠をとることも可能（久保田他, 2009）であろうが，

---

6) 大学における教育内容等の改革状況について（平成21年度），文部科学省〈http://www.mext.go.jp/a_menu/koutou/daigaku/04052801/1310269.htm（2015年8月16日）〉
7) ICカードによる出席ログを用いた学生のメンタルサポートへの取り組み―信州大学アンビエントキャンパスの構築（不破泰），サイエンティフィックシステム研究会・教育環境分科会，2012年度第1回会合〈https://www.ssken.gr.jp/MAINSITE/download/newsletter/2012/20120903-edu-1/lecture-01/SSKEN_edu2012-1_fuwa_presentation.pdf（2015年8月16日参照）〉

通常教室での授業や持ち込みノートPC，タブレットなどではこのような方式はとれない。そのため，IC学生証を利用することが多く，教室の入口に固定されたICカードリーダを用いたり，ポータブルなものを用いる（永井他，2013）こともできるが，何れにせよある程度の設備が必要となろう。ICカードを用いても，他人のカードを持ってくることも可能であることから，場合によってはカードリーダをもって1人ひとり出席を取るなどの不正防止の対策も必要かもしれない。生体認証は，1人にかかる時間，価格，精度などが現在のところまだ問題もあろう。

● 2-4 まとめ

本節では，さまざまなシステムで構成された学習環境をシームレスに1つの大きな環境として扱うためのポータルシステム，授業の設計書であり学修成果や科目ナンバリングと関連して学習の骨格を構成するシラバスシステム，学習状況の把握からメンタルヘルスまで活用が拡がる出席管理システムに関して紹介した。

3 事例「金沢大学におけるポータルサイト構築方法」

森　祥寛

● 3-1　金沢大学ポータルサイト「アカンサスポータル」導入の背景

金沢大学のポータルサイトである「アカンサスポータル」は，学生のもつノートPC（金沢大学では2006（平成18）年度より，新入生には入学時にノートPCを準備してもらっている）を，より多くの授業や，大学との情報の授受に活用してもらうため，金沢大学の教育全般にかかるワンストップサービスとして準備し，運用を開始した。2014（平成26）年3月現在では，金沢大学においてその構成員（学生・教職員および大学が必要と認めた人々）全般が，必要と思われるほぼ全ての情報を，必要に応じて授受できるようになっている。

● 3-2　アカンサスポータル構築の基本的な考え方

ポータルサイトとは，文字通り情報の玄関（ポータル）となる場所で，そこを通じてさまざまな情報にアクセスしていくことになる。図4-2のようにアクセスできる情報や機能が，その立場（学生・教員・職員など）で異なっていても，必ず情報を得ることができる（ワンストップサービス）ということが，ポータルサイトの存在意義である。問題は，大学などにおける一般的なポータルサイトの導入とは，大学で行う全ての業務を網羅した巨大な1つのシステムを購入し，既存のシステムと置き換

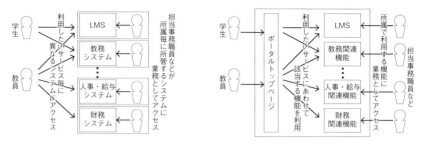

図 4-2　サービスへのアクセスの流れ

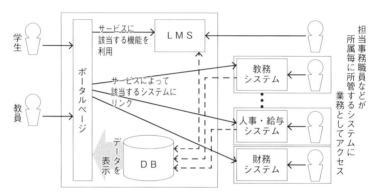

図 4-3　アカンサスポータルの基本的な考え方

えていることである。その結果，各部署の事務職員などの通常業務に変更が必要となり，導入・維持に際して大きな経費が発生することになる。

　そこでアカンサスポータルの導入では，図 4-3 のように，中心となるポータルサイト（トップページに相当）とデータベースを用意し，学内に存在する各システムからは，必要な情報・データのみを随時供出してもらう改良を行うという方法をとった。この方法では，必要な学内情報だけを集め，それを学生・教職員に発信することになる。各部署は，既存のシステムの元でこれまで通りの業務を行うことができ，将来的にシステムを更新する場合も，データ提供の仕様を満たした機能をもってさえいれば，更新するシステムがどのようなものであっても，アカンサスポータル自体に影響はない。同時に，発信するのは集めたデータのみのため，万が一，外部からの侵入によってシステムが破壊されても情報の復旧をはかることができ（ただし情報漏洩そのものを防ぐわけではない。それは別途対策している）。また，巨大なシステムを購入しないため，経費を抑えることもできる。逆に導入に際して，各部署との

細かな調整が必要になるために，開発体制の整備と開発担当者への業務負担が大きくなってしまう．

● 3-3　開発体制と手法

　アカンサスポータルは，その開発・導入作業を開始してから，2014（平成26）年度で8年目となる．その間，開発体制はさまざまに変化したが，2014（平成26）年4月段階では，金沢大学情報戦略本部[8]教育・研究情報化推進部会のもと，統合認証・ポータル整備ワーキンググループが担当している．大学としての基本方針は情報戦略本部にて決定し，その方針のもとでWGにて進めている．情報システム導入にあたっては，大学全体の中でそれがどのように位置づけられ，大学の中でどのように必要とされるのかを戦略的に考えることが必要で，それを情報戦略本部が担っている．一方で，定められた戦略の元，それを具体的に形にする担当者も必要である．アカンサスポータル開発においては，この担当者としてシステムエンジニア2名を雇用し，プロジェクトマネージャーに相当する業務にあたってもらっている．

　アカンサスポータルの開発では，この2名の存在こそが鍵となっている．彼らは，システムエンジニアあるいはプログラマーとして直接システムの開発を行うわけではない．学内の各システムおよびシステム管理者／使用者と話をして，各種システムからアカンサスポータルに必要なデータを供出するための改良方法について検討したり，それを踏まえた上で必要な仕様書をまとめたり，発注先の業者の担当者と技術的な打ち合わせを行ったり，納入されたシステムについて検証したりする．彼らが中心となって，金沢大学とシステム開発業者が各種作業を進めていくことで，システム開発・導入を円滑に進めていけるのである．

　システムエンジニアを作業者ではなく，プランナーとして雇用，開発体制に組みこんでいくこの方法は，ユニークな方法といえる．実際，これによってシステム導入後にそのシステムを使用する教員や職員だけでは気がつかない点や，見過ごされてしまう点を埋めていくことができており，費用対効果という点でも有意であると考えている．ただし，この方法は，開発・導入の成否が雇用するシステムエンジニアの能力に大きく左右されるという点が問題といえるだろう．

---

[8]「金沢大学情報戦略本部」に関する問い合わせ〈http://www.adm.kanazawa-u.ac.jp/ad_jyoho/top.htm（2015年8月16日参照）〉

● 3-4 取扱っているサービスと情報

アカンサスポータルでは，一般的な大学ポータルが提供しているサービスをほぼ網羅している。その上でポータル内の情報・データを用いて C-SIREN と学生支援システムがある。C-SIREN は，学生・教職員への個別連絡について，インフルエンザなどの大規模感染などが発生したときなどに，返信可能な形で一斉配信メールを送る機能である。この機能を使うことで，メールの返信およびその内容を統計的に処理し，金沢大学の関係部署に提供することができる。また学生支援システムは，出席管理などの各種データを統合し，学生の引きこもりなどに起因する不登校を早期発見する（2週間程度授業に出席しない学生がいるとアラートが上がる）ためのもので，一部教員にのみ使用可能となっている。

● 3-5 シングルサインオンの実現　金沢大学 ID と認証方法

アカンサスポータルでは，提供するサービスによって学内の別システムにリンクしており，リンク先のサービスを利用するために「シングルサインオン」を実現している。また，その認証のために，生涯 ID となる「金沢大学 ID」を発行している。この ID は，学生・教職員などに発行され，その立場がどのように変化（卒業後大学院に入学，転学域・転学類など）しても変わることがない。この ID さえ覚えておけば，学内の必要情報にアクセスできる。

このために国立情報学研究所が進めている学認フェデレーション[9]と連携し，認証システムを構築している。技術的には米国 Internet2 が開発した Shibboleth を使用している。Shibboleth を使用し，学認フェデレーションで定められた規程（ポリシー）を踏まえた運用をすることで，将来的により広範囲での認証を実現する余地を残した。

● 3-6 利用者へのフォロー体制と開発へのフィードバック

学生の PC 活用のためのサポートとして「パソコン相談カウンター」が 2013（平成 25）年 4 月に設置された。これもワンストップサービスの一環である。重要なのは，金沢大学の学生・教職員がどこに聞きにいけばよいかわからずに，たらい回しにされることがないようにするということで，その思想のもと運用している。

---

9) 学認フェデレーション〈https://www.gakunin.jp/〉（2015 年 8 月 17 日参照）

4 eラーニングシステムとeポートフォリオを活用した教職教育支援：信州大学の事例

長谷川 理・谷塚光典

● 4-1 はじめに：eALPS の概要

信州大学では，2007 年の e-Learning センターの設置を機に，全学教育基盤システムとして eALPS (e Advanced Learning Platform in Shinshu University) の開発・運用を行っている。eALPS は Moodle をベースとした e ラーニングシステムであり，全学で整備されている統合データベースとの連携を可能とするインターフェースおよび，学内ポータルシステムとのシングルサインオンを可能とする認証システムを含む統合的なシステムである。統合データベースとの連携により，シラバスで公開されている全ての授業は，年度当初に eALPS 上に自動的にコースとして作成され，教員はこれらの作業を意識することなく e ラーニングシステムの機能を利用することができる。また，学生も別の学内システムで履修登録を行うことで自動的に認可情報が eALPS に反映される仕組みとなっている。2013 年度は，eALPS 上に 6339 のコースが作成され，このうち 1194 のコースで何らかの機能の利用があった。

eALPS の利用率が高まるにつれ，システムの稼働率の向上を求める声が高まり，システム運用・保守にかかる人的コストの増大が問題となってきた。そこで e-Learning センターでは 2012 年度より eALPS のパブリッククラウド化を前提としたシステム運用・保守の外注化の検討を進め，2013 年度からパブリッククラウドでの運用を開始した。パブリッククラウド化に際しては，それまでの学内プライベートクラウド環境での運用ノウハウを活かし，ある程度容易に移行することが可能であった。また，学内プライベートクラウドで運用していたシステムと同様に統合データベースとの連携が可能な構成となっている。これまでシステムの運用・保守に関して重大なインシデントは発生しておらず，安定的に eALPS サービスの提供を行うことができている。

● 4-2 eALPS を活用した教職教育支援

教育学部 3 年次生が履修する「教育実習Ⅰ」のための事前・事後指導を行う「教育実習事前・事後指導」では，eALPS を活用して授業を展開している。

[1] 資料の配布

「教育実習事前・事後指導」は履修者数が 280 名前後と多いため，資料の印刷・

配布の配布に手間と費用がかかる．そのため，著作権法の例外規定を考慮しつつ，eALPSにPDFファイルなどを掲載して閲覧できるようにしている．そうすると，アクセスログを確認することによって，掲載資料にアクセスしていない学生を把握することも可能になる．

[2] 課題の提出

eALPSから課題を提出させる際には，課題の活用方法によって，eALPSの機能を使い分けている．学生間で相互閲覧・コメントするためには「フォーラム」を，Wordなどのファイルの提出には一括ダウンロードが可能な「課題」を，そして，記入内容を分析したりWordファイルに差し込み印刷して個人別資料を配布したりするには「フィードバック」を，それぞれ利用している．

[3] 実習校別のコースの活用

eALPSでは，「教育実習事前・事後指導」のコースの他，実習校別のコースも設定されている．そのため，実習校における所属学級名簿，学習指導案の雛形ファイル，実習校からの課題の連絡など，当該の実習生のみに配布・閲覧できることが可能になる．

● 4-3 教職eポートフォリオを活用した教職教育支援

[1] 教職eポートフォリオ開発の経緯

中央教育審議会答申「今後の教員養成・免許制度の在り方について」（2006年7月11日）では，「教職実践演習」を新設することにより，「入学の段階からそれぞれの学生の学習内容，理解度を把握（例えば，履修する学生1人ひとりの「履修カルテ」を作成）」することを求めている．教員養成系大学・学部においても，この「教職実践演習」に対応する教職eポートフォリオあるいは履修カルテのシステムが各大学で開発されている（例えば姫野, 2012）．

信州大学教育学部では，学習指導案の共有とオンライン相互評価を中心とした教育実習Webポートフォリオを利用してきた．その枠組みを活かしつつ，①スタンダードに基づく自己評価，②学生間相互評価と指導者評価，③在学する4年間にわたるエビデンスの蓄積と提示，の3点を重視する機能を実装する教職eポートフォリオ・システムを開発した（谷塚, 2013）．他者が作成したeポートフォリオを閲覧したり他者からのコメントを読んだりすることによって自己のリフレクションが誘

発されることが明らかになっており（植野・宇都, 2011），自己の成長を蓄積・提示するだけではなく，学生間で相互閲覧しコメントし合うことで，教師としての成長を促進することが可能となる。

[2] スタンダードに基づく自己評価

学生は，各学年の年度当初に，「目指す教師像」とその理由を中心とした「今年度の目標」を設定する。そして，各学年末までに，信州大学教育学部のディプロマ・ポリシーに基づく 12 項目の観点から観点別自己評価した上で，「目指す教師像」に近づくための総合評価を行って，今後の課題を明確化する。

[3] エビデンスの蓄積と提示

学生は，前述の総合評価及び自己評価のエビデンス（証拠物）を添付することができる。例えば，3 年次には教育実習で作成した学習指導案や授業風景の写真などを，4 年次には大学での学修履歴・臨床経験などをまとめて「教職実践演習」で発表したポスターの写真や「社会貢献チャレンジ」のレポートなどを登録することによって，総合評価や観点別自己評価のエビデンスとなる。

[4] 学生間相互評価と指導者評価

総合評価，観点別自己評価，エビデンスを作成・記入し終えた上で，同じ課程・コース内や同じ実習校・所属学級の学生間でオンラインで閲覧し合い，相互コメントを記入し合う。その際には，「1. ○○さんから学んだ点」「2. ○○さんへのアドバイス」という 2 つの観点からコメントする。そして，学生間相互コメントの記入後に，学部教員は，卒業研究の指導学生や担当課程・コースの所属学生に対して指導者評価としてのコメントを，「優れた点」と「課題」という 2 つの観点から記入する。

● 4-4　おわりに

信州大学教育学部では，教師を目指す学生を支援するために，e ラーニングシステムと e ポートフォリオを組み合わせながら活用している。eALPS のコースで各授業科目の課題の提示・提出や資料配付・連絡をしつつ，学年横断的に教職 e ポートフォリオを用いて，リフレクションの記録やエビデンスを蓄積していく。教職 e ポートフォリオを活用して，自己評価・学生間相互評価・指導者評価を繰り返すことによって，学生のリフレクションが誘発され，「目指す教師像」に近づくための各

学年での課題が明確化されて，学生の成長を促進することができる。

5 オープンソース LMS「ILIAS」を用いた ICT 活用教育の実践

福村好美・中平勝子

● 5-1 概　要

　長岡技術科学大学では，2003（平成 15）年度に創設した e ラーニング研究実践センタ（CeRA: Center for e-learning Research and Application）を中心として，ICT を活用した教育改善に取り組んできた。2004（平成 16）年度には 6 国立大学と 6 高等専門学校（以下，高専）を中心に e ラーニング高等教育連携（eHELP:e-learning Higher Education Linkage Project）を開設し，新しい教育手法の提案と検証を目的として，大学および高専間の e ラーニングによる単位互換の実践および研究を継続してきた。長岡技術科学大学では，e ラーニングなどの ICT 活用教育を，(1) 学内授業の補助，(2) 専門職大学院の正規科目，および (3) 大学・高専間の単位互換，に利用している。(1) では，対面授業と e ラーニングの組合せ授業，あるいは教材配付・レポート提出・定期試験などを実施している。(2) では，社会人を対象とした教育の効率化に e ラーニングを活用している。また，(3) については，6 大学・24 高専（平成 26 年度）で構成する上記 eHELP の中で，3 大学・19 高専との間で単位互換協定を締結し，正規の科目として大学の授業を配信している。長岡技術科学大学では，20 科目以上の授業を配信し，2013（平成 25）年度では eHELP 単位互換の受講生約 1050 人（延べ人数）が履修登録をしている。e ラーニング実践に際しては，ドイツのケルン大学で開発された SCORM2004 準拠の LMS である ILIAS を，学内で日本語化して利用している。SCORM 準拠としたことにより，前世代 LMS からのコンテンツ移行が容易となった。授業はコーホートベースモデルにより，毎週 1 コマ分のコンテンツを配信して出欠管理可能とし，受講生所属機関への注意喚起を行っている。また，欠席者に対しては，毎週メンタリングメールを送信し，受講の促進・脱落防止支援を図っている。

　本節では，長岡技術科学大学での取組事例を通じて，学内・学外への正規科目配信・受講管理・コミュニケーション・成績評価に関して ILIAS を用いた e ラーニングシステム構成法および運用管理に関する特徴と課題，および今後の展望を報告する。なお，eHELP に関しては，第 12 章 2 節に具体的な取組の詳細を報告する。

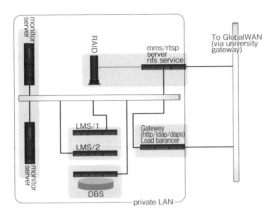

図4-4 長岡技術科学大学eラーニングシステム構成図

● 5-2 eラーニングシステム構成法

長岡技術科学大学におけるeラーニングシステムは図4-4のように構築した。主として（1）ゲートウェイ，（2）LMSサーバ，（3）データベースサーバ，（4）ヘルスチェック用モニタサーバ，（5）マルチメディアコンテンツ配信サーバ，の5つから構成される。外部から諸データを隔離することと，将来的に冗長化を行うことを可能とするため，LMSに関係する機能は全てプライベートLANの下に構築している。ゲートウェイはnginxでロードバランスを行っており，LMSサーバ1／2へのアクセスを切り替えている。また，LMSおよびモニタサーバは冗長化を施しており，1台が壊れても問題なく動くようにしている。

長岡技術科学大学で採用した学習管理システム（LMS）ILIASは，PHP，MySQL，およびHTTP/HTTPSプロトコルを使用し，標準構成であればほぼ10分で構築可能である。また，さまざまな機能に対応している。ログイン1つをみても，ローカルアカウントのほかにLDAP/LDAPS，Shibboleth，CAS，RADIUS，SOAP，OpenID，Apache認証にも対応している。そのほか，LMS本体の冗長化，データベースの冗長化も設定画面から簡便に行える。長岡技術科学大学では採用していないが，オンライン決済にも対応しているため，例えば資料コピーに対する課金についても原理的には可能である。

● 5-3 運用管理

長岡技術科学大学における，他大学ともっとも違う管理の困難は，気象対応であ

る。筆者も着任後に気づいたが，市内の広範囲にわたって落雷による数分間の停電が起きる。遠隔地で落雷があると無停電装置を利用していても時折起こる瞬停のせいでサーバが再起動するといったことが発生するため，ソフト的な管理のみならずハード的な管理も手厚く行う必要がある。そのため，現時点ではそれほど大きなシステム構成ではないが，次のような人材配置を行っている。2015年9月現在，大学近郊に在するベンチャーによるサーバ群のソフト／ハード面のヘルスチェック，バージョンアップ，障害対応を依頼している。

　これを除けば，長岡技術科学大学におけるLMSシステムの管理は標準的である。その総括はeラーニング研究実践センタで行っている。

　LMSシステムの運用は次の体制をとっている。技術員相当の事務補佐員を1名配置し，コンテンツ登録，ID発行を行っている。また，元職員等有志とも連携する形でILIASの日本語化を行っている。特に，長岡技術科学大学ではILIASの日本語化メンテナとして先方に登録されているため，ILIAS側のメンテナと常時英語によるやり取りを行っている。図4-5に示す通り，ILIASにおいて管理しなければならない機能は多岐にわたる。メニューなどの日本語化のために用意されているメニューリストは18000行近くにわたり，これだけの数のメニューの半数以上がバージョンアップ時に更新されている。また，日本語以外にも現時点で欧州言語を中心に28言語対応となっており，現在はアジアからの留学生が多いことを考慮して日本語

図4-5　豊富なILIASの機能

のほかに英語・フランス語・スペイン語・中国語・ベトナム語のメニューを利用可能としている。これは今後，留学生の国分布を見ながら変更することを予定している。コンテンツ登録については，当センターで別途作成した簡易バッチファイルによって行う。

● 5-4　運用課題および今後の展望

　長岡技術科学大学にeラーニングを導入し始めてはや10年が過ぎた。その間，LMSそのものを変更し，過去の不安定な運用から安定運用へ向かうことができたのは，他の大学では見られない幸運である。これは，ふだんからの英語圏以外の海外動向確認によることもあるが，もっとも問題になる投資のための予算や人材を，適切な時に確保できたということが大きい。その意味では，長岡技術科学大学におけるeラーニング管理は，ある意味理想的な道を辿ってきたといえよう。

　対して，eラーニング利用はどうだろうか。学外からの利用は，単位互換協定の影響もあり，のべ数千人が長岡技術科学大学のeラーニングシステムを利用するに至った。しかし，学内に目を向けると，これまでのさまざまな問題により，その利用は必ずしも多いとは言えない。どの大学でもeラーニングを導入した後に起こる問題が長岡技術科学大学でも起き始めている。

　幸い，数名の有志教員が常にLMSを利用し，進んで「実験台」となって下さるという幸運に恵まれた。その献身的な助言や，時には厳しい叱責もあったおかげで，ユーザのすそ野を広げるために必要な障害のいくつか，特に煩雑になりがちな操作や学務情報との兼ね合いについて，年をまたぐ実験検証まで行うことができた。

　2014年4月より，長岡技術科学大学ではLMSを全学教員・学生に開放し，利用可能とした。それと前後して，大学全体を見ると，長岡技術科学大学が主導する大型プロジェクトにeラーニングを活用するという方針が打ち出された。この動きを受け，今後増え続けるユーザのサポートや新規に出てくるであろう需要に応えるための長岡技術科学大学ローカルツールの開発に着手しなければならないことは想像に難くない。そうしたプロジェクトとの共存――如何に効率よく教員に利用して頂くか，の啓蒙――が今後の長岡技術科学大学eラーニングの課題になるだろう。

【引用・参考文献】
第1節
カッツ, R. N.［編］／梶田将司［訳］（2010）．ウェブポータルを活用した大学改革―経営と情報の連携　東京電機大学出版局（Katz, R. N.（ed.）（2002）．*Web portals and higher education : Technologies to make it personal*. San Francisco, CA: jossey-bass）

梶田将司・内藤久資・平野　靖・瀬川午直・小尻智子・間瀬健二（2007）．名古屋大学ポータルによる情報サービスの統合と課題　情報処理学会研究報告（分散システム／インターネット運用技術），**2007**(72), 1–6.

久保田真一郎・杉谷賢一・武藏泰雄・中野裕司・永井孝幸・入口紀男・右田雅裕・喜多敏博・松葉龍一・辻　一隆・島本　勝・木田　健・宇佐川毅（2009）．パソコン実習室型講義におけるプレゼンタイプ出席管理システムの構築とその評価　学術情報処理研究，**13**, 24–31.

永井孝幸・松葉龍一・久保田真一郎・喜多敏博・北村士朗・右田雅裕・武藏泰雄・杉谷賢一・戸田真志・中野裕司（2013）．Android タブレットを用いたFCF キャンパスカード対応IC カードリーダのオープンな実装とLMS 連携による出席管理の実現　学術情報処理研究，**17**, 67–76.

中野裕司・喜多敏博・杉谷賢一・根本淳子・北村士朗・鈴木克明（2006）．遠隔学習支援ポータルの実装：熊本大学大学院教授システム学専攻の事例　日本教育工学会第22回講演論文集，933–934.

第3節
総務省（2012）．平成24年版情報通信白書〈http://www.soumu.go.jp/johotsusintokei/whitepaper/ja/h24/（2015年8月17日参照）〉

第4節
植野真臣・宇都雅輝（2011）．他者からの学びを誘発するe ポートフォリオ　日本教育工学会論文誌，**35**(3), 169–182.

谷塚光典（2013）．信州大学におけるe ポートフォリオの運用と工夫―自己評価と相互評価による「目指す教師像」の構築を目指して　SYNAPSE, **23**, 12–15.

中央教育審議会（2006）．今後の教員養成・免許制度の在り方について（答申），文部科学省〈http://www.mext.go.jp/b_menu/shingi/chukyo/chukyo0/toushin/1212707.htm（2015年8月17日参照）〉

姫野完治（2012）．教職志望学生の成長感の変容を支援するポートフォリオおよびカルテ・システムの開発と試行　教師学研究，**11**, 1–11.

伏木久始（2010）．教員養成カリキュラムにおける教職実践演習の位置づけ―信州大学教育学部のコンセプト　SYNAPSE, **1**, 26–31.

05 協調学習を支援するCSCL

岡本敏雄・田村恭久・香山瑞恵・永田奈央美・小尻智子

1 本章の概説

岡本敏雄

● はじめに

本章では，協調学習に関する教育・心理学的な視点，インターネット・Web技術的な視点，モバイルラーニング，電子教科書の協調学習的活用，ISO-SC36への国際標準の提案，さらに実際的な支援環境・メディア活用的な視点で，5人の執筆者の研究・実践を踏まえたものを体系化した内容になっている。

2 eラーニングによる教育の改革：協調学習を実現するLearning Technology

岡本敏雄

● 2-1 協調学習とは

協調学習（Collaborative Learning）とは，グループ学習の一種であるが，そこには，さまざまな学習要素が含まれている。すなわち，他人との相互作用を通して，観察学習や内省的思考（Reflective Thinking）などである。インターネット・コンピューティング技術の発達によって，協調学習の形態が多様になってきたといえよう。従来，グループ学習という形態で，グループとしての成果とそこに参画する個々人の学習成果が重視されてきた。そこでは，知識獲得や問題解決力とともに，協調，競争，リーダシップ，尊敬，責任，自律といった態度形成も含まれる。この協調学習をICTの利用により支援しているものをCSCL（Computer Supported Collaborative Learning）と呼ぶ。CSCLは，他者との相互作用によって知識獲得が行われることから，他者と共に行う問題解決（タスク）の過程を重視する。そこでの教育効果や

学習プロセスがCSCLの評価の観点となる。複数のユーザによる協調活動を支援するCSCW（Computer Supported Cooperative Work）は，主に協調活動のグループウェアを示し，生成されたプロダクトを重視しており，ビジネスでの利用を指向しているが，CSCWで研究されてきた協調活動の場は，ユーザへの教育効果が高く，CSCLに反映されている。つまり，CSCLでも，インターネット・コンピューティング機能を活用して，学習を実際の問題解決行動につなぐための支援も重視される。また，協調作業・学習を支援するツールやそれらを効果的に活用する指導技術を含む。すなわち，チャットによる意見交換による学習だけではなく，各種業務遂行というリアリティをもった協調学習が望まれる。このことは，同期／非同期型の協調学習向けコンテンツ（教材）や問題解決向け協調ツール（CADなどの設計支援，モデリング・シミュレータ，要約支援，状況のモデリング・ツールなど）の開発が求められる（McConnell, 2002）。そして指導方法も探究されなければならない。次のものは，代表的なものである（岡本, 2003）。

1) **小人数グループ学習での協調学習**（テレビ会議機能に加えて，チャットなどのコミュニケーション・ツールや各種アプリケーション／ツールの画面共有，操作共有と学習活動履歴のログ機能）
2) **仮想的協調学習場の提供**（エージェント技術による非同期型学習場が重要。エージェントの機能は学習進行管理と学習者の参加度のチェックと通知が重要）
3) **協調型シミュレーション形式の学習**（役割をもった複数の学習者によるチームワーク学習とそれに伴う担当専門分野のスキル形成。例えば大型ジェット機におけるコックピット内での協調活動）

● 2-2 協調学習技術環境基盤

このような協調学習をeラーニングシステムの中に組み込むための技術基盤が探求されている。図5-1は協調学習環境基盤の概要で，Learning Content Management System（LCMS）とそこで協調学習を支援するためのさまざまなアプリケーション／ツールを組み込む枠組み（APIを介した）を表したものである。

インターネット環境においては，自己の学習場とグループの協調場が考えられ，そこにはデータ，情報，知識の相互伝達を支援するエージェント群，さまざまな学習リソース（資料，アプリケーション，ツール）の画面共有，操作共有，そして協調学習場を介した学習活動履歴の体系的な保存環境が含まれる。

05 協調学習を支援する：CSCL

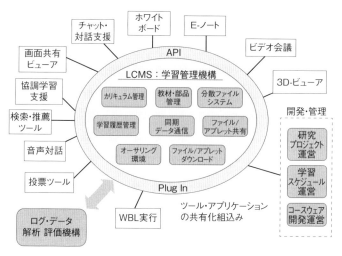

図5-1　LCMSと協調学習支援ツール

　協調学習場とは，学習を達成するために学習者が他の学習者と協調的に学習活動を行うための空間である。ここでは，「教材」「アプリケーションの操作とビュー」「グループの学習成果と履歴」の共有機能が必要とされる（香山・岡本, 2005）。

　ISO/IEC JTC1 SC36 WG2（議長：岡本敏雄）では，協調システムには協調学習場があり，協調学習場は協調サービス（環境）と協調グループ（参加者）の2つの要素を含んでいると考えており，協調学習に関連するデータモデルは次の3つを想定している（ISO/IEC JTC1 SC36 WG2, 2006）。

1) 協調学習場データモデル
2) 協調環境データモデル
3) 協調グループデータモデル

　外部からの協調学習場に対するリクエストは，協調学習場データに対して行われ，そこから協調環境データと協調グループデータに問い合わせが行われる構造になっている。協調環境データは主にツールに関する情報を保持し，協調グループデータは主に役割に関する情報を保持している。つまり，協調学習を実現するためには，どのような環境（ツール）の中で，どのような学習者（役割）が参加して学習を進めていくのかという点が，最も重要なポイントになる。

ところで，電子掲示板や電子メールのコミュニケーション状況を分析，可視化する研究は，特に社会学や経営学の中で社会ネットワークの分析手法やツールの開発を中心として長い間行われてきた（Freeman, 2004）。例えば，電子メールの送受信を利用して，人やグループをノード，関係をリンクとしたコミュニケーションネットワーク図を表現するものがある。この研究分野の発展により，Web 上の情報を用いて人間や企業の関係を抽出したり（松尾他, 2005; 浅田他, 2005; 金他, 2007），推測したり（前野・大澤, 2007）することができるようになった。教育情報システムが協調学習をサポートするようになり，ISO による協調技術の標準化で協調グループに参加する人の役割が要求されるようになると，協調学習システムにこのような社会ネットワーク分析手法やツールを組み込むことにより，学習者の役割を自動的に与えることも必要であると考えられる。実際，教育情報システムの分野でも協調学習を支援することを目的とする社会ネットワークに着目した研究が始まっている。

協調学習の重要性が叫ばれるのは，学習者間の密で能動的な相互作用活動によって形成されるメタ認知と知識の深化，さらに総合的なものの見方・感じ方の教育が目的とされるからである。これらに関しては，古くから社会心理学の分野において，観察－摸倣学習やリーダシップ形成の問題として取り扱われてきた。協調学習の学問的背景（特に社会認知心理学の分野）は，知識構成主義，社会的状況主義，さらに社会構成主義といった理論の影響を受けている。また，分散認知といわれる形態，すなわち複数の学習者間で共有される課題の割り当てと暗黙的委託や各メンバの役割の受け取り方をグループ学習の中に反映させることによって，より効果的な協調作業または学習環境を提供しようという動向も反映している。協調学習におけるこれらの側面は，基礎的な知識やスキル形成を主たる目的とした個別学習の環境では達成されない範疇の学習である。

● 2-3 協調学習を喚起するための機能
[1] 協調学習を実現するための機能
　インターネット環境での協調学習を支援するための技術的要件として，これまでのさまざまな研究・実践から，次のような機能の必要性が指摘されている。

　a) 各種資料・データのオンライン共有
　b) 各種アプリケーション／ツールの画面・操作の同期共有
　c) 学習参加者の協調学習時での活動履歴の確保

d) 協調学習支援のための各種ツールの整備
e) 学習者個人の作業場と協調作業場との間でのデータの引渡し
f) 協調学習の参加者の役割同定
g) 活動の可視化
h) テキスト・知識マイニングと知識管理
i) 個々の学習者とグループのモデリング・モニタリング
j) 協調メンタリング
k) リフレクションとアウエアネス喚起のインターフェース
l) 学習者モデリングとグループ活動モデリング
m) 各種エージェントとその役割
n) 協調コンテンツ（協調学習を実現する教材）
o) 標準化技術（共有化のためのデータモデル）
p) リフレクションとアウエアネスの支援（仕組）
q) 議論支援機能

例えば，「b) 各種アプリケーション／ツールの画面・操作の同期共有」として，コンテンツを学習者間で共有するための環境（Kayama & Okamoto, 2007）が開発されており，次に紹介するCarettaでは，「e) 学習者個人の作業場と協調作業場との

■協調学習支援機構
協調学習を構成する事項

■LCMS（Learning Content Management System）
　コンテンツ・カリキュラム・履修状況管理システム
　（協調学習にも利用可能）

■協調学習における知識管理機能
　＋グループの属性
　＋学習情報の分析・統合（データマイニング）
　＋知識の再利用

■協調学習用シュミレーション，ゲーミング，協調用学習教材
　協調用学習教材のソフトウェア的仕組み
　例 協調学習用教材としてのビジネス・ゲーミング・フライト・シュミレータ

■協調学習用ツール／デバイス
　例 ワークフロー・ツール
　Mobile学習端末

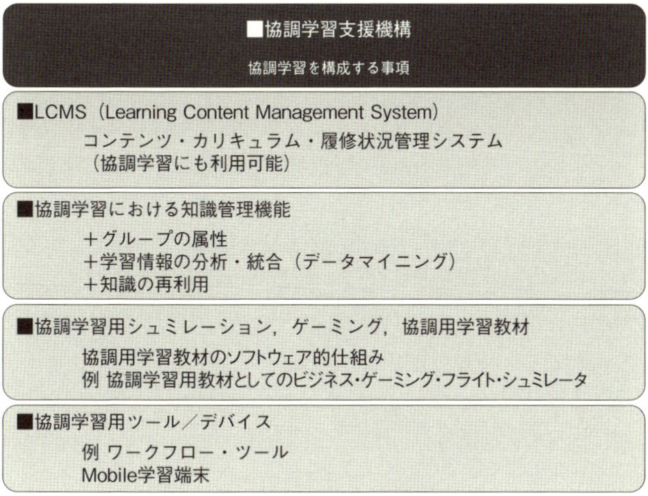

図 5-2　協調学習支援の技術的対象

間でのデータの引渡し」が行われている（Sugimoto et al., 2004; 細井他, 2004）。

図 5-2 は，協調学習支援の構成要素をまとめたものである。基本的な要素として，一般的 e ラーニングの構成要素である，コンテンツやカリキュラム，履修状況などを管理する LCMS（Learning Content Management System）がある。それに加えて，グループの属性や学習情報の分析・統合などを行う知識管理機能，問題解決タスクを疑似体験させるための協調学習用シミュレーション，ゲーミング，さらにこれらを利用するための Mobile 学習端末のような協調学習用ツール／デバイスが必要となる。

[2] 協調学習用アプリケーション／ツール

学習者個人の作業場と協調作業場を融合し，協調学習を支援するシステムとして，Caretta がある（Sugimoto et al., 2004; 細井他, 2004）。Caretta は，学習者個人の作業場と協調作業場をそれぞれ設定し，学習者個人の作業場として PDA を，協調作業場として液晶プロジェクタの投影を含んだセンシングボードを用いている。RFID 技術を用いたセンシングボード上に，グループで協調的に行われている学習の過程や結果を表現し，各学習者の個人的学習は PDA 内で表現される。学習者個人の作業場と協調学習場を融合するために，PDA 上の個人の学習結果はセンシングボード上のグループの学習場へ液晶プロジェクタで投影でき，協調作業場の学習結果は PDA に送信され，情報や学習の共有がスムーズに行われる。PDA で行われた個人の学習履歴はユーザ DB に蓄えられている。ほかに，前述したコンテンツ共有のためのツール（Kayama & Okamoto, 2007）などさまざまな協調学習用アプリケーションおよびツールが開発されている。これらの協調学習を支える各種アプリケーション／ツールにおける処理の流れは図 5-3 のようになる。いっぽう，データマイニングを用いたシステムとしては，掲示板上のメッセージの伝搬（返信の連鎖）と引用語句の関係から発言影響力を抽出する方法の開発（松村他, 2002）や，メッセージを符号とし，これらの符合がマルコフ過程に従うと仮定して MDL 基準を用いたマルコフ過程により議論過程を推定，可視化するシステム（Ueno & Okamoto, 2006），メッセージを分類し，その発言種類の割合をアバターによって表現するシステム（Anjewierden et al., 2007）などがある。これらの議論支援システムによって，教授者が関与せずに学習者に議論を促進することが可能になっている。図 5-3 の議論支援システムでは，学習者が入力画面から発言対象と発言意図を選択し，発言内容を記述すると，議論表示場面に発言が表示され，学習者が議論を好意的に方向づける影

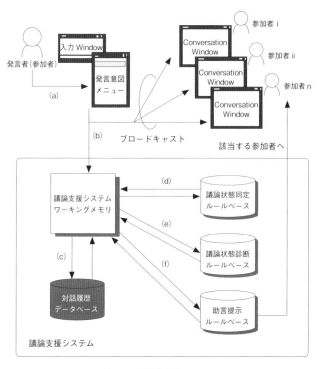

図5-3 議論支援システム

響力を表すことで，リアルタイムに議論の状態を把握することができ，学習者の議論への参加のモチベーションが高まる仕組みになっている。

[3] 標準化技術

協調学習の実態を記述し，事例を共有化するためには，標準化が必要である。その1つの大きな動きとして標準化団体IMSが提案したLearning Design Information Modelがある。オランダのオープンユニバーシティにおいて，さまざまな教育的アプローチによる教育実践と分析が行われ，この実践全てを包括する簡明なメタ言語EML（Educational Modelling Language）が開発された。これをベースにして，IMS Global Learning Consortiumでは，コンテンツパッケージなどのIMS規格やメタ・データ，シーケンシングを統合し，IMS Learning Design Information Modelを作成した（図5-4）（IMS Grobal Learning Consortium Inc., 2001）。

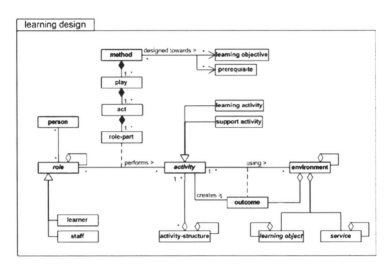

図 5-4　IMS Learning Design Information Model（Level A）

　Level A（図 5-4）は，教育の多様性を支援するためにコアとなる情報を含んでいる。ここで重要な要素は，役割をもつ学習者（person, role）と，学習活動（activity），学習環境（environment），教育方法（method）であり，図 5-4 にある要素を用いることで，さまざまな形態の学習デザインを表現することができる。IMS-LD Information Model は，図 5-4 に Property，Condition を加え，学習者を個別化することができる Level B と，さらに Notification を加え，類似した実行タスクがない場合でも実行できるポテンシャルを備えた Level C の下位レベルのモデルをもっている。

　この IMS LD Information Model は，あらゆる学習の場面を想定しているため，抽象度が高くなっている。そこでこのモデルに基づいて協調学習をデザインする場合，モデルを拡張し，実態の詳細を表現する必要があり，このような観点からの研究も進められている（Bote-Lorenzo et al., 2004）。

● 2-4　協調学習における知識共有と流通

　（教育）組織における知識の生産・流通モデルも探求されなければならない（Davenport, 1997）。遺産としての知識の学習が e ラーニングでなされ，獲得された知識の活性化がネットワーク空間で行う協調活動である e-Collaboration で行われる。そこでは，知識の発見や構築も想定される。協調学習のあり方は，分散協調問

題解決における結果共有モデルやタスク共有モデルの考え方で整理することができ，そこで重要なことは，分散認知（distributed cognition）機制を生かした役割設定である。分散認知は，人と環境と人工物の間にある相互作用を強調した概念で，個人の認知は単独の事象の中で発達するのではなく，相互に関わる過程の中で変化，発展していくものであるとする。これを実現するためには，分散認知を媒介するメディアが重要である。我々はこれを協調メモリーと名づけている（Okamoto, 2003）。いずれの学習形態であれ，学習に基づくそれらは，個人の資産となり，かつ組織の資産ともなる。これらの資産管理や再利用は組織のマネージメント力に大きく依存する。この枠組みをもって，学習し続ける組織を位置づけることができる。そこでは，持続性（sustainable），競争（competitive），利益（advantage）が明確に示されなければならない。そのため，これらの項目を総合的に評価するトータル評価機能は不可欠である。さらに組織活動と学習のサイクルの中で，連携づけされた知識ベースを蓄積・再利用するための協調学習の位置づけが極めて重要となる（図5-5参照）。このようなマクロ的視野を意識しつつ，インターネットを中心とした社会的コンピューティング（social computing）の動向を意識しつつ，知識管理と流通・成長のシステム設計概念が重要である。

図5-5のような協調学習を含んだ知識の生産・流通を実現するためには，これまでに述べてきたような協調学習を実現および支援するための機能（アプリケーション，コンテンツを含む）と，そこから発生するさまざまなデータやモデルを他者が利用で

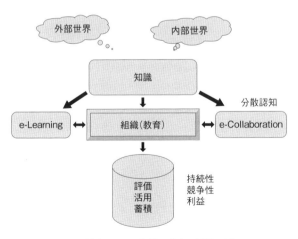

図 5-5　教育における知識の生産・流通モデル

きる形で構築し，複数の学習者や組織に再利用される仕組みが必要となる。欧州では，経験（体験）と協調学習を重視した新しいパラダイムの学習環境を構築するために，European Learning Grid Infrastructure（ELeGI）という大きなプロジェクトがあり，知識を共有し，流通させるために，さまざまなソフトウェア技術を開発している（Ritrovato et al., 2005）。

3 電子教科書と協調学習

田村恭久

　教育の現場にICT（情報通信技術）を導入する流れは，1990年前後のマルチメディア教材，2000年前後のLMS（Learning Management System）などが現在まであった。これに続き近年，紙媒体で配布されていた教科書コンテンツを電子媒体で配布し，授業や個別学習で用いる試みが加速している。本節では，この電子教科書の動向を概観するとともに，学習者中心の学習形態である協調学習を電子教科書の機能の一部とする可能性を議論する。

● 3-1　各国の電子教科書の導入状況

　教育現場への電子教科書の導入実験は，現在世界各国で行われている。2008年には，韓国とシンガポールで導入実験が始まった。韓国では2015年末までに，全国の初等中等教育の現場で電子教科書を用いて授業を行えるよう，コンテンツ・PC・ネットワークを配備する計画を進めている。この両国以外のアジア圏でも，中国，台湾，インド，フィリピンなどが電子教科書の導入検討を進めている。

　欧米，とくにイギリスでは，電子教科書が話題にのぼる前から，PC上の教材を授業に導入することが盛んである。音楽や美術の授業において，汎用のソフトを利用して内容理解を支援している学校もある。このため逆に，電子教科書というキーワードは大きな話題とはなっていない。こういったなか，アメリカのオバマ大統領が2014年2月に「5年以内に全米ほぼ全ての学校や図書館で無線LAN環境を整備する」計画を打ち出した。これは生徒1人ひとりがタブレットPCなどを使って授業を受けることを想定している。

　日本では，文部科学省が2011年に「教育の情報化ビジョン」を発表し，2020年までに全ての生徒がPC上の電子教科書で授業を受けるというロードマップを示している。またICT導入の実証実験として，文部科学省が「学びのイノベーション事業」，総務省が「フューチャースクール事業」を推進しており，全国の実験校におい

てコンテンツや環境の導入と検証を行っている.

● 3-2　電子教科書に要求される機能

　この電子教科書とはどんなもので，どのような機能をもつのか．「教科書」とよばれることから，紙媒体の教科書と同じく，文章や図表で学習内容を説明していることは当然である．これに加え，PC で実現しうるさまざまな機能を盛り込むことが可能だが，この「盛り込みたい機能」が利害関係者（ステークホルダー）によって異なり，全体像がまとまりにくいのが現状である．図 5-6 に，電子教科書をめぐる利害関係者と，要望する機能の例を挙げる．

　現在，複数の規格団体で，電子教科書の仕様検討が行われている．この例として，IEEE[1]（Actionable Data Book Project），CEN[2]（eTernity Project），IMS Global[3]（ICE Project）などがある．しかし，図 5-6 に示すような多くの利害関係者の要望をまとめ，技術仕様とすべく議論している団体は少ない．これらのなかで，IDPF[4] は 2013 年 10 月に EDUPUB と呼ぶ仕様の検討を開始した．これは電子書籍の仕様 ePub 3.0 に，教科書に必要な機能を追加することを目的としている．ePub3.0 は DAISY[5] 規格を含み，高い水準でアクセシビリティの要求を満たしている．またサーバや外部

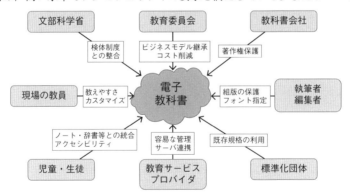

図 5-6　電子教科書の利害関係者と要望機能の例

---

1) IEEE 〈http://www.ieee.org/（2015 年 8 月 17 日参照）〉
2) CEN 〈http://www.cen.eu/（2015 年 8 月 17 日参照）〉
3) IMS Global 〈http://www.imsglobal.org/（2015 年 8 月 17 日参照）〉
4) IDPF 〈http://idpf.org/（2015 年 8 月 17 日参照）〉
5) DAISY 〈http://www.daisy.org/（2015 年 8 月 17 日参照）〉

環境との連携を実現するため，W3C や IMS Global の各種仕様を EDUPUB と連携させるべく，調整が行われている．筆者が知る限り，この EDUPUB が電子教科書の仕様として最も早く公開されるものと予想している．

● 3-3　電子教科書が学習のあり方を変える可能性

マルチメディア教材や LMS を使うことで，従来の紙媒体の教科書を使った授業は徐々に変化してきた．では，ノート PC やタブレット PC 上で電子教科書を用いて学習することは，従来以上の変化をもたらすのだろうか．

LMS を用いた学習では，教科書などのコンテンツは全てサーバ上に置かれていた．これに対し，電子教科書は学習者の手元にある PC にコンテンツが置かれる．これにより，ネットワークの負荷は LMS と比べて格段に少なくなる．また，学習に必要な教科書・参考書・辞書があらかじめ学習者の手元にあるため，LMS の利用に比べて従来の初等中等教育の学習方法となじみやすい．さらに，マルチメディア教材や対話型教材を電子教科書に埋め込むことで，これらを手軽に授業に利用することができる．

電子教科書を用いる効果として現在期待されているのが，学習分析（Learning Analytics）である．これは，クイズの回答状況や議論への参加状況を収集・分析し，学習者の達成度や課題を明らかにする手法である．従来の LMS でも，クイズの回答や議論の発言はサーバに履歴が残るため，分析は可能であった．しかし，PC 上の電子教科書を用いることで，さらに粒度の細かい学習履歴が得られる．例えば，教科書のページをめくる，辞書や参考書を見る，ノートを取る，といった行為を全て記録できる．また，PC 上の他のアプリケーションの稼働状況も把握できるため，どの程度学習に専念していたかも分析できる．さらに，これらのデータをサーバに転送し，分析することも技術的には可能である（学習者のプライバシーに配慮するため，実施する前にデータ取得範囲を検討する必要がある）．こういった情報により，よりキメの細かい分析が可能になると期待されている．

● 3-4　電子教科書による協調学習支援のあり方

文部科学省「教育の情報化ビジョン」では，従来の教示型学習以外の，家庭などでの個別学習や，学習者グループによる協調学習のビジョンも描かれている．この協調学習を ICT を援用して行う CSCL（Computer Supported Collaborative Learning）は，サーバ上にある電子掲示板・共有白板・共有ファイルなどを用いて行われてい

る．これらに転送する情報は，学習者が意図してサーバに転送した情報（掲示板への発言，転送するファイルなど）のみである．このため，いわゆる非言語情報（顔の表情や気分など）を扱えず，これが対面型の協調学習と比較した際の問題点とされてきた．

これに対し，電子教科書コンテンツを載せるプラットフォームとして用いるタブレット PC やファブレット PC がもつ特徴を活かし，協調学習を従来より効果的に支援できる可能性がある．まず，これらの PC は各種のセンサーやカメラが搭載されており，取得できる情報が多い．画面タッチセンサーによる操作情報，GPS センサーによる位置情報，加速度センサーによる動きの情報，カメラによる顔の表情や周辺の視覚情報，マイクによる音声情報などが取得可能である．また，これらの情報を分析することで，学習者が発する非言語情報を機械的に合成することができる．この情報を用いることで，従来の CSCL が不得意としてきた「非言語情報も含めた協調学習」が可能となる可能性がある．

もちろん，上記の事柄は技術的に可能であることがわかっているだけで，その実現や有効性の検証は今後の研究を待つ必要がある．しかし，現在 IDPF で議論されている電子教科書の技術仕様において，「教科書のページをめくる操作」のデータを取得する方向性が打ち出されている．これは学習分析の観点から重要視されているためだが，学習にまつわる非言語情報の収集手段として電子教科書が有用であることを示す証拠の1つでもある．こういった動きが加速すれば，電子教科書をベースとした協調学習に多くの非言語情報が含まれるようになると予想される．

4 協調学習支援のための技術基盤

香山瑞恵

● 4-1 はじめに

情報技術を利用した協調学習支援では，コンピュータネットワーク上の分散した環境にいる学習者間での協調学習が想定される．地理的に離れたとは，距離的な隔たりという意味だけでなく，参加者間の対面コミュニケーションが不可能な状況にある場合を指すこともある．本項では，主としてネットワーク環境での協調学習を支援するシステムの技術基盤について，必要とされる機能および，それらの機能を実現した技術基盤の例を概観し，技術基盤を利用した協調学習支援システムを示す．

● 4-2　協調学習支援のための技術基盤に求められる機能

　ネットワーク環境での協調学習を支援するシステムは，グループ内で同期・非同期に情報や知識を共有できる空間（協調作業空間）を有する．同時に，個々の学習者が個人的な活動を行う空間（個人作業空間）も提供される．これらの活動空間での情報や知識の交換と参照，さらに協調作業空間での情報や知識の共有方法に関して，さまざまな研究が行われている（O'Malley, 1994）．協調学習の支援基盤となる学習環境プラットフォーム（協調プラットフォーム）に共通して期待されている機能には，学習状況を共有するためのアプリケーション画面や操作の共有のみならず，作業空間内での活動の履歴や協調アプリケーションの状態の記録，記録した情報の参照，参照した情報からの作業場の状況の再生などが挙げられる（香山・岡本, 2005）．これらの機能は協調学習が展開される環境（OSや各種アプリケーション）に依存せずに実装されることが望ましい．

　協調学習支援のためのシステムやフレームワークに具備されるべき機能，特に協調作業空間の実現に関わる事項として，以下の機能が必要とされる（岡本, 2002）．

1）同期・非同期での教材の共有
2）グループによって使用されるアプリケーションに対する操作やビューの同期・非同期での共有
3）グループによって生成される学習成果や学習履歴の同期・非同期での共有

● 4-3　協調学習支援のための技術基盤の例

　上記の機能を実現させる仕組みとして，これまでに多くの提案がなされてきた．
　特定ユーザのコンピュータのデスクトップ環境あるいはアプリケーション画面を共有するためのユーティリティ（MacOS用のTimbuktuや，Windows用のNetMeetingやWindowsMessengerなど）では，入力デバイス（マウスやキーボードなど）の操作結果のイメージが特定ユーザの環境から他の参加者のコンピュータに転送されることで，ビューの共有がなされる．しかし，これらのユーティリティは稼動するOSが限定され，非同期での共有機能を有していない．また，近年はOSに依存しないタイプのユーティリティ（VNC: Virtual Network Computingの1種であるMultiVNCやMetaVNCなど）の提案もある．

　しかし，これらのユーティリティには，非同期での共有機能や学習履歴の管理機能が具備されていない．

同期・非同期での共有を実現するフレームワークの提案もある。学習者が利用しているアプリケーションのパラメータや現在の状態などを他者に送信する仕組みを提供し，学習状況の共有化を実現しているフレームワーク[6]や，学習参加者のアプリケーションに対する操作イベントがサーバによりキャプチャされ，全参加者の端末で実行されることで，アプリケーションのビューの共有がなさるフレームワーク[7]などである。しかしながら，いずれも特定の学習環境内に構築された特殊なアプリケーション上での機能提供に留まる。その他には，特定の協調学習用フレームワークに準拠したアプリケーション上での共有を実現しているものがある（香山・岡本，2005）[8]。ここでは，操作系列の記録，学習過程の再生の機能，個人のノートに記された学習成果の記録と参照の機能などが提供されている。しかしながら，あくまでもフレームワークに準拠したアプリケーションのみが対象であり，またアプリケーションを実装する OS が制限される。

一方，統一フォーマットに整理したドキュメントに対して，その内容やアノテーション，変更・修正箇所などを共有するフラットフォームも提案されている（PDF 形式による Acrobat や，HTML ページによる Google グループなど）。これらは非同期での共有のみであり，同期での共有に対応しているものはない。また，特定アプリケーションのプラグインとして実現されているフラットフォームがある[9]。ここでは，プレゼンテーション資料をイメージファイルとして扱い，学習参加者に配信することで同期・非同期での共有を実現している。履歴や付加情報の管理機能も備えているが，特定アプリケーションとの組合せでなければ機能しないという制約がある。

● 4-4 協調学習支援のための技術基盤を利用したシステム

情報技術を用いて協調学習を支援することを目的とした CSCL に関わる研究のアプローチは，大きく 2 種に整理される。学習者間の相互作用を重視したアプローチと，学習者の知識獲得の効率化や確実性の向上を重視したアプローチとである。

---

6) SimPLE 〈http://isr.umd.edu/news/news_story.php?id=4137（2015 年 10 月 26 日参照）〉
7) SAILE 〈http://www.openchannelsoftware.org/projects/SAILE/（2015 年 8 月 17 日参照）〉
8) NCSA Habanero 〈http://access.ncsa.illinois.edu/Stories/Habanero/（2015 年 10 月 26 日参照）〉，SCILE/Knowledge Forum 〈https://en.wikipedia.org/wiki/Knowledge_Forum（2015 年 10 月 26 日参照）〉
9) UW Classroom Presenter 〈http://www.cs.washington.edu/education/dl/presenter/（2015 年 8 月 17 日参照）〉

協調学習においては，1人では問題が解決できない学習者同士がお互いに意見を交換することによって問題に対する他者の捉え方を認識し，自己の主張の矛盾を見出し新たな解決策を見出す場面がみられる。学習者間の相互作用を重視したアプローチでは，このような相互作用の効果を明確にし，効果を促進していくことを目的としている。効率的なコミュニケーション支援を主眼とする研究が多く，エージェント技術や自然言語解析，統計的 text mining などの技術を用いて実現されることが多い。一方，学習者の知識獲得の効率化や確実性の向上を重視したアプローチでは，学習者間の相互作用を知識獲得の促進や効率化のための触媒として捉えており，自己の思考の外化促進や他者の発言に基づく内省の誘発などを意図して，効果的なコミュニケーション支援を主眼とする工夫や仕掛けが実現されている。

これまでに国内の関連学会を中心に提案されている主たる技術には以下のようなものがある。

- 協調活動支援（コンセプトマップ，Web コンテンツへのアノテーション共有，ビジネスゲーム，ディベート）
- 議論支援（発言意図ラベルの付与による発言者構造の図示，対話構造／話題構造の図示，発言影響度の測定・提示）
- 協調学習を対象とした知的学習支援（協調学習向け ITS，非同期に発生した行為の疑似同期化）
- ストリーミングへの多人数からのアノテーションによる協調レビュー
- 新しいデバイス／機構による協調場（没入型 VR 環境，携帯電話）
- グループメンバの考えを共有化するための機構
- 協調場の構成支援
- 協調行為データの管理機構

CSCL に関連する研究分野では，学習達成の効率化のみならず，対象領域に関する学習者の深い理解の促進や認知能力／メタ認知能力の育成などが研究されている。

5 協調学習指向のモバイルラーニングの形態と実態

永田奈央美

● 5-1 概　要

インターネット空間では，スマートフォンやタブレット端末の普及により，い

つでもどこでも誰でも，さまざまなコミュニケーションの形態で情報のやりとりや意思の交換がなされている。各々のコミュニティは，同じ目的や趣味・嗜好が近い者同士で形成されており，知識の共感・共有がされている。本節では，このようなSNSベースの協調学習をモバイルラーニングとして捉え，形態と実態について詳述する。さらに，ウェアラブル端末とモバイル端末との連携を取り上げ，今後のモバイルラーニングの動向について述べる。

● 5-2 ソーシャルメディアを活用した学習環境

インターネットやWeb技術の発展に伴い，多対多の非対称的なコミュニケーションの形態が展開されている。フォーマルな学習のみならず，インフォーマルな学習の場においても，FacebookやTwitter，Blogといったソーシャルメディアが活用され，オープンで双方向なコミュニケーションツールが出現した。それによって，さまざまな社会性を帯びた学習サービスが提供可能となった。インターネット空間では，同じ目的や趣味・嗜好が近い者同士でコミュニティが形成され，知識の共感・共有がなされている。物理的，時間的制約はなく，教科書や教師の存在を絶対とせず，特定・不特定多数の学習者が存在する。つまり，束縛要因が少なく自由度の高い学習場が形成されている。このような学習場では，さまざまなコミュニケーションの形態で情報のやりとりや意思の交換がなされている。

● 5-3 モバイルラーニングにおけるコミュニケーションの形態

モバイル端末によって，時と時間を選ばず，インターネットに接続できるようになったことが，さまざまな学習者の行動を変化させた。学習者らは，自らの意見や趣味嗜好の写真や動画をモバイル端末から投稿している。それを他者が閲覧し，評価やコメントのやり取りを行っている。このようなやり取りは，日常生活における行動の一部となった。例えば，何か物を購入する時，学習者は，その場でモバイル端末からインターネットへ接続し，商品情報を収集したり，比較検討を行っている。さらに，ソーシャルメディアで商品に関する情報を友人と共感・共有している。また，実際に商品を利用し満足感を得ると，その情報や知識を他者へ発信している。それらの情報は，インターネット上で日々拡散している。

SNSによって，学習者は，公開された他者の投稿記事やコメントのみならず，他者と他者とのコミュニケーションのやり取りや様相を観察することもできるようになった。つまり，インターネット空間に存在する不特定多数の他者で形成されたコ

ミュニティ間では，「多」対「多」のコミュニケーションの形態で協調学習がなされている。

● 5-4 モバイルラーニングの事例

静岡産業大学では，社会性を重視したインフォーマルな学習環境を設定するために，SNS を活用した学習システムを設計した。そして，このシステムを学習者個人が持つモバイル端末で利用できるようにした。静岡産業大学では，デザイン（システムデザイン，Web デザイン，プロダクトデザイン，広告デザインなど）を学ぶ学習者を対象としている。対象とする学習者が，ソーシャルメディアを介して意見交換や知識共有をしながら，他者に共感・反応されるような創造物を生み出すプロセスを学ばせることを試みている。この学習環境によって，学習者は，想起できなかったアイディアを発見し，創造物の付加価値の変動を把握することが期待できる。

静岡産業大学の SNS を活用したモバイルラーニングの構成について述べる。すでに，インターネット上にはさまざまなサービスを提供したソーシャルメディアがあるが，これらのソーシャルメディアを一斉に学習環境へ利用するには，学習者やコンテンツが混沌状態になると考える。そこでオープンソースのパッケージである OpenPNE を利用し自作 SNS を開発した。OpenPNE は，プロフィール機能，メッセージ機能，足跡機能，お気に入り機能，日記機能，コミュニティ機能，コミュニティ検索機能がデフォルト機能として備わっている。

次に，他者からの反応をテキスト解析し，その結果を可視化表示されることによって，学習者の意思決定，知識の再構築を促進することを試みている。そのために自作 SNS へ「ログデータ解析機構」を組み込み，視覚的にデータ解析結果を学習者へ随時提示できるようにしている。「ログデータ解析機構」は，テキストマイニングツールでテキスト処理し，語の係り受けを分析した上で，テキストデータを図で可視化している。

図 5-7 に示すように，ある学習者がコメントや学習成果物を投稿すると，それを他者が閲覧し，評価する。システムは学習者や他者からの投稿記事を随時学習資源レポジトリへ登録する。そのレポジトリからログデータをデータベースへ抽出し，ログデータ分析機構で解析する。ここでは，他者からのコメント，学習成果物に対する評価内容が可視化される。それを学習者が閲覧し，その内容を踏まえて，再度自らの考えや学習成果物を再投稿する。さらに，他者からの評価コメントを判断材料とした知識の再構築が促される。

05 協調学習を支援する：CSCL

図5-7 学習者の投稿画面

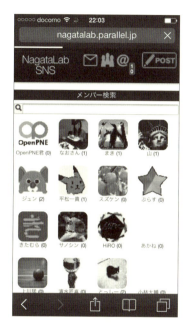

図5-8 コミュニティメンバの表示画面

　図5-8に示すように，学習者らは，随時コミュニティのメンバを検索し，他者との意見交換や，学習成果物を評価し合うことができる。

　学習者の学習活動には，テーマの決定，システム制作，学習成果物の提出（知識の外化），他者が公開した学習成果物閲覧による知識の再構築，指導的コメントや評価，コメント投稿，議論，他者への評価，他者からのコメント／評価による知識の再構築，ユーザ／コンテンツの推薦などが見受けられた。

● 5-5　ウェアラブル端末の導入

　今後のモバイルラーニングには，図5-9に示すような眼鏡型のウェアラブル端末の導入が期待される。このような眼鏡型ウェアラブル端末は，グラスの右縁の内側に映像が投影され，目の前の空間にWebサイトや周辺情報が表示される（AQU先端テクノロジー総研，2013）。モバイル端末と連携させると，モバイル端末の画面をウェアラブル端末の画面に表示させることもできる。マイクとカメラが装備されていて，音声入力も可能であり，音声によるメールの送受信や写真撮影，ビデオ通話ができる。視界に映るものをそのまま写真撮影することさえできる。これからのモバイル

図 5-9 スマートグラスを装着したモバイルラーニングの様子

ラーニングの機能拡大，学習形態の変容も期待できる。

● 5-6 おわりに

人と人との係わり合いから生じる観察，協働といった行為は，知識の共感・共有／再利用を促す効果がある。モバイルラーニングにおける SNS ベースの学習環境は，ソーシャルメディアに関するリテラシ能力を身につけるための実践場・訓練場として有効である。

6 CSCL に基づいた学習モダリティ

小尻智子

● 6-1 はじめに

ネットワークの発展に伴い，教育現場での学習形態も多様化した。その中でも 1990 年代から，計算機を用いた協調学習の支援が盛んに行われるようになってきた。協調学習とは，共通の目的をもった複数の学習者間での相互作用を伴った学習形態である。計算機を用いて協調学習を支援することは Computer Supported Collaborative Learning（CSCL）と呼ばれており，2006 年にはその研究の動向が「CSCL と支援技術」というタイトルで，教育システム情報学会誌に掲載されている（小尻他, 2006）。この論文では 2002-2004 年度に国内の関連学会（教育システム情報学会，日本教育工学会，電子情報通信学会，情報処理学会，人工知能学会）の各種雑誌／資料（学会誌，論文誌，研究会論文集，全国大会論文集）に掲載された CSCL に関する論文が研究的・教育的・技術的な側面から整理されている。それによると，正規の授業として実施されている協調学習の事例の報告は 12 件のみであり，協調学習で最

も多く活用されていたツールはチャットと掲示板という結果となっていた。このことから，この論文が書かれた時点では，主に同一物理空間を共有していない他者との意見交換に主眼が置かれていたことがわかる。

現在は電子メールや掲示板だけでなく，LINE や SNS，twitter などのさまざまな対話ツールが氾濫しており，それに伴って協調学習を導入した学習形態は多様化している。本節では，「どのような知識の獲得を目指しているか」ということを示す学習目的と，「何を解決するために CSCL を導入したのか」という導入目的に基づいて，学習における CSCL の役割を整理する。

● 6-2 学習目的と CSCL の役割

コミュニケーション能力やディスカッション能力のように他者との相互作用の方法を習得することが学習対象である場合，協調学習をすることが学習対象そのものとなる。しかし，獲得したい知識がプログラミングや数学など他者との相互作用を伴わなくても獲得できる知識である場合，協調学習は知識を獲得するための学習手段の1つとなる。したがって，協調学習でどのような知識の獲得を目的としているかに応じて，ICT の導入の仕方や，学習における CSCL の果たす役割は異なる。そこで，学習で獲得しようとしている対象の知識と，協調学習における ICT の導入目的に基づいて，CSCL の役割を分類したものを表5-1に示す。

[1] コミュニケーション能力・ディスカッション能力の獲得における CSCL

他者との相互作用の仕方を学ぶことが目的である場合，他者が存在しない場合は学習することができない。しかし，遠隔講義やインターネット大学など，学習者が同一学習空間を共有していない場合は協調学習をすることが困難である。また，学

表5-1 CSCL の役割

		ICT の導入目的		
		分散環境下でのコミュニケーションの確立	学習活動の促進・支援	他の学習形態との連携支援
学習対象(知識・能力)	コミュニケーション能力・ディスカッション能力	知識獲得ができる学習環境の確立	知識獲得の促進・支援	
	議論対象のドメイン知識		知識獲得の促進・支援	より深い知識獲得の支援・メタ学習支援

習者がいつでも好きなときに学習できる環境では，時間を共有することも困難となる。このような環境では，空間・時間を超えた協調学習を可能とするためにICTが用いられる。頻繁に使用されるものでは，LMS上の掲示板や，チャットなどの対話ツールであり，このような対話ツールを用いた実践事例は数多く紹介されている（櫻井他,2012）。また，文字でのやりとりだけでなく，雰囲気の伝達を目的とした対話ツールの実現にも焦点があてられている。林らは，現実世界の学習者の視野に応じた情報表示を実現するインタフェースの構築している（林他,2012）。個々の学習者が注目している他者を発言系列より推定し，注目対象者のカメラ画像をインタフェースの中心に配置すると共に，注目が大きくなるにしたがって注目対象者のカメラ画像が大きく表示されるようになっている。また，他者のカメラ画像を他者の注目対象者の方に向けることで，誰が誰に注目しているという雰囲気を表出することも実現している（図5-10）。

一方，コミュニケーションやディスカッションを行う際には，アイディアを出し合ったり他の意見に対して反論したりといった，さまざまな形式の意見交換をする。コミュニケーション能力やディスカッション能力を獲得するということは，議論中に出現するあらゆる形式の議論の仕方を学ぶことに等しい。このような知識獲得の促進を目的としているCSCLでは，学習者の役割や学習段階を制限して可能な発言を制約することで，特定の形式のための議論方法を集中的に体験させる手法がとられていることが多い。Tamuraらは Six Thinking Hatsと呼ばれる思考方法の段階を協調学習に取り入れることによって，段階ごとの議論を集中して行うことができる協調学習環境を提案し（Tamura & Furukawa, 2007），思考の段階を議論の段階に対応づけ，個々の段階を順番に議論するといった学習シナリオを提案し，シナリオ

シーン① シーン②

本インターフェースを閲覧している人(X)の注目対象者：B 　Xの注目対象者：C
Aの注目対象者：C 　Bの注目対象者：C
Bの注目対象者：X 　Cの注目対象者：B
Cの注目対象者：X 　Dの注目対象者：B

図5-10　注目情報を反映した協調学習インタフェース

に沿った議論ができるように議論を制御する対話ツールを構築している。

コミュニケーション能力やディスカッション能力の獲得を目的としている協調学習の場合，これらの能力の達成が最終目的であるため，さらに深い学習目的を設定しているものは現在のところあまり見当たらない。

[2] 議論対象のドメイン知識獲得のためのCSCL

知識を獲得するために他者が必ずしも存在しなくてもよい場合，協調学習は学習するために実施されるのではなく，効率的・効果的に知識を獲得するために導入される。学習者が1人で学習する場合，1人では教科書などに書かれた知識を理解できなかったり，効率的に知識を獲得できない場合がある。協調学習は他者から知識を教授してもらうことで効率的に知識を獲得できたり，他者に知識を教えることで，自身の理解を定着させる学習効果がある。

協調学習の導入方法の1つにJigsaw形式がある。この学習形式では1つの学習対象を分割し，異なる学習者のグループに割り当てる。割り当てられた学習者はそれを勉強して知識を深める。その後，それぞれのグループから1人ずつを選んで組み合わせることで新しいグループを構成する。このように，グループを構成する学習者の専門性を分割することにより，グループ内で個々が発言しなければならない状況を作り出すと共に，異なるグループ間の成果を比較することによる深い理解が誘発される。このように協調学習を導入することが知識獲得の支援であるため，必ずしもICTを用いない場合もある。ICTが用いられる場合は，協調学習中の学習者間の知識共有を目的としていることが多い。益川らは，Jigsaw形式でお互いの考えの共有を促進するため，他者と互いに関連づけることのできる電子ノートであるReCoNoteを構築した（益川, 1999）。ReCoNoteをヒューマンインタフェースに関する用語の理解を目的とするJigsaw形式の授業に導入した結果，学習者間で関連するノート間で相互リンクをつけるような活動が見られ，協調活動の活性化が見られたことが報告されている。

近年，協調学習を単に学習対象となっている知識の獲得の場としてのみではなく，より深い洞察や，対象となっている知識の学習方法を習得する場として活用する試みがある。通常，このような試みは協調学習のみで実践されるのではなく，個別学習や集団教授など他の学習形態を交えた一連の実践方法として提案され，一連の学習過程の一部に協調学習が含まれることが多い。このような試みでは，多くの場合，提案された一連の学習方法間で円滑に知識の継承ができるような枠組みをICT

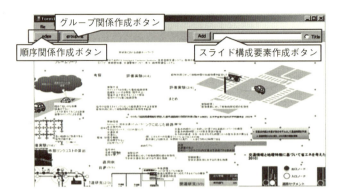

図 5-11　修正案作成ツール

図 5-12　システムを用いた議論の様子

で支援する。例えば本研究室では，スライドの修正活動を通してプレゼンテーション・スライドの作成スキルの育成を目的とした学習方法を提案している（Kojiri et al., 2013）。ある1人のプレゼンテーションを複数の学習者で閲覧し，スライドの構成の修正を各学習者で考え，その後修正個所を持ち寄って議論させる。自身の修正個所を他者に説明する際に，自然と「なぜその構成がよいのか」ということをお互いが意識して発言するようになり，聴衆者やプレゼンテーションの制約を考えながらスライドを構成するスキルが身につく。この研究では，対面での協調学習に対し，システムが各学習者がもっている意見をあらかじめ把握して議論を誘導する。元のスライドをパーツに分解して提示し，パーツの移動と結合のみでスライド修正案を作成させるシステムにより，学習者のスライド作成を支援するだけでなく，学習者の意見の把握を実現している（図5-11）。議論（図5-12）では，システムが学習者の満足のいくような議論個所を提示できると共に，システムによる誘導によって議論

の進行がスムーズになったという結果が得られている。同様に，野口らも，理解した学習対象を他者に説明するという前提でプレゼンテーション・スライドとしてまとめさせ，その相違を協調学習で議論させることにより，学習方法を改善させることを目的としている（野口他，2010）。この研究では，スライドの相違が学習方法の違いを反映できるようにするため，スライドで使用可能な対象領域の語彙と，スライドの学習意図をアノテーションとして付与することのできるスライド作成ツールを提供している。また，学習者のスライドに付与された学習意図の相違を学習方法の相違とみなし，議論を促す機能を保持している。

● 6-3 まとめ

この章ではCSCLを用いて実践されている学習の形態を，獲得する知識と，ICTの活用目的に応じて整理した。対話ツールや情報技術の発展に伴って，協調学習はより深い知識を獲得するための手段として活用されつつある。今後はより新しい知識やスキルを獲得するために協調学習をどのようにカリキュラムに組み込めばよいのかという学習方法論が提案されていくこととなることが想定される。それに伴い，ICTの役割も，協調学習だけではなく，他の学習形態間の知識を管理するものと変容していくことだろう。

【引用・参考文献】
第1節
赤堀侃司（2006）．授業の基礎としてのインストラクショナルデザイン 改訂版 日本視聴覚教育協会

第2節
浅田洋平・松尾 豊・石塚 満（2005）．Webからの研究者ネットワーク抽出の大規模化 人工知能学会論文誌，**20**(6), 370–378.
岡本敏雄（2003）．e-learningにおける世界の研究動向とe-Pedagogy 教育システム情報学会全国大会発表論文集（基調講演），85–88.
香山瑞恵・岡本敏雄（2005）．協調学習での学習資源共有と学習状態再生のためのイベントデータ管理に関する研究 電子情報通信学会論文誌，Vol.J88-D-I(1), 45–55.
金 英子・松尾 豊・石塚 満（2007）．Web上の情報を用いた企業間関係の抽出 人工知能学会論文誌，**22**(1), 48–57.
小谷哲郎・関 一也・松居辰則・岡本敏雄（2004）．好意的発言影響度を取り入れた議論支援システムの開発 人工知能学会論文誌，**19**(2), 95–104.

細井一弘・杉本雅則・橋爪宏道（2004）．Caretta―個人空間と共有空間を統合した協調作業支援システム　人工知能学会論文誌, **19**(2), 136-144.
前野義晴・大澤幸生（2007）．コミュニケーションから探る組織の見えない黒幕　人工知能学会論文誌, **22**(4), 389-396.
松尾　豊・友部博教・橋田浩一・中島秀之・石塚　満（2005）．Web 上の情報からの人間関係ネットワークの抽出　人工知能学会論文誌, **20**(1), 46-56
松田岳士・本名信行・加藤　浩（2005）．e メンタリングガイドラインの形成とその評価　日本教育工学会論文誌 **29**(3), 239-250.
松村真宏・大澤幸生・石塚　満（2002）．テキストによるコミュニケーションにおける影響の普及モデル　人工知能学会論文誌, **17**(3), 259-267.
Allinson, C. et al.（2004）．ELeGI : The European Learning　Grid Infrastructure. the Trans-European Research and Education Networking Association Network Conference.
Anjewierden, A., Kollöffel, B., & Hulshof, C.（2007）．Towards educational data mining: Using data mining methods for automated chat analysis to understand and support inquiry learning process. *Proc. the 2nd European Conference on Technology Enhanced Learning*, 27-36.
Atherton, J. S.（2005）．Learning and teaching: Conversational learning theory; Pask and Laurillard ［On-line］〈http://www.learningandteaching.info/learning/pask.htm（2014 年 11 月 10 日参照）〉
Bierema, L. L., & Merriam, S. B.（2002）．E-mentoring: Using computer mediated communication to enhance the mentoring process. *Innovative Higher Education*, **26**(3), 211-227.
Bote-Lorenzo, M. L., Hernandez-Leo, D., Dimitriadis, Y. A., Asensio-Perez, J. I., Gomez-Sanchez, E., Vega-Gorgojo, G., & Vaquero-Gonzalez, L. M.（2004）．Towards reusability and tailorability in collaborative learning systems using IMS-LD and grid services. *International Journal on Advanced Technology for Learning*, **1**(3), 129-138.
Capuano, N., Gaeta, M., & Pappacena, L.（2005）．An e-Learning platform for SME manager upgrade and its evolution toward a distributed training environmen. Ritrovato, P. et al.（eds.）, *Towards the learning grid*. Amsterdam, NL: IOS press, pp.136-144.
Cerri, S. A.（2005）．An integrated view of grid services, agents and human learning. Ritrovato, P. et al.（eds.）, *Towards the learning grid*. Amsterdam, NL: IOS press, pp.41-62.
Chue Hong, N. P., & Antonioletti, M.（2007）．Accessing data in grids using OGSA-DAI. Talia, D., Bilas, A., & Dikaiakos, M. D.（eds.）, *Knowledge and data management in GRIDs*. New York: Springer.
Davenport, T.（1997）．*Working knowledge*. Boston, MA: Harvard Business School Press

DfEE (1997). Connecting the learning society: The national grid for learning: The governments consultation paper.

Foster, I. et. al. (2003). Open grid service infrastructure V1.0.

Freeman, L (2005). *The development of social network analysis: A study in the sociology of science*. Vancouver, CN: Empirical Press.

Hew, K. F., & Knapczyk, D. (2007). Analysis of ill-structured problem solving, mentoring functions, and perceptions of practicum teachers and mentors toward online mentoring in a field-based practicum. *Instructional Science*, **35**, 1–40.

IMS Global Learning Consortium Inc. (2001). IMS learner information packaging information model specification: Version 1.0 Final Specification.

ISO/IEC JTC1 SC36 WG2 (2006). Working draft of ISO/IEC FCD 19778-1, 19778-2, 19778-3.

Janssen, J., Erkens, G., & Kanselaar, G. (2007). Visualization of agreement and discussion processes during computer-supported collaborative learning. *Computers in Human Behavior*, **23**, 1105–1125.

JISC (2004). Review of e-learning theories, frameworks and models 〈http://www.elearning.ac.uk/resources/modelsdeskreview/view.html (2015年8月17日参照)〉

Kayama, M., & Okamoto, T. (2007). The contents-sharable management system for active learning. *Proc. IASTED WBE2007*, 126–131.

Laurillard, D. (2002). *Rethinking university teaching: A framework for the effective use of educational technology*. 2nd edition. London, UK: Routledge.

McConnell, D. (2002). *Implementing computer supported cooperative learning*. 2nd edition. London, UK: Kogan Page.

Okamoto, T. (2003). The Model of collaborative learning and technological environment for evoking interactivity-building of knowledge. *Proc. IASTED-CATE2003*, 8–13.

Pask, G. (1975). *The cybernetics of human learning and performance*. London, UK: Hutchinson.

Ritrovato, P., Allison, C., Cerri, S. A., Dimitrakos, T., Gaeta, M., & Salerno, S. (2005). *Towards the learning grid: Advances in human learning services*. Amsterdam, NL: IOS press.

Sugimoto, M., Hosoi, K., & Hashizume, H (2004). Caretta: A system for supporting face-to-face collaboration by integrating personal and shared spaces. *Proceedings of CHI2004*, 41–48.

Ueno, M., & Okamoto, T (2006). Online MDL-Markov analysis of a discussion process in CSCL. *Proc. IEEE-ICALT2006*, 764–768.

第4節

岡本敏雄（2002）．協調学習技術と関連標準化活動,情報処理学会情報規格調査会標準化活動トピックス〈https://www.itscj.ipsj.or.jp/hasshin_joho/hj_newsletter/bknum/

hj_nl55.html（2015 年 8 月 17 日参照）〉
香山瑞恵・岡本敏雄（2005）．協調学習での学習資源共有と学習状態再生のためのイベント・データ管理に関する研究　電子情報通信学会論文誌, Vol.J**88**-D-I, No.1, 45-55.
O'Malley, C（Ed.）（1994）．*Computer supported collaborative learning*. Berlin, DE: Springer-Verlag.

第 5 節
AQU 先端テクノロジー総研（2013）．新世代ウェアラブルコンピュータ，及び関連機器アプリの市場予測，市場戦略　AQU 先端テクノロジー総研

第 6 節
小尻智子・香山瑞恵・田村恭久・原　潔・伊東幸宏（2006）．CSCL と支援技術　教育システム情報学会誌, **23**(4), 209-221.
櫻井良樹・古俣升雄・比嘉邦彦（2012）．遠隔非同期環境下でのグループ学習支援：Group Memory Support System（GMSS）の効果測定（論文部門「活力」―震災復興そして発展に向けて）　日本テレワーク学会研究発表大会予稿集, 42-45.
野口大二郎・瀬田和久・池田　満（2010）．プレゼンテーションを教材としたメタ学習の大学院教育での実践―ソフトウェアデザインパターンの学習を例として　信学技報, **110**(312), 31-36.
林　佑樹・小尻智子・渡邉豊英（2012）．発言アウェアネスに基づいた対話インタフェースの構築　ヒューマンインタフェース学会論文誌, **14**(1), 77-87.
益川弘如（1999）．協調学習支援ノートシステム「ReCoNote」が持つ相互リンク機能の効果　日本教育工学会論文誌, **23**(2), 89-98.
Kojiri, T., Nasu, H., Maeda, K., Hayashi, Y., & Watanabe, T.（2013）．Collaborative learning environment for discussing topic explanation skill based on presentation slide. *Proc. of the 12th European Conference on e-Learning*, **1**, 199-208.
Tamura, Y., & Furukawa, S.（2007）．CSCL environment for "Six Thinking Hats" discussion. *Proc. KES2007*, Part III, 583-589.

06 eポートフォリオ

中野裕司・渡辺　潮・丹羽量久・隅谷孝洋・宮崎　誠・
梶田将司・望月雅光・斉藤和郎・戸田博人・佐伯　敦・島田昌紘

1 概　　要

中野裕司

　本章ではeポートフォリオを扱い，本書の監修にも名を連ねているサイエンティフィック・システム研究会（通称SS研）eポートフォリオWG[1]（以下eポートフォリオWG）の中で調査，議論してきた内容を中心にまとめたものである。本書執筆までにeポートフォリオWGは，5回の会合をもち，いくつかの大学や企業の実践事例を深く掘り下げて検証し，さまざまな対象者，用途，利用形態のeポートフォリオについて調査・研究を行うとともに，そこに蓄積された学習成果や活動履歴などに関するデータ活用の検討を行ってきた。また，eポートフォリオの概念に関しても，教育工学の立場から理解を深めてきた。

　その上で，第2節では，eポートフォリオの基本概念，その対象や用途，システムとしての実装，データ活用への展開に関して概説した。第3節と第4節では，オープンソースの汎用eポートフォリオシステムとしてよく知られた，MaharaとSakai CLE上のOSPに関して紹介した。第5節と第6節は大学における実践例として，創価大学と札幌学院大学の活用事例を紹介した。第7節では，職業人を対象とした企業内での実践例を紹介した。第8節では，今後の展開として期待される，ビッグデータとしてのeポートフォリオに関して紹介した。

---

1) サイエンティフィック・システム研究会（SS研）は，大学・研究機関の科学技術分野のコンピュータ利用機関を主体とした研究会である。その中の教育系活動体である教育環境分科会とeポートフォリオ研究WGでは，大学教育環境におけるICT活用研究とeポートフォリオのデータ活用研究を中心に高等教育共通の課題解決のための活動を実施している。

また，eポートフォリオはさまざまな分野で活用されており，本書においても本章以外にも随所に記載がある。特にキャリア教育によく活用され，10章の第2節の創価大学，第3節の千歳科学技術大学（eポートフォリオWGの主要メンバーでもある），第4節の金沢工業大学，第5節の桜の聖母短期大学，第6節の大手前大学の事例もあわせて参照して欲しい。

2 eポートフォリオシステム

中野裕司・渡辺　潮・丹羽量久

● 2-1　はじめに

高等教育機関における教育・学習へのICT活用が進むことで，コンテンツの配信だけではなく，オンラインのディスカッションやピアアセスメントなどさまざまな学習スタイルが可能になり，また学習者の活動履歴や成果物などもサーバ上に蓄積され，その量も増加してきた。このような背景から，リフレクション（振り返り）により学習を深め，その学習成果を蓄積し，エビデンス（根拠となる学習成果）とともに自己アピールを行うeポートフォリオが登場した。また，そこに蓄積されるデータは，組織単位にするとビッグデータ化し，ラーニング・アナリスティクス（LA），インスティチューショナル・リサーチ（IR），エンロール・マネージメント（EM）とつながっていく。本節では，eポートフォリオの基本的概念から，時間スケールや対象，利用用途などによるバリエーション，システムとしての実装，データ活用に関して概説する。

● 2-2　eポートフォリオ

eポートフォリオという言葉はさまざまな意味で用いられている。ここでは，まず，eポートフォリオの基本的な概念を，システムとは切り離して考えてみる。つまり，いわゆるeポートフォリオシステム，LMS，電子カルテなどと呼ばれるようなシステムに関係なく，物事を学習する上でのeポートフォリオという概念についてである。図6-1に，いくつかの文献（Barrett, 2012; Zubizarreta, 2009; Smith, 2014; 鈴木・根本, 2012）を参考に基本概念をまとめたものを紹介する。

図6-1に示すように，eポートフォリオには大きく分けて，ワークプレースとショーケースという2つの側面があり，そのバランスが重要であるといわれる（Barrett, 2012）。

ワークプレースでは，学習者主導でリフレクションを伴いながら学習が進むこと

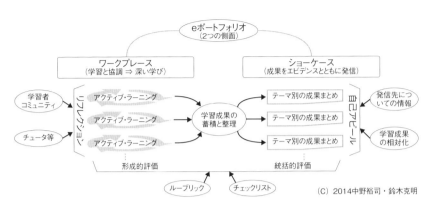

図6-1 eポートフォリオの基本概念

で深い学びを実現する。そのため，ここでの学習は，アクティブ・ラーニング，すなわち，教員による一方向的な講義形式の教育とは異なり，学修者の能動的な学修への参加を取り入れた学習であることが必要条件となる（文部科学省，2012）。リフレクションを促すには，クラスメイトなどの学習者コミュニティやチュータなどからのフィードバックが不可欠である。また，学習の過程で形成的評価を行いつつ到達度を高めていくことも重要である。その具体的方法として，学習の小項目ごとにできたか，できていないかの二者択一でチェックしていくチェックリスト方式や，到達度をいくつかのレベルに分けて判断基準を記述したルーブリックなどを利用できる。

　アクティブ・ラーニングをさまざまなプロジェクト，演習，ディスカッションなどで行うことで，多くの学習成果が蓄積されていく。これを活用しようとするのがショーケースである。例えば，卒業時にもつべきコンピテンシーとして「……」ができるというものがあれば，それをテーマとして，自分の到達度をアピールすることに使える学習成果を選択してまとめることで，エビデンスとともに自分の能力を示すことができる。例えば，就職希望先にあったテーマでまとめれば，その企業などへのアピールにもなる。このように，対象などによってまとめ方が変化しうる。このプロセスにおける評価は，その時点での総括的評価となり，手法としては形成的評価と同様にチェックリストやルーブリックなどが利用できる。

● 2-3　eポートフォリオの対象と種類

　例えば，利用者が大学生で，大学で組織的にeポートフォリオが導入されており，

ある程度活用されている場合を考える．1人の学生に注目すれば，学生自身が学習を深め，エビデンスとともに自己アピールができる．ある科目に注目すれば，科目の中での利用を抽出すれば，その科目の学習成果をエビデンスとともに示すことができ，これは担当教員の教育力を示すことにもなるし，授業内容の改善などにも活用できる．あるプログラム（学科など）に注目すれば，その学科の教育の達成度をエビデンスとともに示すことも可能であり，カリキュラムの改善などにも活用できる．このように，単一のeポートフォリオであっても，扱い方を変えるだけでもさまざまな活用が考えられる．

次に，扱う時間スケールを軸に考えると，1回の授業の中で行う短いものから，1つの科目を通じて行うもの，学期などの区切りを超えた長期間のプロジェクト，大学など1つの組織に所属する期間のもの，複数の組織にわたるものから生涯利用するものまで考え得る．また，利用する対象者を軸に考えると，学習者用のポートフォリオ（ラーニングポートフォリオとして区別する場合もある），教員用のティーチングポートフォリオ，研究者を対象としたリサーチポートフォリオなどさまざまある．用途を軸に考えると，教職ポートフォリオ，キャリアポートフォリオ，学生生活ポートフォリオ，学生カルテなどこちらもさまざまある．本章5，6，8節では大学生を対象としたさまざまな用途のものを，また7節では職業人を対象としたものを取り上げている．2-1で示したように，eポートフォリオの基本概念は，リフレクションを伴う能動的学びと蓄積した学習成果を用いたエビデンスで裏づけられた自己アピールであるという原点に立ち返ると，どのようなeポートフォリオでも，その要素を備えているかどうかがポイントになるのかもしれない．

● **2-4 eポートフォリオシステム**

eポートフォリオの概念の実現を支援するシステムがeポートフォリオシステムということになるだろう．科目の中でコミュニティによるリフレクションを実現するには，例えば，LMSのオンラインディスカッション（フォーラム）が利用できるし，オンラインプレゼンテーション機能があれば，対象が限定されるがショーケースも実現する可能性がある．LMSでは科目を超えた規模や期間に対応しにくいし（期間の長いeポートフォリオ用科目を作ることで擬似的にある程度は可能である），外部者へ見せることのできるショーケースの実現は難しいので，その場合は，学習者中心で，目的に応じたコミュニティの力を借りたリフレクション，対象ごとのショーケース，チェックリストやルーブリックなどのeポートフォリオを支援するツール

が便利であろう。汎用的なものとしては，本章3節の Mahara や4節の OSP などのオープンソースのものや商用のものなどが多数ある（EPAC, 2014）。しかし，用途が限定される場合は専用のものの方が使いやすいこともあり，4節から8節では専用に開発したものを利用している。さらに，使い方さえしっかりしていれば，e ポートフォリオは Google Drive でも実現可能であるとする例もある（Barrett, n.d.）。

● 2-5　e ポートフォリオの今後の展開

　e ポートフォリオにより，教育・学習の ICT 化がすすみ，学習スタイルもそれに適応したものとなり，より深い学びが実現するとともに，その学習成果が電子的に蓄積され，そのエビデンスに基づく自己アピールも可能になってきた。その過程で，学習成果ばかりか学習活動も記録可能になり，また，今後，システム連携やデータの標準化が進むことで，学習者個人又はプログラムや組織単位での統計情報も得られるようになることが期待される。また，組織間連携が進めばさらに規模は拡大し，まさに学習に関するビッグデータとなりうる。これらのデータを可視化・解析することで，学習科学に関する知見が得られるだけでなく，学習者へのフィードバックによる効果的な学習支援や，ドロップアウト予備軍の早期発見・指導，学習成果の総計によるカリキュラムや教育内容の改善など，まさにラーニングアナリスティクスやインスティチューショナルリサーチ，エンロールマネージメントへの貢献も期待される。本章8節ではビッグデータとしての e ポートフォリオを扱っている。

● 2-6　まとめ

　e ポートフォリオに関して，その基本概念，対象や種類と実際のシステム，今後の展開に関して概説した。e ポートフォリオが根づくことで，よりよい学習環境と教育改革が進むことを期待する。

3　オープンソース e ポートフォリオシステム Mahara

隅谷孝洋

　高等教育における e ポートフォリオシステムに必要な機能は，何だろうか。e ポートフォリオを学習カルテと捉えるならば，教育機関にとって必要な事項を確実に記入させる機能が必要だろう。e ポートフォリオを学習者が自らを振り返るための作業場と捉えるならば，学習者が収集した電子データを自在に配列し，編集し，眺めることができる機能が必要だろう。

Maharaは，後者の立場にたった学習者中心のeポートフォリオシステムである。学習者はMaharaを使って，自らが作成した電子データを蓄え，それらを文脈にそって配列するWebページを作成できる。作成したWebページは，ページごとにアクセス権を管理できる。自分だけが見られるものから特定のMahara上のユーザが見られるもの，さらにはインターネットへと公開するものまで自由に設定できる。Webアプリとして作られているので，学生や教員はWebブラウザさえあれば利用できる。この節では，Maharaについて簡単に紹介しよう。

● 3-1　Maharaのおいたち

　Maharaという耳慣れない言葉は，ニュージーランド先住民族マオリの言葉で「考える」という意味である。

　Maharaの開発は，2006年にニュージーランドにおいて開始された。当初は，4つの高等教育機関[2]が参加したeラーニング共同プロジェクトとしてスタートしたが，2007年以降IT関連企業のキネオ・パシフィック社とカタリストIT社が開発の中心となっている。

　2015年8月現在，Maharaはプロジェクトホームページ[3]からダウンロードして無料で利用することができる。オープンソースプロジェクト[4]として多くのプログラマが協力し，活発に開発が進められている。例えば2012年中にバグ修正を含めて7回のバージョンアップがあった。オープンソースなので，動作を変更したり新たな機能を追加したりすることも自由にできる。

● 3-2　Maharaシステムの概要

　eポートフォリオシステムとしてのMaharaの機能は，電子データを蓄積する機能，蓄積したデータを素材としてWebページを作成する機能，作成したWebページを共有する機能の3つの部分に分けられる。

---

2) マッセー大学・オークランド工科大学・ニュージーランド通信工芸専門学校・ヴィクトリア大学ウェリントン。
3) Mahara, Home - Mahara ePortfolio System 〈http://mahara.org/ （2015年8月17日参照）〉
4) プログラム配布の際に，ソースコードを付属するもの。多くの場合，無償で利用できる。配布条件はプロジェクトにより異なるが，Maharaの場合ライセンスはGPL3（GNU General Public License version 3）というものを採用している。

[1] 蓄　積

　Maharaの利用は，まず自分の活動の成果となるような電子データを蓄積するところから始まる。対象となるデータは，レポートやプレゼンテーションの資料などのPCで作成した電子ファイル，デジカメの映像，Maharaの日誌機能を使って日々の活動を記録したものなどさまざまである。Maharaでは「コンテンツ」という名称でこれらの電子データを取り扱う。いろいろなコンテンツのタイプを扱えるようになっており，プロファイル，ファイル，日誌，レジュメ，プラン，ノートといったものが用意されている。

　「ファイル」は画像ファイルやPDFファイルなどPC上に電子ファイルとして存在しているものをアップロードしたものである。アップロードしたファイルはMaharaのファイル管理機能を使ってフォルダを使って整理できる。Dropboxにあるような，バージョン管理機能はない。

　「レジュメ」や「プロファイル」では，ファイルなどと異なりあらかじめ入力する情報の種類が決められている。例えばレジュメには教育歴や雇用歴を記入するフォームや業績を記入するフォームなどが用意されている。

　ここに挙げた「ファイル」「レジュメ」といったコンテンツのタイプは，それぞれがプラグイン[5]として用意されている。不要な場合は外しておくことができるし，自分が欲しいものがない場合には，あらたに作成して追加することもできる。

　Maharaのコンテンツは完全に個人のものであり，蓄積するだけでは他の利用者に見せることはできない。次項で説明する「ページ」に乗せて，はじめて他の利用者と共有することができる。

[2] 整　理

　PCに入っているファイルや写真データを眺めているだけでも，自分の活動を振り返ることができる。しかし，これらのデータが何らかの方法で整理してあればよりよいし，整理すること自体が振り返りを促進するだろう。

　Maharaでは，コンテンツとして蓄積した電子データをWebページに配置し，整理することができる。Maharaで作成するWebページは「ページ」と呼ばれる。前節で紹介したコンテンツは，それ単体では他の利用者に見せることはできないが，ページに配置することで見せられるようになる。コンテンツのタイプによって，適

---

5) 本体プログラムに機能を追加するための小さなプログラム。

図6-2 Mahara のページとブロック

した見せ方があるため，タイプごとにページに配置するための部品を提供している。Maharaではその部品を「ブロック」と呼んでいる。

Maharaでのページ作成作業は，コンテンツを見せるためのブロックを選び，それをページ上に配置・設定することが基本となる（図6-2）。

図6-2の左側にあるように，ブロックにはさまざまなものが用意されている。ページのおおまかなレイアウトを決めた上で，これらのブロックをドラッグ・アンド・ドロップで好きな場所に配置していく。あとからの場所の変更も同様にできる。また，ブロックももちろんプラグインとして用意されており，後から追加することが可能だ。

[3] 共　　有

Maharaで作ったページは，自分だけがみられる状態から，インターネットに公開している状態へと，細かく公開範囲を設定できる。日付を指定し，期間限定で公開することも可能だ。関連ページをコレクションという形でまとめて，一括で共有設定することもできる。

Maharaはeポートフォリオシステムであるとともに，SNS的な機能ももっている。各ページにコメント欄が設けられており，教員が学生のページにアドバイスしたり，学生同士で議論したりするのに使えるだろう。グループを作る機能もあり，グループでファイル管理やページ管理を行い共同作業を進められる。ページの公開

● 3-3　Mahara の利用

Mahara の紹介をしてきたが，さて，これを使って何ができるだろう。

学生が自由に利用できる Mahara を大学で運用した結果，活発に利用がなされ学習が深まり自己アピールまでできるようになる，というのが理想的ではある。しかし，e ポートフォリオを有効に活用するにはドキュメントを取り扱う種々のスキルが必要であるし，自主的に学習内容を振り返り深めるという学習態度を，大部分の学生が身につけているだろうか。Mahara を素の状態で提供して「さあ使ってください」ではあまり活用されそうにない。

最初は教員主導で授業の中で利用するところから始め，授業を跨いだ学習成果の蓄積と振り返りを勧めていき，e ポートフォリオの有効性を実感してもらうことも必要かもしれない。

国内での Mahara の利用事例については，年に一度の Mahara Open Forum [6] で情報交換されている。海外の利用事例は，Mahara Newsletter [7] で読むことができる。多くは，教員や大学主導で学生に有効に使ってもらおう，といった事例であり，これから e ポートフォリオを導入しようという大学では大いに役立つだろう。

● 3-4　まとめ

本節では，オープンソース e ポートフォリオシステムの Mahara について，そのおいたち，機能や利用方法の概要について紹介した。Mahara を活用することで学習者が振り返りを促進し，より学習を深めることを期待する。

4　Sakai コミュニティにおける e ポートフォリオ

宮崎　誠・梶田将司

● 4-1　はじめに

e ポートフォリオシステムと LMS（Learning Management System）や CMS（Course Management System）と呼ばれる学習管理システムは，その利用目的の違い，

---

[6] Mahara Open Forum, Mahara ユーザコミュニティ〈http://eport.f-leccs.jp/muc/〉（2015 年 8 月 17 日参照）〉
[7] Mahara Newsletter, Mahara Newsletter（ISSN 2230-4045）〈http://mahara.org/newsletter/〉（2015 年 8 月 17 日参照）〉

教授方略の違いによりそれぞれ別システムとして独立していることが多い。そのため，学生のレポートやプレゼン資料などの学習成果物が e ポートフォリオシステムと学習管理システムに散在し，結果，学生の科目横断的な振り返りなどの際に問題となる。

Sakai CLE（以下 Sakai）には Open Source Portfolio（以下 OSP）という e ポートフォリオツール群が内包されており，課題の提出やテストの実施，成績管理といった一般的な LMS の機能と，OSP による e ポートフォリオシステムとしての機能の両方を併せもっている。このことにより，e ポートフォリオを作成する際や学習を振り返る際に，レポートやプレゼン資料などの学習成果物を Sakai の同一プラットフォーム上でシームレスに再利用できるという利点がある。

本節では，OSP による e ポートフォリオの概要とその設計を俯瞰し，Apereo Foundation で次期 e ポートフォリオシステムとして位置づけられ開発が進められている KARUTA について述べる。

● 4-2 OSP

OSP は，ミネソタ大学が開発した e ポートフォリオシステムである UM Electronic Portfolio のソースコードが元になっており，2003 年 1 月にソースコードを OSPI（Open Source Portfolio Initiative）に提供し，オープンソースライセンスの下，開発が進められてきた（Cambridge et al., 2008）。その後，Sakai に統合されたことによりリソースや課題などの Sakai ツール群と連携して e ポートフォリオを作成することが可能になった。OSP ツール群とその機能について表 6-1 に示す。

表 6-1　OSP ツール群の名称と機能

ツール名	機　　能
フォーム	マトリクス，ポートフォリオテンプレート，リソースで利用する入力フォーム（XML スキーマ，XSD）を管理する
マトリクス	表を使って，構造的に学習成果物やリフレクションなどを管理する
用語集	マトリクスのラベルに使用した用語の意味を表示する
ポートフォリオ	Web ページとしてポートフォリオを作成し，編集や共有範囲や公開条件などを管理する
ポートフォリオテンプレート	Web ページとしてポートフォリオを作成するのに必要なテンプレート（XSLT スタイルシート）を管理する
スタイル	マトリクス，ポートフォリオテンプレートで利用するスタイルシート（CSS）を管理する
評価	提出されたマトリクスのセルについてリスト化し，総括的な評価（フィードバック）を管理する

06 eポートフォリオ 129

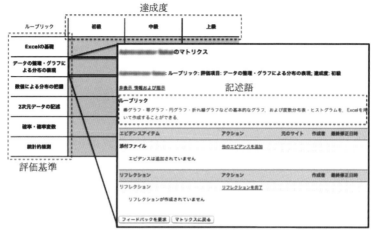

図6-3 マトリックスによるルーブリックの例

[1] マトリクスによるルーブリック評価

　マトリクスは，学生が学習成果物を蓄積し，振り返り，評価するといったeポートフォリオにおける学習ワークフローを学生にガイドすることができる重要かつOSPの代表的なツールである。行と列からなる表の各マス（以下セル）に学生の学習成果物（エビデンス）や振り返り（リフレクション）および評価者によるフィードバックを一組として管理することができる。また，行ラベルにスキルやコンピテンシーなどの評価基準，列ラベルに達成度，各セルにスキルやコンピテンシーの達成度を判断するための記述語を設定することでルーブリックを表すことができる（図6-3）。学生がマトリクスによってルーブリック評価を行うことができるため，学習の到達度を教員のみならず学生自身で把握できるようになるのと同時に学習成果物を構造的に蓄積することが可能となり，学習を振り返るのに役立つ。

[2] ポートフォリオテンプレートによるショーケースポートフォリオ

　ポートフォリオツールを使ってWebページのショーケースポートフォリオを作成することができる。予めポートフォリオのコンテンツや構成，Webデザインなどを設計したテンプレート（XSLTスタイルシート）を作成することで，ショーケースポートフォリオ作成の労力と手間を大幅に軽減することが可能である。例えば，テンプレートによってポートフォリオのコンテンツとしてマトリクスに登録されている学習成果物へのリンクや振り返りのコメントなどを自動的に挿入することがで

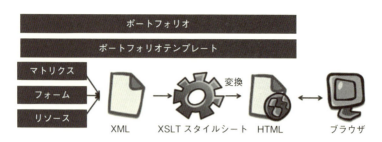

図 6-4　XSLT スタイルシートによる Web ページの作成

き，予め用意した入力フォーム（XSD）に情報を入力させて利用することもできる。ショーケースポートフォリオの出力する仕組みを図 6-4 に示す。コンテンツとして指定されたデータは，いったん XML データとして出力され，それが XSLT スタイルシートにより HTML に変換されることで，Web ページとして表示される。

[3] 構築・運用の課題

　マトリクスは単純にレポートなどを整理する入れ物としても利用することができるが，アウトカムベースの授業設計，カリキュラム設計があってこそその真価が発揮される。つまり，授業やカリキュラムがアウトカムベースで設計されていることがまず求められるため，構築にはインストラクショナルデザイナーのような専門家と協働で取り組むことが望ましい。そのため，OSP による e ポートフォリオシステムの構築をサポートしているアメリカの会社は，アウトカムベースの授業設計のコンサルティングを含めた構築サポートを行っている。また，マトリクスを始めとした OSP の各ツールのセットアップには，XML 及び XML 関連技術（XSD, XSLT, XPath など）によるドキュメンテーションスキルや HTML や CSS, Javascript などの Web デザインスキルが要求される。そのため，実際に OSP を運用する際には IT 部門や企業などによる技術的な協力体制を整えることが必要となるであろう。

● 4-3　KARUTA

　KARUTA は，カナダの名門大学 HEC Montréal（モントリオール商科大学）が開発し，フランスの IUT-2 グルノーブルや京都大学，Three Canoes LLC などが協力して強化を図っているオープンソース e ポートフォリオシステムである[8]。OSP のマトリクスと同様，ルーブリック評価ができ，ポートフォリオの設計が Web ブラウザで行えるなど，OSP における XML などの技術的な課題を解決している。また，

IMS Globalにより策定されたLMSで学習ツールの相互運用性を高めるための規格LTI（Learning Tools Interoperability）がサポートされるため，Sakaiに限らずLTI準拠のLMSから利用することができる[9]。ソフトウェアライセンスにはEducational Community Licenseが採用される予定であり，Sakaiコミュニティだけに限らず広範なコミュニティが参加できるよう準備が進められている。Apereo FoundationにおいてもIncubatorプロジェクトという位置づけて近く正式に立ち上がる予定（2014年3月現在）である。

● 4-4　おわりに

Sakaiのメンテナンスやカンファレンスの開催などのコミュニティ活動は，高等教育におけるOSSを支援しているApereo Foundationによって基金運営されており，将来もコミュニティの運営とソフトウェアのメンテナンスおよび開発について持続可能な体制が取られている。SakaiのeポートフォリオツールであるOSPのマトリクスは，ルーブリックを活用したアウトカムベースの授業およびカリキュラム設計に適用してこそ真価が発揮され，マトリクスなどへの蓄積したデータは，ショーケースポートフォリオへの展開も可能である。しかし，OSPのセットアップなどの技術的な設計に目を向けるとソフトウェアライフサイクルの終盤を迎えてきているとも思われる。今後は，次世代のeポートフォリオシステムとしてKARUTAがApereo Incubatorプロジェクトで開発が進められる予定である。KARUTAのLTI準拠により，それぞれの高等教育機関のLMSとの連携が実現し，より効率的なeポートフォリオ活用が広がることを期待する。

5　創価大学で開発したポートフォリオシステム

望月雅光

● 5-1　概　要

2008年度から試行錯誤を繰り返しながら創価大学独自の電子ポートフォリオシステムを開発してきた（望月他, 2009; 望月他, 2010）。創価大学でポートフォリオを導入する当初の目的は，①特に初年次における目標や課題の明確化と学習の動機づけ

---

8) Portfolios for the Future of Sakai 〈https://confluence.sakaiproject.org/display/OSP/Portfolios+for+the+Future+of+Sakai（2015年8月17日参照）〉
9) IMS Global: Learning Tools Interoperability, IMS Global Learning Consortium〈http://www.imsglobal.org/lti/（2015年8月17日参照）〉

の獲得，②学習・進路の目標に対する達成度の定期的検証と自己認識，③学習内容に対しての理解度向上と自学自習の習慣化，④4年間の行動履歴の蓄積・就職活動などでの活用，⑤蓄積された学生の詳細な情報をIR・教育政策の企画立案に活かす，であった。これらの目的を達成するためには，とくに「高校から大学への移行期」である初年次から学生にポートフォリオを定着させる必要があると考え，1年生の基礎演習において全学的に導入することからはじめた。現在は，キャリア教育，語学教育など，さまざまな分野で利用されている。

● 5-2　システムの概要

本システムは，学生生活ポートフォリオ，キャリアポートフォリオ，学習ポートフォリオ，教職ポートフォリオ（教職履修カルテ）の4つの機能をもつ。なお，教務情報システムから学生の基本情報や科目の履修状況等のデータを同期している。表6-2に，機能の概要を，図6-5に開発した電子ポートフォリオシステムの画面の例をそれぞれ示す。

● 5-3　授業での活用と課外での活用の組み合わせ

システムの利用率を向上させるために，授業と連動させている。学生生活ポートフォリオは初年次教育科目である基礎演習において，キャリアポートフォリオは共

表6-2　ポートフォリオシステムの概要

ポートフォリオの種類	機能	詳細
学生生活ポートフォリオ	目標設定	セメスターの目標設定 1週間生活リズムの計画 4年間計画表
	達成状況と振り返り	1週間の活動記録 1ヶ月の活動記録 セメスターの振り返り
キャリアポートフォリオ	キャリアのための基本情報	サポート登録カード
	進路計画表	内的・外的キャリアシート 進路プランニングシート
	就職活動記録	エントリーシート OB・OG訪問履歴
学習ポートフォリオ	科目ごとのポートフォリオ	
	語学ポートフォリオ	
教職ポートフォリオ	教職履修カルテ	

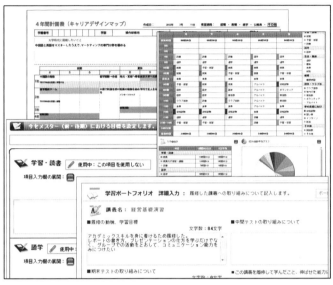

図 6-5　ポートフォリオシステムの画面

通科目のキャリア科目群において，教職履修カルテは教職科目において，活用にするようにしている。次頁の表 6-3 に活用事例を示す。

課外での活用においては，語学ポートフォリオの活用が特徴的である。英語が不得意な学生のグループでの活動，英語が得意な学生のグループでの活動において，顕著な実績を上げている。得点の向上具合を競い合い，入賞者には図書券を贈呈する取組である。過去数セメスターの実勢で，1位入賞者は，TOEIC のスコアが 105 点から 250 点向上している（石川, 2012）。

● 5-4　学習ポートフォリオを普及させるために

紙媒体での学習ポートフォリオの普及と教職履修カルテを活用しながら，全学的な展開を進めている。

[1]　紙媒体での作成

ポートフォリオとは何かを体感的に理解させるために，紙を使った学習ポートフォリオの普及を創価大学の教育・学習支援センターが中心となり進めている。例えば，経営学部では，表 6-3 に示したように PBL を導入した科目であるグループ演習

表6-3 ポートフォリオの授業での活用例

セメスター		ポートフォリオの活用の状況の例	電子化
1年	前期	基礎演習（目標設定とタイムマネージメント） セメスター単位で学習に関する目標設定，振り返り（経済，法，文，経営学部で活用）	○
		共通科目：キャリアデザインと職業（内的外的キャリアシートの作成） 「内的キャリア・外的キャリア」という視点から，進路の選択肢を広げる	○
		共通科目：ワールドビジネスフォーラム 世界を舞台に働くためのキャリアプランのモデルを提供する授業	○
	後期	共通科目：キャリアデザイン基礎（4年間計画表，内的外的キャリアシートの作成） 働くことと学ぶことの関連性を考えて大学生活の計画をたてる	○
		経営学部専門科目：グループ演習A（PBL科目，学習ポートフォリオの導入） グループ単位で自らの学びについてPDCAサイクルをまわす	×
2年	前期	教職課程履修者の学習ポートフォリオの作成（約400名） 履修した科目の目標設定と振り返りを行う	○
		経営学部専門科目：グループ演習B（PBL科目，学習ポートフォリオの導入） グループ単位で自らの学びについてPDCAサイクルをまわす	×
		共通科目：キャリアデザインと職業（内的外的キャリアシートの作成） 「内的キャリア・外的キャリア」という視点から，進路の選択肢を広げる	○
		共通科目：ワールドビジネスフォーラム 世界を舞台に働くためのキャリアプランのモデルを提供する授業	○

A，Bにおいて，自らの学びについてPDCAサイクルをまわす（本取組は，河合塾のアクティブラーニングの調査でも高い評価を得ている）。初年次の段階で学習ポートフォリオを作成した経験があるため，他の授業での活用が容易になっており，電子媒体への移行を徐々に進めている。

[2] 学習ポートフォリオの活用（電子媒体での作成）

2010年度生から4年次必修科目である「教職実践演習」履修の前提条件として，学生が1人当たり20科目前後の基礎科目を履修することが必要になった。これらの科目では学習カルテ（学習ポートフォリオ）作成が必須である。そこで，強制力が働くようにして学習ポートフォリオの作成を義務づけ，学習ポートフォリオから教職履修カルテなどの報告書を自動生成することにした。これにより1学年の約400名が毎年活用することになり，これをきっかけにして，学習ポートフォリオを学内に普及させることを目指している。

● 5-5　システム開発の方式

　本システムは，当時は参考になるシステムが存在しなかったため，実際の運用途中で多くの改変が必要になることが最初からわかっていた。そのため，保守性がよい開発方式を選択する必要があった。そこで，RBX フレームワーク（なうデータ研究所）を用いて開発した。このフレームワークは，開発途中の仕様変更に強く，また，短期間開発に向く（日経コンピュータ, 2012）。この開発環境は，HTML で画面設計を行い，その画面の状態遷移図を作成すれば，システムの主要な部分のソースコードが生成でき，一般にビジネスロジックとよばれるルールを DSP 5.3（なうデータ研究所）（梅田, 2007）を用いて記述すれば，開発が完了する。実際に 100 画面近いシステムについて 6 ヶ月の短期間で開発が完了している。また，運用中のバグの対応も数日で終わることがほとんどであった。しかしながら，RBX フレームワークにも欠点が存在する。それは，RBX が想定していない画面構成を取る場合 JavaScript での対応を行う必要がある。JavaScript で書いた部分は，RBX の特長である保守性の良さが失われる。また，Java ベースのシステムであるが，ルールを訂正する部分が独自仕様のため，その学習に困難を伴う。これは他の言語と異なり，市販の教材が存在しないからである。

　本システムは，このような方式で開発しているため改変することが容易であり，汎用性を担保できていると考えている。他大学が本システム利用したい場合，ルールを変更するだけでよく，技術的には容易である。

● 5-6　まとめ

　創価大学で開発した学生生活，キャリア，学習，教職といった4つのポートフォリオシステムに関して，その開発手法から授業などへの導入と実践の概略を紹介した。入学から就職まで，学生を育てるために e ポートフォリオを活用している。

　より利用率を向上させるために，2013 年度より，科目ごとの目標設定と振り返りの記入に関しては，創価大学独自に開発したポータルサイトの学習支援機能に統合した。これにより，多くの学生が自主的に履修した科目の目標設定と振り返りを始めるようになった。これが学内に学習ポートフォリオを活用する文化を根づかせるきっかけになることを期待しつつ，今後の取組を進める。

6 「学生カルテ」の活用：教職員が連携した中途退学予防の取組

斉藤和郎

　文部科学省は年間10万人ともいわれる大学・高等専門学校の中途退学の実態調査と予防対策の検討に乗り出した。中途退学は非正規雇用と結びついており，国としてその社会的損失を看過できないという背景がある。いっぽう，入学定員の確保に苦しむ地方の私立大学にとって中途退学は，学生数減少に伴う学費収入の損失という深刻な問題と結びついている。「ユニバーサル化」の時代，中途退学者増加の要因として，学生の基礎学力の低下，受動的な学習態度，学習習慣の欠如などが指摘され，偏差値と中途退学率との間には関連性があるともいわれている。さらに，「なぜ大学で学ぶのか？」「将来どうなりたいのか？」という目的や目標があいまいな学生の増加，あるいは「何かに挑戦してみたい」「自分にもできそう」という意欲や自信，自己肯定感に乏しい学生の増加もまた中途退学を誘発する要因と考える。今，大学はその社会的責任として，学生たちに学ぶことの楽しさ，あるいは自ら主体的に学ぶことの意義を見出すきっかけを与え，1人ひとりの成長を支援しなければならない。本節では，札幌学院大学（5学部3研究科の文系私立大学。学生約3,400名，教員約130名，職員約70名）におけるICTを活用した学生支援の取組事例を通じて，学生情報共有ツール「学生カルテ」に関してシステム面と運用面から検討を加える。

● 6-1 「学生カルテ」導入の背景：学生情報のシステマチックな活用

　「学生カルテ」を導入したのは2004年度，今から10年前である。当時，大学全入化時代の到来を控えながら教育システムは学生の質的変化にふさわしい内実を備えておらず，学びに困難を抱える学生が無視できない割合で滞留するなど教育現場には深刻な事態が顕在化しつつあった。そこで，札幌学院大学は3つのキーワードを掲げ，学生1人ひとりの学びと成長を支援することを宣言した。

- エンパワーメント（力能を高める）：学生の個性や多様な活動を評価してキャリア形成を支援し，学生にでき得る限りの力をつけて卒業・就職させる。
- サポート（学びを支援する）：そのために教職員が連携して組織的なサポート態勢を確立する。
- エンカレッジメント（勇気づける）：学生が自らの力で伸びていく多様な仕掛けを工夫し，学生の自主性や熱意を評価し，奨励する。

つまり，教職員が連携し，学生1人ひとりの視点に立った個別支援に取り組むことを目指したのである。これを推進する上で，学生情報のシステマチックな活用が必要不可欠と考えた。それは，学生情報を中心に教職員と組織が連携し，それぞれの専門性を発揮した個別支援を展開する活動である。情報の共有と活用を促す「学生カルテ」を導入し，個々の学生の人間的魅力を発見し，正課教育や正課外活動，学生生活全般をとおして総合的な人間力を「育む（はぐくむ）」営みである。そこで，札幌学院大学ではこの情報共有ツールを「学生カルテ」とは呼ばず，学生指導シート「はぐくみ」と呼んでいる。

● 6-2　情報共有の基盤：学生情報を一元管理する基幹データベースの構築

学生指導シート「はぐくみ」を利用して教員は研究室から，職員は事務室から，そのアクセス権限に従って個々の学生の状況を把握する。これらの情報は基幹データベース「学生基本情報」の最新情報が常に反映されている。

札幌学院大学では「はぐくみ」の導入に先立ち，この基幹的なデータベースを構築した。当時，事務局内には複数の業務処理システムが林立し，学生情報が分散管理されていた。これを改め，統合的なパッケージ・システム（入試課，教務課，学生課，就職課，エクステンションセンター，同窓会）を導入して学生情報を一元管理し，情報共有の基盤を整えたのである。

パッケージ・システム導入のもう1つの目的は，そこに組み込まれた優れた業務プロセスを利用して業務改善を図り，職員の業務スタイルを従来のデータ処理から情報活用に変革することにあった。これによって，職員が学生情報を中心に教員と連携し，学生の学びと成長に関与する条件を整えようとしたのである。

● 6-3　1人ひとりの学生の状況を把握する上で有用な情報とは？

「はぐくみ」で閲覧できる情報は，基幹データベース上の定型データだけではない。学生が直面する状況や課題を把握するための情報も取り込んでいる。例えば，学生の内面を知る，問題の予兆を発見する，学修状況を時系列的に把握する，指導履歴を共有するなどの観点から必要な情報を収集している。

[1] 学生の内面的な状態を知る（行動特性診断や意識調査の結果）

キャリア支援サービス会社が提供するコンピテンシー診断の結果（性格の傾向，社会的強み，職業興味や進路成熟度）を閲覧できる。また，入学後半年経過後の意識調

査や 2 年次の学修行動調査の結果を閲覧できる．

[2] **問題を抱える学生の予兆を発見する**（授業への出席状況）
　授業欠席は，学習意欲の喪失や学業への不適合，成績不振との関連性が高いとされる．そこで，学生証カードリーダーを使い，あるいは e ラーニングシステムを通じて授業出席情報を収集している．

[3] **学生指導の内容を記録し，他者と共有する**（コミュニケーション記録）
　教職員が学生指導の内容を自由記述で記録する（参考ファイルの添付も可能）．これを他者と共有した場合，共有先の教職員に新着情報として通知される．学年進行でクラス担任が変更する場合，あるいは人事異動で担当職員が変更する場合，記録は継承され，指導の継続性を担保する．

● **6-4　休退学者を減らすための取組例：集団指導体制**

　札幌学院大学では，クラス担任制度を置き，教員が日常的に学生指導にあたっている．教務課の職員は単位修得や授業出席の状況に応じて窓口で指導を行い，キャリア支援課の職員は個別面談を通じて学生の就職活動を支援している．しかし，これらの役割分担だけでは多様化する問題に十分に対応できないケースがあり，教職員が相互に連携し，それぞれの立場から知恵を出し合い，試行的な支援に取り組む場面も増えている（例えば，発達障害の学生に対する学習支援など）．そこで，各学部・学科は休退学者を減らすための措置として，担任，専門科目担当教員，事務局（教務課，学習支援室など）が把握した学生の状況を「はぐくみ」で共有し，各担当者が連携した学生対応に取り組むことを年間事業計画に掲げている．以下に，社会情報学部における取組を紹介する．

　同学部では専門科目を担当する教員全員で修学相談チームを形成し，「集団指導体制」のもとで学生指導に取り組んでいる．学生に対しては，クラス担任以外であってもチームの教員に相談できることを告知している．この「集団指導体制」は，クラス担任が 1 人で問題を抱え込んでしまうリスクを回避する，教員と学生との相性の問題を回避する，あるいは教員がそれぞれの立場から多面的に関与することで指導の質を高めることを狙いとしている．修学相談チーム全員にクラス担任レベルの「はぐくみ」のアクセス権限を与え，教務課窓口での指導内容を含めて「コミュニケーション記録」を相互に共有している．こういった組織的な取組によって状況が

改善した事例が複数確認されている。例えば、初年次科目の出席状況を把握し、不登校から休退学につながる学生の予兆を早期に発見して面談指導にあたった例では、5月の連休明けにクラス担任と教務委員、学部長と教務課職員が「はぐくみ」を通じて連携し、欠席傾向にある学生との個人面談を集中的に展開した。その結果、欠席の多い13名の新入生のうち8名を回復させる成果を得た。

● 6-5　組織的な情報活用を実質化するために：教職協働の文化形成

　こういった取組に関与した教員にインタビューを行ったところ、その成功体験を通じて「情報共有の意義を体感した」「教職協業に関する意識が向上した」「学生指導のモチベーションが向上した」「組織として学生支援のノウハウを獲得した」などの感想をもったようである。組織的な学生支援に取り組む過程で教職員にこのような意識の変化が生まれれば、教職協働による新たな組織文化の醸成につながるであろう。

　単に情報共有ツールを導入しただけでは真の学生支援は実現しない。教職協働の組織文化を形成し、全ての教職員が情報の価値を理解して実際の行動に結びつける状態をいかに創り出すか。これが重要な課題である。支援活動の実践を通じてその醸成を待つ。それだけではなく、機関としての働きかけも求められる。札幌学院大学では、教職員の知識や経験を交流し、さらなる学生支援力の向上を目指すとともに、新たな気づきの中から学生支援に関する課題を共有することを目的とした対話の場を用意している。

　2012年度には中退予防策を考える教職員フォーラムを2度開催し、札幌学院大学の休退学・除籍者の現状とその対策を議論した。第1回目は、教務課職員チームが取りまとめた「消極的休退学を予防するための今後の検討の方向について」という提言にもとづき、「では、私たちは今、何をすべきか？」というテーマで意見交換を行った。第2回目は、社会情報学部の「集団指導体制」の取組について、「このネットワーク（安全網）から外れた学生、あるいは入ってこない学生にどう対応するか？」などの問題提起を踏まえて意見交換を行った。

　参加者からは「教職員が学生情報を共有して連携することで他者の視点から新たな可能性が見えることもあり効果的である。ただし、これを組織的に展開するには教職員間で課題認識を共有することが求められる」「ふだんは教職員が学生支援について意見を話し合う機会がない。今回、互いの悩みや課題、それぞれの取組などを知り、共有できたことがよかった」などの感想が寄せられた。こういった「場」

を継続的に用意することは，教職員間でビジョンや課題認識を共有することを促し，教職員1人ひとりの意識や行動原則を変化させる上で重要な意義をもつと考える．

● 6-6　個人情報保護対策：学生の人権とプライバシーを護るために

2004年度，「はぐくみ」の運用開始にあたり，情報セキュリティに関する全学的な基本方針を定めて厳格な個人情報保護対策を講じた．その基本的な考え方は「個人情報を最大活用するために徹底的に保護する」というものである．

例えば，アクセス権限の設定は，利用部局からの要望に対して情報セキュリティ委員会がリスク評価を行い学長が決定する．このルートを備えた理由は，「はぐくみ」が部局を越えた情報活用方略であり，権限設定を各データ所管部署に委ねることは適切ではないことによる．なお，アクセス権限は次の2つの観点からきめ細かく制御する方式を採用している．

> ● 閲覧可能な学生の範囲（どの学生にアクセスできるか？）：各教職員に「指導者属性」（例えば，クラス担任，クラブ顧問，教務課職員など）を与え，これを媒介に学生と関連づける．
> ● 閲覧可能な情報の種類（どの情報にアクセスできるか？）：学生情報をいくつかのカテゴリ（例えば，成績情報（単位修得状況，GPA）や就職情報（就職希望，活動，内定）など）に分類し，これを「指導者属性」と関連づける．

なお，「コミュニケーション記録」（学生との面談記録）は自由記述データであり，個人の主観的な評価，価値観が表れやすいものである．しかしながら，この情報は個人情報保護法における保有個人データに該当するため，学生本人からの開示請求に対応しなければならない．そこで，適切な記述のためのガイドラインを制定し，「事実にもとづく指導者としての対応を客観的に記録しなければならない」「他の教職員と連携した指導を実施するための情報共有であることを常に意識しなければならない」という考え方を徹底している．

● 6-7　まとめ

本節では，「学生カルテ」を中途退学予防策のための情報共有ツールと位置づけ，その取組を紹介した．個々の学生が抱える多様な問題を教職員が共有し，多面的な観点からこれに向き合い，連携・協力しながら1人ひとりの学生に適合した支援策

を講じる。このようなていねいな取組を通じていくつかの成功事例が得られている。一方，今後の展開として，これらのケースを個別の事象として限定的に捉えるのではなく，その内容を評価・分析，分類・統合し，そこから組織的な課題を明らかにすることが重要と考える。つまり，学生支援に関する成功事例や失敗事例を踏まえ，これを新たな知や行動に結びつけるアプローチである。学部によっては，授業への出欠席パターンに応じた効果的な支援方略など，組織的な戦略モデルの創出に着手している。

　最後に，システム面での改善課題を示す。それは，「学修ポートフォリオ」としての機能強化である。本節の冒頭で，エンパワーメント，サポート，エンカレッジメントというキーワードを提示して「はぐくみ」導入の背景を述べた。しかしながら，現状の利用は，豊かな人間性を「はぐくむ」というよりも，ドロップアウト対策が中心である。今後の課題として，教員と職員が一体となって学生が早期に自らの将来目標を見いだすことを支援し，その実現へ向けた学修計画を共に考え，到達度を評価しながらタイムリーな助言を与える。このような学生支援を技術的に支えるツールとして「はぐくみ」の機能強化を図っていかなければならないと考える。

7　職業人研修におけるeポートフォリオ：ITSSスキル診断を例として

戸田博人

　企業におけるICTを活用したポートフォリオ（eポートフォリオ）について概観してみると，高等教育機関での活用方法とは異なった面がみえてくる。企業内で行われる職業人研修の主たる目的は，従業員のスキルアップにより企業活動の成果を発揮することであろう。職業人研修では，職場を離れて行われるOFF-JTに限らず，実業務を通じての学習である職場内のOJTも含めて学習活動が計画される。これらの学習活動による従業員のスキルアップ計画策定のためにeポートフォリオを活用することになる。このため，職業人研修におけるeポートフォリオは，学習ポートフォリオとしての活用よりも保有スキルのアセスメント結果を表すショーケースとしての活用が主流になっている。職業人についてはメタ認知的方略は学部教育などにおいてすでに習得できているという前提で考えられているのが一般的である。eポートフォリオを使って学習プロセスや成長度合いを把握し，適切なアドバイジングを行うというよりも従業員個人のキャリア開発のために活用するケースが多くなっている。また，組織が保有しているスキルを見える化するための組織スキルのショーケースとしてeポートフォリオの利用もみられる。

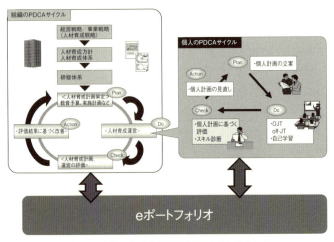

図 6-6　企業における人材育成の PDCA サイクル

　本節では，職業人研修における e ポートフォリオ活用という観点から，個人のキャリア開発に向けた e ポートフォリオ活用と，組織のスキル把握の一環としての e ポートフォリオ活用の両面で利用されている事例として，ITSS[10] スキル診断の例を紹介する。

● 7-1　職業人研修の位置づけ

　企業における人材育成の全体像は，図 6-6 に示されるように，企業の経営戦略・事業戦略を実行できる人材の育成に向けた人材育成戦略が存在し，この人材育成戦略に従って人材育成方針・人材育成体系を構築した上で全社レベルの人材育成を推進していく構造となっている。組織における人材育成プロセスでは，人材育成計画の策定（Plan），策定した人材育成計画の実行段階（Do），実行された人材育成計画の評価（Check），評価結果に基づいた改善計画の策定（Action）の PDCA サイクルを回して行くことになる。また，個々の従業員についても同様に，個人のキャリア計画立案（Plan），OJT，Off-JT などの実施（Do），実施結果の評価（Check），個人のスキルアップ計画の見直し（Action）の PDCA サイクルを回すことになる。このように，企業における人材育成サイクルは 2 重のループ構造をもっていることが考

10）ITSS（IT Skill Standard）各種 IT 関連サービスの提供に必要とされる能力を明確化・体系化した指標。

えられる。これらの人材育成 PDCA サイクルの中で e ポートフォリオを活用していく事になる。

● 7-2　個人のキャリア開発としての e ポートフォリオ

職業人研修で個人のキャリア開発として利用される e ポートフォリオについては利用している個々の企業において個別の運用をされているのが一般的である。具体的な事例として，富士通ラーニングメディアで実施している ITSS スキル診断の例を基に従業員のキャリア開発のためのショーケースとしての e ポートフォリオを紹介する。図 6-7 に示されるのは，スキル診断システムによって出力される診断結果の例である。本診断リストは，IT スキルに関する自己評価，他社（上司）評価ならびに診断テスト受診による評価結果，本人の過去の担当職務情報と診断データベース情報を参考に出力されている。継続的に診断を行うことにより，スキル保有状況の経年変化，同一職種における全国平均との比較評価，診断分野の得意スキル・苦手スキルの分析結果が出力される。あわせて，スキルアップに向けて推奨される OFF-JT の講座などの受講アドバイスも記載されたものになっている。これらの診断結果を基に，職場において上司とスキルアップ計画の見直しを行い，翌年度のスキルアップ計画を立てることになる。ITSS のようにスキルレベルが明確に規定されている分野については，個々の従業員スキルを明確にし，ショーケースとしての e ポートフォリオを活用した人材育成計画を立てることが可能である。

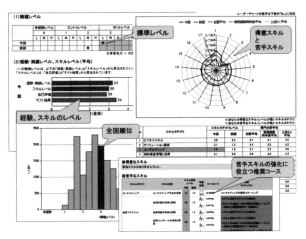

図 6-7　個人スキルのポートフォリオ

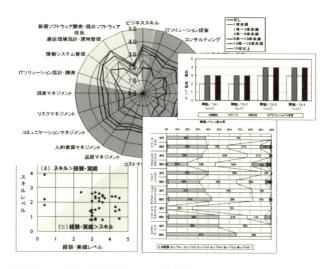

図6-8 組織スキルの分析チャート（資料提供：株式会社ラーニングメディア）

● 7-3 組織スキルのショーケースとしてのeポートフォリオ

前項で述べた個人のスキル診断結果を組織単位にまとめて組織の保有スキルとして表したものが，図6-8に示す組織スキルのショーケースとしてのeポートフォリオである。情報としては，組織内の階層別のスキル保有状況，スキル保有と実践経験の分布状況，他社のスキル保有状況との比較データなどが表示される。この結果を基に，全社の経営戦略・事業戦略と照らし合わせた上で，育成強化分野を特定し，組織としての人材育成戦略を策定し，個人のスキルアップ計画と連携することになる。

● 7-4 まとめ

職業人研修という視点で考えた場合，個々の企業戦略や事業ドメインにより，人材育成の評価基準は異なる。また，学習プロセスの評価より，学習した結果，どのようなスキルを保有できているかに重点がおかれることになる。今回のITSSスキル診断の事例のように，指標が明確化・体系化されていれば，組織・個人の保有スキルのショーケースとしてeポートフォリオシステムの活用は可能である。しかし，急激な社会環境の変化にさらされている企業で必要とされるスキルは日々変化しており，個々の企業固有のスキル基準を明確化し，人材育成戦略に活用することは容易ではない。更には，企業内のキャリア形成にとどまらず，企業をまたがった

キャリア形成のためのeポートフォリオシステムと考えるとまだまだ課題は多くある。高等教育機関のeポートフォリオシステムと連携した企業のeポートフォリオシステム構築はこれからである。

8 ビッグデータとしてのeポートフォリオ

佐伯　敦・島田昌紘

本節では，データ活用の視点でeポートフォリオとしてのあるべき姿を考えていく。富士通が提供している授業支援システムのもつ学習特徴チャート，学生支援・カルテシステムの事例を紹介し，データ活用の効果と今後の可能性を考察する。

● 8-1　背　景

グローバル化や少子化をはじめとするさまざまな社会環境の変化に伴い，大学における人材育成ニーズが高まっている状況にある。「生涯学び続け，どんな環境においても"答えのない問題"に最善解を導くことができる能力」を育成することが，大学教育の直面する大きな目標とされており，主体的に学び，考え，行動することができるグローバル人材の育成が期待されている（文部科学省, 2012）。一方で，大学のユニバーサル化により，多様化した入試によって入口の質保証機能は低下しており，学力差のある多様な学生への対応が課題となっている。データでは，近年の大学退学者は8人に1人とも言われており，学習意欲の減退も大きな課題の1つである（日本中退予防研究所, 2010）。こうした課題認識の中，大学側がいかに支援体制を組み，学生個々に適切な支援を実現していくか，学生支援の充実が求められていると言える。

● 8-2　データ活用の方針

富士通では，今後のICTの目指すこととして人間中心に「人の行動」と「知の創造」を支援するヒューマン・セントリックであると考え，さらに教育分野においてはスチューデント・セントリックでキャンパスライフを創造することをコンセプトとして掲げている。

こうした社会課題やコンセプトを背景に，次に挙げるような目的を実現するにはシステムのもつデータの分析・活用が必要であると考え，機能検討を行うこととした。

- 教職員が問題を抱える学生を早期把握するため
- 多様な学生に対しての支援を効率的かつ円滑に行うため
- 学生自身が問題に気づき，コミュニケーションを取れるようになるため
- 学生支援の効果を見える化してPDCAを回すため

生きたデータによるリアルタイム性ある学生支援の実現は，教育の質向上にも貢献できるものとして，ソリューション提供に取り組んでいる。

● 8-3　事例1：学習履修データの可視化と分析

大学の授業運営に即した機能をもつ授業支援システムに蓄積されている学習履歴データ（ログ）に着目し，学生の学習行動を可視化する機能「学習特徴チャート」を開発・提供している。多様な学生に対して，学習状況に応じた支援を実現することを目的とした機能である。

学習意欲を高め，学習理解につながる学習行動を分析し，積極性・継続性・計画性の3つの指標で学生個人の1つの講義での行動をレーダーチャートで表現している。データ分析・機能開発にあたっては，横浜国立大学との共同研究により，他大学を含む合計3,412講義の学習履歴データを利用し，学習行動と成績に有意な相関

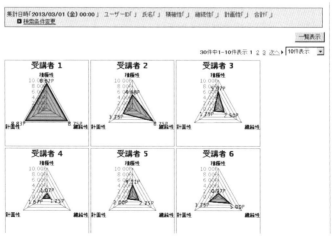

図6-9　学習特徴チャート教員画面

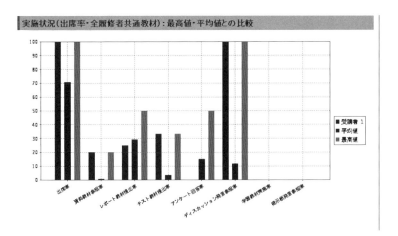

図 6-10　最高値・平均値の比較画面

をもつ 60 種類の行動を抽出してポイント化している。具体的な学習履歴データとは，教材参照，課題提出，ディスカッション発言，アンケート回答，授業出欠席などの行動が挙げられる。

本機能による効果としては，図 6-9 のようなレーダーチャートの形状や面積から学生個々の学習行動特徴を把握することができ，学習意欲の減退により履修を中断する可能性の高い学生を早期に発見することが可能となる。また，学習履歴データに基づいて学生個人の行動特徴をレポーティングする機能により，適切な指導に役立てることも可能になっている。さらに，クラストップ・平均・個人の学習状況データを比較したグラフを提示する機能により，学生自身が振り返り，取組を見直すきっかけを与えることにも貢献している（図 6-10）。

教員からは，期の中間での学生面談から学習特徴チャートと学生の特徴との一致を確認できているとの評価を得ており，本機能活用への意欲とともに学習行動分析への関心・ニーズが高まっていることが感じられる。

● 8-4　事例 2：カルテシステムによる学生支援

もう 1 つの事例として，学生支援・カルテシステムの事例を紹介する。学生の人材育成には，人間力や社会人基礎力など学力のみによらない指標も多く，学内外のさまざまな活動を元にしたポートフォリオの構築やデータ分析の需要が生まれている。学内に分散されている学生に関する情報を集約・共有し，学生個々に応じた支

図6-11　カルテシステムによる学生支援

援を実現するためのソリューションを開発・提供している。多様な学生との対面でのコミュニケーションに必要な各種情報を教職員に提供することにより学生支援の充実を目指したものである（図6-11）。

学生の基本情報，成績・履修情報に加え，ボランティアやサークルなどの課外活動，資格情報，奨学金情報，就職情報などさまざまな情報を集約し，各種グラフを用いて可視化を実現している。集約したデータに対する多角的な検索により，問題を抱える学生を早期に発見し適切な支援を行うことが可能となる。更に，学生の指導履歴の蓄積・共有を可能にすることで，学生支援の継続的な質の向上を促し，学生に寄り添った充実した支援や学生の個性を伸ばすことにも貢献している。学生からは，システムの活用を通して教員の存在が身近になったとの声もあり，学生と教員間のコミュニケーション活性化の効果も得られている。

● 8-5　まとめと今後の展開

取組事例からみえてきたeポートフォリオの有効性と今後の可能性についてまとめる。

データを活用した学生支援に関して，利用者の声からも一定の成果がみられることから，データ蓄積とあわせて利活用のための分析・可視化の必要性が考えられる。eポートフォリオでは，リフレクションとショーケースの側面があるといわれるが，蓄積したデータをどう活用するかの視点が重要である（Barrett, 2012）。

学生自身の振り返り機能の強化では，動機づけのためのツールとしてアドバイ

スや学習行動分析の結果説明を加えていくことが考えられる。教職員向けとしては，学習以外の側面で問題のある学生を見つけ支援できるようにするための機能や支援記録とその後の行動から次の分析に自動反映する機能など，継続的な学生支援を実現することが今後求められるであろう。

　eポートフォリオにおいては，データ蓄積➡活用➡活用結果の蓄積➡さらなる活用，と果てしなくかつ限りなくデータ活用が継続・発展することになる。さらなる可能性を感じつつ，ICTを活用したスチューデント・セントリックなキャンパスライフの創造に向けて，現場の教職員・学生の声を常に反映した価値あるeポートフォリオの実現を目指していきたい。

【引用・参考文献】
第2節
鈴木克明・根本淳子（2012）．大学教育ICT利用サンドイッチモデルの提案―ポートフォリオは応用課題に，LMSは基礎知識　日本教育工学会第28回全国大会発表論文集，969-970
中央教育審議会（2012）．新たな未来を築くための大学教育の質的転換に向けて（答申）用語集，文部科学省〈http://www.mext.go.jp/b_menu/shingi/chukyo/chukyo0/toushin/1325047.htm（2015年8月17日参照）〉
Barrett, H.（2012）. Balancing the two faces of ePortfolios. Hirtz, S., & Kelly, K.（eds.）, *Education for a digital world 2.0: Innovations in education*. vol.2. pp.291-307. Web版〈http://openschool.bc.ca/info/edu/7540006133_2.pdf（2015年8月17日参照）〉
Barrett, H（n.d.）. ePortfolios with GoogleApps. Google Siteを使ってeポートフォリオを作成することに焦点を当てたWebページ〈https://sites.google.com/site/eportfolioapps/（2015年8月17日参照）〉
EPAC（2013）. ePortfolio-related tools and technologies（Updated 7/25/2013）.〈http://epac.pbworks.com/w/page/12559686/Evolving%20List%C2%A0of%C2%A0ePortfolio-related%C2%A0Tools（現在は，List updated 9/17/2014）〉
Smith, J.（2014）. Introduction to the open source portfolio. Sakai Conference, July 8-10, 48-49. Web版〈http://www.slideshare.net/knoopwww/new-to-sakai#（2015年8月17日参照）〉
Zubizarreta, J.（2009）. *The learning portfolio :Reflective practice for improving students learning*. 2nd Edition. San Francisco, CA: Jossey-bass, p.25.

第4節
Cambridge, D., Fernandez, L., Kahn, S., Kirkpatrick, J., & Smith, J.（2008）. The

impact of the open source portfolio on learning and assessment. *MERLOT Journal of Online Learning and Teaching,* **4**(4).〈http://jolt.merlot.org/vol4no4/cambridge_1208.pdf（2015 年 8 月 17 日参照）〉

第 5 節
望月雅光・高木正則・勅使河原可海（2009）．学生生活を記録する電子ポートフォリオシステムの設計　創価経営論集, 33(1), 73-82.
望月雅光・高木正則・勅使河原可海（2010）．学生ポートフォリオ S-Link の試行運用の結果を踏まえたシステムの再設計について　創価経営論集, **34**, 69-76.
石川由紀子（2012）．語学ポートフォリオを活用した英語自主学習支援の取組報告　創価大学学士課程教育機構研究誌, **1**, 153-163
日経コンピュータ（2012）．「超高速開発」が日本を救う, 日経BP 社, 28-45
梅田政信（2007）．業務システムのための知識ベースシステムアーキテクチャに関する研究　九州工業大学博士学位論文

第 7 節
青木久美子（2012）．e ポートフォリオを活用した教育実践の可能性, 放送大学ICT 活用・遠隔教育センター〈http://mdsite.f-leccs.jp/Mediasite/SilverlightPlayer/Default.aspx?peid=e7613076142740f3a112747e85f35284（2015 年 8 月 17 日参照）〉
小川賀代・小村道昭［編］（2012）．大学力を高めるe ポートフォリオ　エビデンスに基づく教育の質保証に向けて　東京電機大学出版局

第 8 節
中央教育審議会（2012）．予測困難な時代において生涯学び続け，主体的に考える力を育成する大学へ（審議まとめ), 文部科学省〈http://www.mext.go.jp/b_menu/shingi/chukyo/chukyo4/houkoku/1319183.htm（2015 年 8 月 17 日参照）〉
日本中退予防研究所（2010）．中退白書 2010―高等教育機関からの中退　NEWVERY
Barrett, H.（2012）．Balancing the two faces of ePortfolios. Hirtz, S., & Kelly, K.（eds.）, *Education for a digital world 2.0: Innovations in education.* vol.2. pp.291-307. 日本語版Web ページ〈http://electronicportfolios.org/balance/BTEFe-Japanese/Slide1.jpg（2015 年 8 月 17 日参照）〉

第2部
学習支援

07 入学前教育

石田雪也・湯川治敏・森川　修・大河内佳浩

1 本章の概説

石田雪也

　少子化に伴う大学のユニバーサル化やゆとり教育，入試方法の多様化などが大学入学者の多様化を促進させ，大学における専門教育の前提となる基礎的学力の低下や不均衡が大きな課題の1つとなっている。この状況に対し，さまざまな高等機関では入学前教育が行われている。入学前教育では，推薦・AO入試の合格者に対しては約4ヶ月，一般入試の合格者に対しても約1ヶ月の間に定期的な学習を行わせ学習習慣を維持させることで，入学後の授業にスムーズに入れることを目的としているケースが多い。また，入学前教育の実施方法においては，合格者を大学などに集めてのスクーリング，問題集などを配布し課題をこなすケースなどもあるが，近年では，eラーニングなどのICTを活用した事例が増えつつある。

　そこで本章では，4大学でのICTを活用した入学前教育の事例を紹介する。愛知大学では日本語，英語，数学をeラーニングを用いて入学前教育を実施しており，入学前教育の課題の内容および実施結果，入学前教育学習者の学習状況と入学後のGPAの関係について紹介する。

　鳥取大学では，AO入試および推薦入試合格者に対して，eラーニングを活用した入学前教育を日本語，英語，数学，理科で実施している。学生のモチベーションを高めるための工夫点（プレースメントテスト，教職員によるチューター制度）について紹介する。

　千歳科学技術大学の事例では，同じく推薦・AO入試合格者に対して，約4ヶ月間eラーニングを用いた入学前教育を実施している。入学前教育の効果について，数学の入学後と前期終了時のテストの相関，入学後の成績の伸びについて紹介する。

2　eラーニングを利用した入学前教育の実践

湯川治敏

● 2-1　はじめに

愛知大学地域政策学部は 2011 年度に新たに設置された学部である。設置当初から初年次科目におけるリメディアル教育および基礎教育を充実させると共に，一般的な学力試験を課さずに入学する推薦入試合格者に対し，eラーニングによる入学前教育を実施してきた。本節ではこれまでの実施内容および実施状況，実施状況と入学後の成績との関係，今後の課題などについて紹介する。

● 2-2　入学前教育の目的

入学時における学力不均衡の解消は明確な目的の1つではあるが，それ以前に推薦入試合格者に対しては，合格から大学入学までの約4ヶ月間，どのように学習意欲や学習習慣を継続させていくかが大学入学後の学習を円滑に進められるかどうかの鍵であると考えられる。そこで入学前教育の目的としてはリメディアル教育的な要素はもちろんのこと，学習習慣を身につけさせることも重要な目的の1つとして挙げられる。

● 2-3　入学前教育としてのeラーニングの実施詳細

地域政策学部開設以前も経済学部において同様の入学前教育eラーニングを実施しており，その延長として地域政策学部でも第1期生の推薦入試合格者から入学前教育を開始している。また，3年目からは大学間連携共同教育推進事業の一環としてその取組を継続している。以下に詳細を述べる。

[1]　実施対象及びスケジュールについて

推薦入試合格者を対象とするが，合格者のうち併願志望者は任意実施とした。推薦入試合格者に対するガイダンスを1月の第1週あるいは第2週の週末に実施し，実施方法や注意事項などについて説明した。実施期間はこのガイダンスから3月上旬までの約2ヶ月間としている。また「まとめ実施」を防ぐために，実施期間全体を3つのセッションに別け，セッション開始ごとに新たな課題を提示していった。

[2]　利用システムについて

第1期生に対しては千歳科学技術大学が開発した CIST-Solomon を利用させてい

表7-1 入学前教育eラーニングにおける各科目の実施内容

科 目	実施内容
日本語	漢字読み,漢字書き,四字熟語,語義,成句・ことわざ,文法・敬語,短文読解
英語	動詞の種類,文の種類,動詞の活用と自他動詞,英語の時制,進行形,完了形,助動詞,受動態と能動態,代名詞,その他の代名詞,形容詞とその用法
数学	(中学1年)正の数・負の数,文字と式,方程式,比例と反比例,(中学2年)式の計算,連立方程式,1次関数,確率,(中学3年)式の計算,平方根,2次方程式,2乗に比例する関数,(高校1年)方程式と不等式,2次関数,場合の数,確率

ただいたが,第3期生からは8大学による大学間連携共同教育推進事業が運営するクラウド上のSolomonを利用している。Solomonでは管理者権限が付与されており受講生のアカウント作成,利用するコンテンツの選定やコース設定,学習状況管理などが可能となっており,自学自習用の教材も利用可能となっている。

[3] eラーニングコンテンツと実施内容について

　入学前教育の対象科目としては日本語,英語,数学としている。表7-1に各科目における実施内容を示す。

　日本語コンテンツは地域政策学部に所属する日本語教員がリメディアルおよび基礎教育用に作成し,千歳科学技術大学との共同研究としてeラーニングのコンテンツ化を行った教材である。表中に示した7分野それぞれについて難易度順に10レベル,各レベルで20問,合計1400問の演習問題を作成した。また,わかりにくい問題にはヒントの表示機能を加えるなどの工夫もされている。10レベルのうち1～3レベルは高校卒業程度で理解しておくべき内容となっているため,入学前教育においてはこの範囲の演習問題を実施させた。

　英語のコンテンツについても地域政策学部に所属する英語教員が中学,高校における英文法の復習教材として作成し,日本語教材と同様,千歳科学技術大学との共同研究としてコンテンツ化を行った教材である。また,英語については得意,不得意が分かれると考えられるため,全分野において初級,中級を設定し,学習者自らがどちらかを選択して実施させた。ただし,両レベルを実施することも可としている。

　数学については千歳科学技術大学が作成したコンテンツをそのまま利用した。地域政策学部は人文社会学系であるため,特に数学に関して苦手意識をもつ学生が多いことは事実である。特に推薦入試によって入学する学生はその傾向が強いと考えられる。そこで数学に関しては中学1年から高校1年までの範囲のうち,特に必

表7-2 入学前教育eラーニングの実施結果

課題達成率	日本語	数学	英語
95%以上	67.7%	56.9%	63.1%
80-95%未満	12.3%	10.8%	4.6%
20-80%未満	9.2%	13.8%	10.8%
20%未満	10.8%	18.5%	21.5%

要と思われる項目を選定した。なお，千歳科学技術大学にて開発された数学のコンテンツには随所にヒントや関連するオンラインテキストへのリンクが配置されており，単に演習問題を解くだけでなく，不明な点があれば自ら学べる仕組みとなっていることは受講生にとっては非常に有益である。

[4] 実施結果について

表7-2に2013年度における任意実施の併願者を除いたeラーニングの実施結果を示す。

表7-2に示すように約6割の学生はほぼ全ての課題を実施しているのに対し，2割程度の学生はほとんど実施していないことを示している。実施状況が思わしくない学生に対しては期間中数回にわたり実施を促す連絡をしたが，強い強制力が働かないためか，反応を返さず，最後まで実施しない学生もいる。対策としては携帯メールなど確実な連絡路を確保することが重要であると考えられる。また，図7-1に

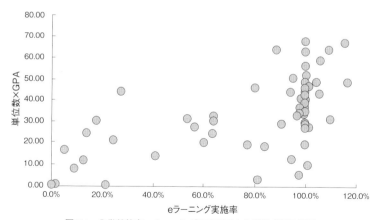

図7-1 入学前教育eラーニングの実施率と入学後成績の関係

はeラーニング実施率と1年次春学期の取得単位数×GPAの関係を示した。実施率が高いほど入学後の成績が高い傾向にあるが，実施率が高くてもそれほど成績がよくない学生も存在する。しかし，実施率が低い者には成績不振者が多い傾向にあり，この傾向は過去2年間においても同様の傾向を示している。入学前教育は入学時における学力の均一化を図る目的ではあるが，この情報により入学後の学習のつまずきをあらかじめ予測できるとすれば本来の目的と共に，どの学生に注意を払いながら学習を進めさせるかという非常に有益な情報が得られると考えられる。

● 2-4 まとめ

愛知大学地域政策学部における入学前教育について述べたが，従来の学力均一化のためのリメディアル教育という観点だけではなく，学生の取り組む姿勢から入学後のつまずきの予測にまで利用できる可能性があることが示唆された。しかし，なぜ実施しなかったのか，できなかったのかについてはアンケートのみでの集計にとどまっているため，今後はより深く聞き取り調査などを行い，その原因究明と対策を講じる必要があると考えられる。

3 学力試験を課さない入試区分合格者に対するeラーニングを活用した入学前教育：鳥取大学の事例

森川　修

● 3-1 はじめに

鳥取大学では2004年度入試から地域学部，工学部，農学部の3学部でAO入試を導入した。それを機に学力試験を課さない入試区分であるAO入試と推薦入学Ⅰ（2010年度入試より推薦入試Ⅰと名称変更）の合格者に対して，入学前教育をアドミッションセンター（2009年6月より入学センターに改組）が中心となって開始した（森川・山田・小山・清水, 2014）。

入学前教育を実施する目的の1つに，大学入学までの間に合格者が学習をする習慣を失わせないことである。鳥取大学のAO入試は合格発表が10月下旬で，入学までの期間が5カ月と非常に長く，また，推薦入学Ⅰ合格者も11月下旬に合格が決定するため，4カ月のブランクが生じる。合格者は，大学に合格すると入学までの期間に高校の授業があっても，学習に対する意欲は低下してしまう。さらに，この期間に勉強をしなければ，基礎学力まで低下するであろう。

それに対して，鳥取大学はAO入試と推薦入学Ⅰ以外の入試区分に学力試験とし

て大学入試センター試験を課している。その入試区分の受験生は，1月中旬までは真剣に勉強している。特に後期入試であれば，試験日が3月中旬のため，彼らと学力試験を課さない入試区分合格者との間には，基礎学力との維持とともに学習習慣の継続にも大きな差ができる懸念がある。

そこで，この合格から入学までの期間を利用し，学習習慣の継続を目的として鳥取大学で2008年度のAO入試・推薦入学I合格者から行ってきたeラーニングを活用した入学前教育の実施例を紹介する。

● 3-2　eラーニング導入以前の入学前教育

鳥取大学の入学前教育は，2007年入試以前のAO入試・推薦入学I合格者に対して，入学前教育合宿イベントと通信教育の2つの内容で実施していた。

入学前教育合宿イベントは，AO入試合格者が11月中旬，推薦入学I合格者が12月上旬とそれぞれの入学手続き時に合わせて，任意参加で2泊3日のプログラムを実施していた（中村・福島, 2005）。

通信教育は，入学前教育合宿研修終了後にAO入試・推薦入学I合格者へ英語，数学，国語の3教科の課題を自宅に送付して解答を提出させる方式で，月1回のペースで3回実施した。

しかし，合格者は，課題を計画的に行っているのか，もしくは，提出直前に行っているか，などといったふだんの学習実態がまったく把握できていなかった。また，課題の頻度も月に1回と少なく，また，課題の答案を合格者が大学に郵送し，それを業者に添削依頼して，添削結果を大学に返送され，最後に合格者に返却するという非常に長い行程であり，時間と手間だけがかかっていた。このようにレスポンスが悪く，添削された答案が復習へ活用されていたかも判らず，通信教育の効果も不明で，単に課題を実施させただけになっていた。

そのため，これらの問題を解決するためには，学習実態の把握ができて，問題演習をした後のレスポンスが速いeラーニングを通信教育の代わりに2008年度AO入試・推薦入試I合格者から導入した。

● 3-3　eラーニングの準備

eラーニングの実施に当たり，サーバの管理や教材の作成の業務に時間を取られてしまうと，肝心の学生へのサポートがおろそかになると考え，鳥取大学は業者製作のアプリケーションを採用した。鳥取大学が利用しているアプリケーションは，

表7-3 eラーニングのコンテンツ

教科（科目）	内　容
英語	中学，高校，TOEICのトレーニング
数学	中1，中2，中3，数Ⅰ，数Ⅱ，数Ⅲ，数A，数B，数C
理科（物理）	力学，熱力学，波動，電気，磁気など
理科（化学）	酸と塩基，酸化還元反応，構造式の決定など
理科（生物）	代謝，遺伝，タンパク質と生体の機能など
日本語	初級，中級，上級

　サーバの管理は業者が行うため，大学側で管理する必要がない。また，ログイン日時や進捗状況といった学習実態を容易にリアルタイムでできる。さらに，受講者個人宛てにメッセージ送信機能を有し，高校の内容だけではなく，中学の内容まで広くカバーしている豊富なコンテンツ（表7-3）があり，教科だけでなく科目や単元を細かく設定できる。

　eラーニングの実施教科は，合格者が所属する学科が必要とする学習内容に応じて設定したが，始めにどのくらいの量を与えれば適切かを検討する必要があった。これについては，各学部と相談して1日の必要な学習時間を3時間，入学までにeラーニングができる期間を3ヶ月間と仮定して学習時間を計算して200時間から250時間が適当と判断した。これを元にして各教科・科目・単元の標準時間数を考慮し，eラーニングの実施教科を科目や単元の詳細までを各学科で検討した。

● 3-4　eラーニングの実施

　eラーニングの実施主体は入学センターである。はじめに，合格者に対するガイダンスを入学前教育合宿研修（2008年度より入学前教育合宿イベントから名称変更）で行った。その場でIDとパスワードを渡して，インターネットがつながるPCがあれば自分のペースでできること，情報の授業で習うキー入力とマウス操作で簡単にできることをデモ画面で説明した。さらに，自宅で行うことが難しい場合，高校への相談をサポートすることと，どうしてもインターネット環境が整わない場合は，紙媒体での受講も認めた。自己負担を伴うため任意での受講としたが，導入初年度から全員が受講した。

　また，鳥取大学のAO入試・推薦入試Ⅰ合格者の学力層は幅広く，一般入試でも合格する層もいれば，専門高校で基礎学力が明らかに不足している層もいる。その

ため，全員一律に高校の学習を復習させても，問題が簡単だと思う者にとっては退屈であるし，学力不足で問題がわからなければ，ただPCの前でクリックしているだけとなってしまう。

そこで，合格者の学力を把握するために入学前教育合宿研修の中に学力試験（プレースメントテスト）を実施し，その成績によってコンテンツの難易度を1人ずつ設定した。例えば，英語の場合，一般入試で合格できるレベルであれば，大学で必須となるTOEICのトレーニングプログラムを，英検3級レベルが微妙であれば，中学英語を受講させた。さらに，中学英語からスタートした者で，コンテンツを終了させた者は，高校英語，TOEICのトレーニングプログラムとステップアップさせて，モチベーションを高める方法を取っている。

eラーニングの進捗状況は，入学センターの教員とともに合格者が所属する学科の教員もチェックしている。学科によっては，2名から3名の合格者に1名の教員をチューターとして配置している。入学前教育合宿研修の際にチューターと顔合わせをし，eラーニングがとどこおっている場合に，チューターが合格者にメールや電話で連絡して学習指導をしている。また，入学センターでは，eラーニングのアプリケーションにあるメッセージ機能を利用し，受講を促している。eラーニングは，自分のペースで学習できるという利点はあるが，自学自習のためにモチベーションの維持が大変である。eラーニングをさせて放置するのではなく，教員が常に見ているというメッセージを発信することは，とても大切なことである。また，アプリケーションには，鳥取大学の合格者間で進捗状況の順位が示される機能もあり，やる気を出せる1つの方法となっている。

● 3-5　おわりに

鳥取大学の学力試験を課さない入試区分合格者への入学前教育として実施したeラーニングの学習効果を検証するため，入学直後に再度，学力試験をしたところ，一定のペースで学習した受講者の成績は良好で，eラーニングが基礎学力の維持と学習習慣の継続に効果がみられた（森川・三宅・小山・清水，2011）。

eラーニングを入学前教育として有効に作用させるためには，システムに任せるのではなく，実施者が受講生（合格者）と良いコミュニケーションをとり，モチベーションを維持させることがもっとも重要であると考えられる。

4 入学前教育実施における効果と成績推移

大河内佳浩

● 4-1 はじめに

千歳科学技術大学では入学前教育や初年次リメディアル教育に10年以上取り組んできている。しかし，それらの接続・連携は必ずしも十分とはいえない状況が続いた。そこで，この問題に取り組むための第一歩として，入学前教育の実施が大学の初年次教育にどのような影響を与えているのかを分析することを試みた。入学前教育対象者は年内入試合格者（推薦入試，AO入試合格者）で，入学生の約40％を占める。千歳科学技術大学のeラーニングシステムでは，学習管理システム（LMS）によりさまざまな学習データを取得することができる。

特に，入学前教育の取り組み状況と主に入学後2ヶ月程の成績状況とを比較し，両者間の関係について分析を試みた。

● 4-2 入学前教育と初年次教育の関係

最初に，入学前教育が初年次教育にどのような影響を与えているかを調べた。

図7-2に示したのは，数学プレースメントテストと初年次数学の春学期中間テストの相関図を，入学前教育対象者に絞り込んだものである。

ここでは，グループA（入学前教育の取り組み時間が20時間以上の学生グループ）とグループB（取り組み時間が20時間未満の学生グループ）とにグループ分けを行った。対象人数はグループAとグループBで異なるが，表7-4に示す通り中間テストで高得点帯に分布する割合は，グループAが多く，低得点帯に分布する割合はグループBが多い。特に分布が集中しているプレースメントテスト30点未満に絞った得点帯で見てもその傾向がみられる。この結果からグループAに属する学生が入学後に得点を大きく伸ばし，グループBに属する学生は入学後に得点を伸ばせていない傾向が強くみられる。

次に，数学の春学期期末テストに対しても同様の分析を行った。全員のプレースメントテストと中間テスト，期末テストの相関係数を調べたところ0.62，0.58となる。入学前教育対象者に絞り込んで相関係数を調べたところ，それぞれ0.52，0.43

表7-4 中間テスト区分別割合

グループ	60点以上	60点未満30点以上	30点未満
A（70人）	60%	37%	3%
B（34人）	41%	41%	18%

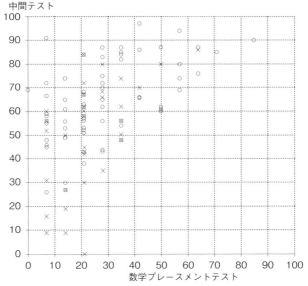

図7-2 数学プレースメントテストと春学期数学1中間テストとの相関図
（入学前教育対象者）○：グループA，×：グループB

となった。共に期末テストとの相関係数値が小さくなっていることから，期末テストの得点分布が中間テストより広がっていると判断できる。

このように期末テストの得点分布は，入学前教育対象者に限定すると広がりの傾向がより大きくみられる。要因として，(1) 特定教科のみで実施される中間テストと試験期間に全科目実施される期末テストの実施方法の違い，(2) 春学期後半の授業内容が急に難しくなること，(3) 大学生活への慣れや学業以外への興味の移行などが考えられるが特定するには至っていない。今後の重要な課題と考えている。

● 4-3　入学前教育の効果測定

前項では入学前教育時の学習時間と入学後の成績分布について述べたが，入学前教育の教育効果がどの程度あるのかも測定し，検証する必要がある。千歳科学技術大学では2012年度入学生から年内入試合格者の面接時に数学プレースメントテストを実施している。これにより，入学前教育開始時の学力が測定でき，入学後の数学プレースメントテストとの検証を行うことで，入学前教育の効果検証が可能になった。入学前のプレースメントテストは入学後のプレースメントテストを参考に同

表 7-5 プレースメントテストに見る学力の伸長

年度	UP	EVEN	DOWN	対象者数
2012	8 (9%)	69 (74%)	16 (17%)	93 (100%)
2013	9 (11%)	60 (72%)	14 (17%)	83 (100%)

系統の問題を出題しているので，学力の伸長測定が可能である．今回は正答数で学力の伸長を検証した．

表7-5には入学前の結果に比べ正答数が3問以上増えた場合をUP層，逆に3問以上減った場合をDOWN層，それ以外をEVEN層として人数とその割合を示した．

この結果からもわかる通り，千歳科学技術大学が実施している入学前教育では，学力の伸長を期待することは難しい．その要因として，(1) 入学前という状況で入学前教育に取り組ませる拘束力が弱い，(2) 入学前教育対象者の自主性に依存している，(3) 入学前教育に十分なエネルギーをかけることができていない，などの点が挙げられる．

● 4-4 入学前教育と初年次教育の分析

入学前教育が入学後の初年次教育にどのように影響し，どのような効果をもたらすのかを検証することは簡単ではない．また，入学前教育の教育力を向上させることもさまざまな問題を抱えており難しい．

実際，今回の分析により，入学前教育による学力向上は現実的には期待することが難しいと推測される．しかし，入学前教育の取り組み時間の多いグループの学生が，入学前教育の取り組み時間の少ないグループの学生よりも，中間テストでは得点を伸ばしている傾向があることもわかった．これにより入学前教育の取り組み時間の量が，入学後の初年次教育に影響していると考えることができる．これは学生の入学前教育に取り組む姿勢や意欲が，入学後も継続していたためではないかと推測できる．

一方，入学前教育での取り組み時間が多い学生全員が入学後の中間テストでも成績を伸ばしているわけではない．単純に入学前教育の取り組み時間を増やせば入学後の初年次教育で効果が現れるということではない．

しかし，今回の分析により2つの課題を浮かび上がらせることができたと思われる．第一に，強制力の弱い入学前教育を，eラーニングで実施する場合の取り組み時間増加のための工夫である．入学前教育を対面教育で行うのであれば，対象とな

る学生の様子に合わせた指導を実施できる。しかし，eラーニングでの実施は対象学生の入学前教育に対する意識や意欲に大きく影響を受ける。時間の経過と共に学習意欲も低下していく。それを防ぐための定期的かつ適切な働きかけを，どのような形態で行うかが課題となる。そのための対策として，千歳科学技術大学では2013年度入学生から入学前教育でスクーリングを実施している。eラーニングに対面教育を入れたブレンデッド教育を行うことで，入学前教育への取り組み時間を増加させることができると考えている。また，これまで以上に定期的に学習状況を連絡するなど，連絡を密にすることで学習者のモチベーションを維持していくことも必要になると考えている。

次に入学前教育から初年次教育へのスムーズで連携の取れた接続の工夫である。現状の取組はまだ連携が取れているものとはいえない状態にある。今回の分析を受けて，入学前教育の情報の共有化の方法や初年次教育へのフィードバックの方法などを検討していくことが課題となる。特に初年次教育に携わる教員への情報提供，情報の共有化の方法を確立することが必要である。

● 4-5 まとめ

千歳科学技術大学では学力の向上ではなく，学習習慣の維持を主たる目的として入学前教育を実施している。しかし，年々多様化する学生，広がる学力格差に対処するためには，入学時の最低学力の底上げと学習意欲の維持ができる入学前教育の構築が必要であると感じる。

【引用・参考文献】
第2節
湯川治敏・中崎温子（2011）．共通基盤システムを利用した入学前後におけるリメディアル教育から基礎教育への繋がり　日本リメディアル教育学会

第3節
中村肖三・福島真司（2005）．鳥大方式AO入試「入学前教育」について―アウェアネスを持った学生作りのために　大学入試研究ジャーナル, **15**, 111-117.
森川　修・三宅貴也・小山直樹・清水克哉（2011）．学力試験を課さない入試区分合格者へのe-Learningを用いた入学前教育の実践　大学入試研究ジャーナル, **21**, 231-236.
森川　修・山田貴光・小山直樹・清水克哉（2014）．鳥取大学のAO入試10年間を振り返って　大学入試研究ジャーナル **24**, 237-242.

08 初年次教育

穂屋下 茂・佐藤眞久・高木正則・岩﨑千晶

1 本章の概説

穂屋下 茂

　大学に入学すると，学生は高校までの教育からの大きな学びの転換が求められる。つまり教師から一方的に教わる生徒から，自主的な学習が行える学生に移行しなければならないのである。しかしながら，少子化に伴う大学全入時代を迎え，入学直後にその移行がうまくいかず，ドロップアウトしていく学生が増え続けている。その対策として多くの大学で初年次教育が実施されるようになった。

　初年次教育は導入教育ともいわれ，1970年代後半，アメリカの多くの高等教育機関で導入されたのが始まりとされている。その主な目的は主体的な学習が求められる大学生活に適応させることである。例えば，講義中のノートの取り方，レポートの書き方，図書館を利用した資料収集方法，プレゼンテーション技法など大学教育に必要な基本的な学習スキルを教え，さらには健全な学生生活のあり方についてもアドバイスする。結果として学生の中退率抑制が期待でき，卒業時の学士力（アウトカム）が保証できるようになる。

　初年次教育について実践研究を行うために日本でも学会が設立されている。例えば，日本リメディアル教育学会（JADE）[1] や初年次教育学会（JAFYE）[2] などが設立された。日本リメディアル教育学会は，新入生の学力内容の把握方法，課題を抱える学生の学力の分析方法，さらには効果的な学習指導方法などの開発・普及を目的として，2005年3月に設立された。初年次教育学会は，2008年3月に設立され

---

1) 日本リメディアル教育学会〈http://www.jade-web.org/（2015年8月19日参照）〉
2) 初年次教育学会〈http://www.jafye.org/（2015年8月19日参照）〉

た。初年次教育の理論，教育内容，教育方法，評価法といった初年次教育に直結する内容はもとより，高校から大学への移行，専門教育との接続といった「移行」に関する研究，キャリア教育，サービス・ラーニングなどの初年次教育と隣接する教育プログラムも対象としていくのが目的である。

本章では，初年次教育を導入教育科目に限定せず，大学での学び直し教育（リメディアル教育）も含めた科目に範囲に広げて，初年次に開講される導入教育科目，一般教養科目，キャリア教育科目，さらに基礎科目などにおいて，ICT を活用した大学教育改善の取組例を紹介する。

2 ICT を活用した初年次教育の改善の試み

穂屋下 茂

● 2-1 佐賀大学の初年次教育科目の概要

佐賀大学の全学教育機構は，入学してきた学生の学力を今まで以上に向上させるために 2012 年 4 月に設立された。全学教育機構における教育課程は，2013 年度以降の入学生全てが履修する[3]。教養教育の教育課程は，表 8-1 のような内容の科目によって構成されている。

初年次教育科目としては，初年次に履修する，大学入門科目，外国語科目，基本教養科目などが相当する。インターフェース科目[4]は 2 年次，3 年次を原則としているが，一部のプログラムは 1 年次，2 年次で開講されている。1 年次で開講された場合，初年次教育としても大きな役割を果たす。

表 8-1 教養教育の教育課程

科　　目	内　　容
大学入門科目	高等学校と大学との教育の接続を図る
共通基礎科目 外国語科目　他	英語能力を向上させ，その他の外国語の学びの機会を提供し，高度技術社会のなかで求められる知識や技能の修得を図る
基本教養科目	市民社会の諸相を「自然科学・技術」「文化」「社会」の視点から学ぶ
インターフェース科目	大学で学んだことと社会とを接続し，個人と社会の持続的発展を支える力を育成する

---

3) 佐賀大学全学教育機構〈http://www.oge.saga-u.ac.jp/〉（2014 年 11 月 11 日参照）〉
4) インターフェース科目：1 プログラム原則 4 科目で構成され，2013 年度入学生から必修科目として開講される。学士課程教育で得た知識・技能を社会において十分に活かし，将来にわたり個人と社会との持続的発展を支える力を培うことを目標としている。

● 2-2　基本教養科目におけるネット授業と同期型遠隔授業
[1] ネット授業

　佐賀大学では 2002 年から，全国の大学に先駆けていつでも，どこでも，何度でも聴講できる VOD 型フル e ラーニング科目を開講している。単位を取得できる教養教育科目である。佐賀大学では，単位の取得できる VOD 型フル e ラーニングをネット授業とよんでいる（穂屋下他, 2005）。教養教育運営機構から全学教育機構に移行してからも，このネット授業は継続して実施されている。2013 年度には，前学期に 8 科目，後学期には 12 科目開講した。図 8-1 はネット授業「吉野ヶ里学」の画面例である。履修者数は約 2,000 名で，単位取得率は約 80% となっている。ネット授業は，時間と教室の不足が問題となっている全学教育機構にとって，それを解決する有効な手段となっている。学生に，毎回の講義を 100% 聴講すること，確認問題を指定された期日までに答えること，さらにレポート課題を課すなど，教育の質を担保する工夫はされている。このネット授業教材（講義コンテンツ）は反転授業の対面授業前の自学学習教材として利用できるので，これらの教材はより質の高い教育を実施する環境構築に貢献することが期待される。

図 8-1　ネット授業の画面例（吉野ヶ里学）

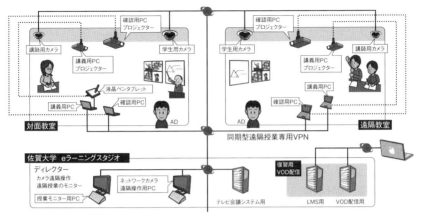

図 8-2　同期型遠隔授業（1 教室 2 スクリーンの設備）

[2] 同期型遠隔授業

佐賀大学には 2 つのキャンパスがあり約 7km 離れている。この 2 キャンパス間で，2010 年から教養教育の一部の科目を同期型遠隔授業として開講している。佐賀大学の同期型遠隔授業は，セキュリティを考慮し，大学のネットワークとは別に VPN を構築して教室間を接続し，特殊なポートをあける必要のない ASP 型テレビ会議システムを使用している。同期型遠隔授業全体をコントロールするディレクターが e ラーニングスタジオから画面切替やネットワークカメラなどを遠隔操作（ズームやパンなど）し，各遠隔教室には AD（アシスタント・ディレクター）を配置することで，教員はこれまで通りに講義をすればよい体制を構築している（米満他, 2013）（図 8-2）。

特定の教育プログラム「子ども発達支援士養成プログラム」と「障がい者就労支援コーディネーター養成プログラム」の科目は，佐賀大学の 2 キャンパス双方の学生に人気があり，一部の科目は同期型遠隔授業として開講している。佐賀大学の教養教育科目の開講は，水曜と木曜の 1，2 校時目に指定されている。また両プログラムはインターフェース科目も兼ねているので，これらの科目は必修科目になる。そこで 2013 年 4 月から同時に 2 つの同期型遠隔授業科目を開講できるようにしている。

● 2-3　大学入門科目

佐賀大学では，高校までの教育から大学教育への質的転換を養う初年次教育科目として，「大学入門科目」を開講している。大学入門科目は，2 つの授業科目に分かれている。1 つは，新入生に必要とされる学習及び生活上のガイダンスや，各学

部の特性に応じた導入教育などを内容とする「大学入門科目Ⅰ」である。佐賀大学や学部の歴史や特徴，教養教育の意義，計画的な履修方法，附属図書館の利用方法，情報リテラシー，ラーニング・ポートフォリオの活用，サークル活動などの正課外活動，学生生活，環境問題への取組，国際交流，留学，キャリアデザインなどについて議論し，大学生としての学習態度を養う。

もう1つは「大学入門科目Ⅱ」で，各学部の特性に応じて，論理的な理解，分析，思考及び表現などの能力またはデザイン力を養うことを内容とする。学部によっては，科目名は学部特有の科目名に変更されている。

大学入門科目の主な役割は大学教育に必要な能動的な学習への転換を促すことである。この転換は非常に重要で，うまくいかないと各学部の専門教育に大きな影響を及ぼすため，担当教員の重大な職務として大学入門科目の授業内容を充実させなければならない。そのためにはICTの活用が有効である。ICTを活用するとeラーニング用のVOD型教材やドリル型教材などを利用し，LMS上で自宅でも前もって学習できるようになる。LMSには学生の学習進捗状況がくわしく記録され，教員はそれを利用することにより，学生の学習進捗状況を簡単に把握できるので，対面授業でその記録に基づいて授業を進めることができる。これらの教材は講義中に一緒に閲覧することもできるが，授業前日までに自宅などでこれらの教材で自習してくるように仕掛けると，大学の授業（講義時間）では学生の「学び合い」「教え合い」が盛り込める。これは，今社会が求めている質の高い教育である協同学習や反転学習の推進を可能にするものである。

2013年度から全学教育機構の初年次教育部会ではICT教材（Web教材，DVD教材）の作成を開始している。例えば，「スタートアップ（学長のメッセージ／佐賀大学の教育方針／健康で充実した学生生活／カリキュラム／ラーニング・ポートフォリオの役割）」「佐賀大学の歴史（自校学）」「学生生活における目標設定とタイムマネジメント」「入学目的と自分分析と学習ゴール」「佐賀大学学士力分析と学習目標」「ラーニング・ポートフォリオの利用方法」「図書館の活用」「エコアクション21」「ネット授業の聴き方」「グローバル人材と英語能力」などのVOD型教材の制作を企画し，制作したものは順次教員に公開して，大学入門科目などの授業での利用を促している。

● 2-4 英語能力向上の試み

佐賀大学では，2013年度入学生から全学統一英語能力テストの実施を決定し，そのテストとしてTOEIC-IPを利用することにした。これまで，大学に入学したもの

の，英語能力が向上するどころか，むしろ低下して卒業し，志望する職種に就職できない学生が多い。また就職したものの英語能力が低く，グローバル社会で活躍できないという声も大きくなってきている。大学の学びは高校の学びと異なり，自己管理しながら主体的に学習することである。英語能力が低いのは，大学で十分な時間を確保して英語の勉強をしなかったからにすぎないが，昨今は，そのような大学の教育体制も問われる時代に変貌している。

入学して数ヶ月以内に自分の英語能力を把握し，それに基づいて学生時代にどのように勉強していけばよいかを計画し，実行し，さらに評価，改善する機会を与えるために，全学統一英語能力テストは重要である。英語能力を向上させるためには，英語能力を逐次測定し，その結果に基づいて英語学習時間を十分に確保するタイムマネジメントが必要である。

佐賀大学では，1，2年次に英語A，B，C，Dが必修科目として開講される。入学後3ヶ月経った頃に第1回目の全学統一英語能力テストを受け，その結果に基づいて，1年後期から英語B，C，Dは習熟度別にクラス編成される。TOEICのスコアに基づいて，初級クラス，中級クラス，中上級クラスに分かれて英語の授業を受けさせることにした。

2回目の全学統一英語能力テストは，2年次後期に実施される。英語Dの評価では，このテスト結果が30点（TOEICスコア250点で0点，500点で30点），対面授業が70点の合計100点である。

習熟度別クラス編成にすると，上位のクラスの学生はより成績が向上するが，下位のクラスはよりできなくなる恐れも否めない。2年の後学期にTOEICスコアが500点以上を目標に自学自習できるeラーニングシステムが必要である。

英語Bで初級クラスに振り分けられた学生には，英語能力を強化するため，「e-TOEICコース」のeラーニング教材での学習を義務づけた。学生は，この学習で締切日までに決められた要件を満たさなければ，英語Bの授業を受けても，英語Bの単位は取得できない。e-TOEICコースでは，与えられた範囲の学習進捗状況はeラーニングスタジオのスタッフとTA（Teaching Assistant）により，逐次観察され，学習進捗状況がまとめて英語担当教員にフィードバックされる。eラーニングは，だれでも，どこでも，何度でも学習できると同時に，担当教員は常に学生の学習進捗状況を把握できる。現在，e-TOEICコースの教材には，A社の教材[5]を使用している（図8-3参照）。レベル診断テストを決められた期日までに受験し，自分の現在の能力を確認し，学習範囲を把握して学習計画をたて，学習期日を厳守しなが

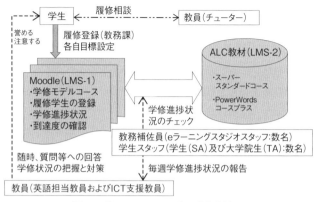

図 8-3 「e-TOEIC コース」の実施体制

ら自学学習を進めていかなければならない。

● 2-5　就業力を育む特定教育プログラム

　全学教育機構では，教養教育科目などを利用して，特定の教育目的をもった教育プログラムを実施している。これらの教育プログラムは，教養教育課程の教育目的を果たしながら，同時に特定の教育目的を追求する。これらの教育プログラムの1つとしてデジタル表現技術者養成プログラム（古賀他，2013）がある。このプログラムは，定められた授業科目を履修し，単位を修得した学生には修了証が与えられる。

　このプログラムに関係する主な科目はLMS（Moodle）を使って，掲示，連絡，課題提出などを行っている。遅刻に関してもかなり厳しく注意を促し，タイムマネジメントの方法についても教えている。また，対人コミュニケーション能力の向上も重要視している。ある科目では，学生は決められたテーマの下に各自1分間の映像作品を制作する。そのとき，各自でシナリオを書き，それに基づいて学生らはグループで，監督，カメラマン，俳優などさまざまの役割を決めて，責任をもって行動し，それぞれの作品を制作する。

　このプログラムは，2013年度入学生から，佐賀大学の教育改革の目玉となっているインターフェース科目も兼ねることになった。それまで卒業科目としては選択科目の位置づけにあったが，必修科目になったことにより，学生は科目履修を放棄す

---

5) ALC NeteAcademy2 〈http://www.alc-education.co.jp/academic/net/course.html（2014年11月11日参照）〉

ることができなくなった。いったん自分で選んで履修を始めた科目は必ず単位を取得することになるので，より充実した教育が期待できる。

● 2-6　まとめ

初年次教育は，高校までの教育から主体的に学ぶ大学教育への質的転換を学生が自覚することが重要である。そのためにはプレースメントテストや到達度テストなどにより，入学後の英語，数学，日本語などの基礎学力を測定・検証し，学生が常に学生生活をタイムマネジメントできるように支援しなければならない。導入しているチュータ制度を利用してPDCAサイクルが回せるように，またラーニング・ポートフォリオを活用して主体的学びを気づかせる工夫が必要である。

またチュータ（教員）には，目標到達度の低い学生への個別対応を日常的に行い，学生が主体的学修につながる指導を徹底するなどの努力が求められている。ICT活用教育の推進は，教員の負担を軽くし，教育効果を大きくすることができる。LMSやラーニング・ポートフォリオにより，履修科目，科目担当教員，指導責任者の学習過程の記録，リフレクション，目標到達度などが一元管理され，学生の学習進捗状況全体が可視化される。

佐賀大学の理工学部では，2010年度の推薦入学生の希望者にはeラーニングによる入学前教育を行って，数学の基礎力を上げる試みも行っている。このようなeラーニングによる自学学習やネット授業を展開して，メンターとしての機能を果たす教務補佐員やTAなどが授業支援を行う体制を構築すると，教育へのICT活用の効果がでてくることが明白になってきた。佐賀大学は「面倒見のよい大学」を目指して学生のための教育改革を遂行しようとしている。今後，eラーニングを有効に活用する環境構築が学生の満足のゆく将来を拓くことを期待したい。

3　山梨大学におけるプレースメントテストと初年次教育の取組

佐藤眞久

● 3-1　山梨大学工学部における数学基礎教育改革

筆者は，2000年前後の大学の大綱化により山梨大学教育学部数学教室から工学部に1998年度に異動したが，工学部の基礎科目である数学を教えるにあたり入学時点での学生の基礎学力を把握する必要があった。そのため，受け持ちクラスにおいてプレースメントテストを個人的に2006年度まで実施した。この経験は当時問題になりつつあり，懸念されていた学生の基礎学力低下への対応策の立案に役立つ

ことになった。山梨大学工学部教務委員会において，学生に十分な基礎学力を身につけさせ留年の割合を減らすこと，専門高校からの推薦入学合格者が高校でのカリキュラムの違いから入学直後に勉学につまずき学習に支障を来すのを防ぐことを目的に，基礎教育に関するワーキングが設置され，工学基礎教育（数学・物理）のあり方を含め2年間にわたって対策を協議した。同時期に，基礎学力の向上は大学全体にも責任があるという理事の見解もあり，共通科目とも連動して工学基礎教育のあり方の議論が進められた。この結果2007年度より工学部では次のような改革が実施されることになった。

1) 推薦入試合格者に対して入学前教育を実施する。
2) 入学直後に数学と物理のプレースメントテストを行う。
3) 微分積分学に関してはプレースメントテストの成績により学科の枠を超えて習熟度別クラス編成を行う。
4) 微分積分学に関してはプレースメントテストの成績が40%未満の学生に対しては通常の授業に加えて補習＋演習的な内容で週2回の授業を課す。運用にあたって，当初は2回目の授業は全学共通科目で卒業要件外の自由科目扱いとしたが，2012年度より週2回で2単位の同一科目と改定した。
5) 基礎学力不足のまま専門科目を履修するのを極力防ぐため，微分積分学不合格者に対しては，夏期集中講義を実施し4日間毎日6時間の授業を課し，学生自ら弱い点を発見し克服させるように指導し基礎学力を向上させ1年次のうちに単位取得を目指す。これで単位を取れない学生は修学指導の対象と考える必要があり，2年次以上の再履修者は木曜5限に集めて履修させる。そのため，木曜5限には必修科目を配置しないように各学科に要請している。授業は1年次と同じ内容を繰り返し行うのではなく，演習を多く取り入れ，何が理解できていないかを自ら見極められる指導を勘案して進めている。

本節では，上記の取組に際してICTをいかに活用したかを解説することで，山梨大学で学習支援への試みがどのように行われたかについて説明する。

08 初年次教育 173

● 3-2 ICTと入学前教育およびプレースメントテスト
[1] eラーニングによる教材共有の取組の始まり
　山梨大学が，全学共通教育と工学部基礎教育の一体改革の過程で，大学eラーニング協議会に機関会員として加盟した際に，理事から筆者へ各種の講習会などに参加するようにとの依頼があった。その一環として，メディア教育開発センターによるeラーニングによる教材共有の取組の講習会に参加した折に，当時出回り始めていたeラーニングのモニターとなることを申し出て，リメディアル教材を入学前教育に使わせていただくことになった。メディア教育開発センターは2009年に放送大学に吸収されモニター利用ができなくなったが，このリメディアル教材の作成元である千歳科学技術大学に使用許可を頂き入学前教育を継続した。

[2] 教材共有化の発展
　このeラーニング教材を使用するにあたって教材共有化に協力して欲しいという趣旨の要請を受け，大学eラーニング協議会第3部会を通じて教材共有化に協力することになった。高校校長会の要請などを受け，専門高校の推薦入学合格者のみから普通高校の推薦入学合格者にも入学前教育対象者を拡げたこともあり，まず普通高校推薦入学合格者のためのeラーニング教材を作成し，大学間共有化教材として提供することから共有化への協力に着手した。

[3] 教材共有化環境の整備
　この連携事業が発展し，現在では，文科省大学間連携共同教育推進事業の枠で教材共有化を行い教材の提供と利用を行っている。eラーニングに関しては，すでに入学前教育の枠を超えて，連携を保持している多くの教材を山梨大学の全ての学生と教職員が利用でき，自主学習を十分に行えるすばらしい環境が整っている。
　一例として，英語は習熟度別授業になっており，学生はクラスのレベルの教科書を前後期1冊づつ購入するが，その出版社の全てのレベルの電子版をeラーニングを通じて利用でき，他のレベルの教科書を買う負担をかけなくても上のレベルのテキストを学習したり，前のレベルに戻って基本を確認したりしながら，自主学習を通じて効果的な学習ができるようになっている。
　これは工学部で数年前から始めた英語の入学前教育にも大きな変革をもたらした。2013年度入学予定者まで山梨大学では英語については，業者によるeラーニングを用いた教材による入学前教育を実施していたが，2014年度入学予定者より大学連携

の同一サーバにある教材を用いて入学前教育を実施することになった。学習者にとっては同一のプラットホーム上で学習ができる上，入学後の英語のテキストに対応したeラーニング教材であることも加味すると利便性が大きく向上したといえる。

文科省大学間連携共同教育推進事業で8大学が連携して，数学・英語・日本語・情報のプレースメントテストを作成したこともあり，2014年度より全学でこの4科目でプレースメントテストが実施されるに至った。さらに，同事業の山梨大学における主要な成果の1つと考えているポートフォリオを構築し，これらを学生の学習履歴として記録し修学指導に役立てていく予定である。

● 3-3 山梨大学のeラーニング運用体制と工学部基礎教育センター
[1] 山梨大学のeラーニング：小さな流れから大きな本流へ

次に話を進める前に山梨大学のeラーニングについて説明しておきたい。前述の理事からの要請の中で，授業のアーカイブを残して卒業後も授業の資料を参照できるようにして欲しいという要請があった。ちょうどその頃，筆者は学生の正答誤答からその実力にあった問題を出す自動出題システムを夢想していたこともあり，情報処理センターの教員の勧めからeラーニングシステムとして今後主流になるであろうと目されていたフリーソフトのmoodleの利用を考えた。これらの運用を行うために，理事直下の大学教育研究開発センターのもとにeラーニングプロジェクト委員会がおかれ，筆者が委員長として山梨大学でのeラーニングの普及をはかることになった。さらに，2012年度に新学部創設に関連して大学の大きな改組が行われ，工学部では数学を中心とする基礎教育センターが学科と同等な立場で創設され，eラーニングを用いたICT教育の推進を進めやすい環境ができあがった。基礎教育センターの発足はこのような一連の教育改革の産物であり，小さな流れから大きな本流へと成長した過程をかえりみるにつけ，地道な努力の大切さを改めて感じている。今後は工学部の基礎教育の要として重要な役目を果たしていくものと期待されている。

[2] 学習共創支援室（フィロス）の運営

余談ではあるが，現在，基礎教育センターでは，学習共創支援室（フィロス）の運営を2013年度より任されている。フィロスは山梨大学で採択された文科省GP（学大将プロジェクト）の事業で構想されたもので，机の間に白板を配置し，学生が自由に議論し互いに教え合ったりできる場を提供すると同時に，専任教員2名をつけてい

つでも教員に質問ができる学習支援を行うものである。フィロスは，現在，4部屋で構成されており試験前には大教室も開放される。今日のラーニングコモンズの先取り版であるといえ，山梨大学図書館で2014年度から運用が始まるラーニングコモンズとも連携をしたいと考えている。

[3] eラーニングシステムの工夫とeポートフォリオの導入

大学におけるeラーニングシステムは教務システムと連動していて学生から見ると時間割や掲示が出る教務システムと一体に見え（図8-4），時間割をクリックすることでeラーニング上で出される課題や情報を参照でき，しかもシングルサインオンになっており学生が使いやすい工夫がなされている。2014年度運用予定のポートフォリオシステムも同じ思想で設計し，複数のサーバでのサービスが学生には一カ所にアクセスすることで受けられるようにする予定である。さらに，ポートフォリオの利用として，紙媒体で提出されたレポートや答案などがネットワークつきコピー機やスキャナーから直接ポートフォリオに転送されるシステムを導入することにした。答案やレポートを電子的に簡便に返却でき大きな需要があるものと見込んでいる。

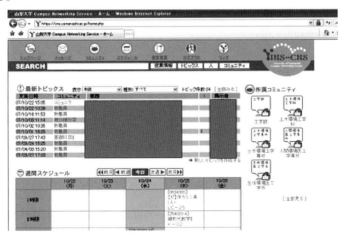

図8-4　YINS CNSの画面

● 3-4　プレースメントテストと初年次教育の接続

工学部でのプレースメントテストによる微分積分学の習熟度クラス別編成について前に述べたが，この効果を高めるため，次のようなICT教材をeラーニングシ

図 8-5 Moodle の画面

ステム Moodle 上に用意した（図 8-5）。

[1] 講義のビデオ教材
　講義中に聞き漏らした点やあやふやな点を再度確認したり，授業を欠席した場合でも講義を聴けるように配慮して作成された。

[2] 微分積分学 e ラーニング教材
　講義の要点を簡潔に記述し，教科書を理解したあと，要点がより明確にわかるように工夫した。さらに，典型的な問題を網羅し例題として挙げ，解法や解説をていねいに記述し，例題に沿った演習を行うことで問題解決能力の向上を図れるようにした。作成については，大学に予算要求し素材を用意した上で，金沢電子出版にコンテンツ化を依頼した。
　なお，線形代数学，数理的統計，データ解析的統計 e ラーニング教材を現在準備

中で，これらは大学連携の教材共有化として千歳科学技術大学にコンテンツ化を依頼する予定である．また，線形代数学のビデオ教材も将来は用意していきたいと考えている．以下，ビデオ教材作成の経験談ではあるが，講義をビデオで撮影して流すことは，少なくとも数学では全く無意味で，ビデオ用に編集して教材化すべきであるという印象をもったことは強調しておきたい．教材の画像と解説をキャプチャーして教材とするのが数学の場合はベストではないだろうか．この意味では，今後は電子ブックがビデオ教材に代わるものになるのではないかと予感しており，電子ブック教材としてビデオ教材を編纂していくことを考慮したい．

[3] テキストおよび要点例題つき演習書の編纂

eラーニング教材と授業の一体化を図り，学習者が学習しやすいように5年程度の年月をかけて微分積分学のテキストおよび要点例題つき演習書の編纂を行った．特に，要点例題つき演習書は，前述のように要点と例題をていねいに記述し，演習問題については従来の演習書とは異なり，解答は答のみの簡潔なものとして，演習の授業で使いやすいものとした．典型的な問題や解法は前述のようにeラーニング上にも用意してあり自主学習ができるので，演習書には解答を用意しないことで自ら考え自ら解答を作ることを要求し，問題解決能力を養成する本来の演習の効果を期待している．授業－演習－eラーニングのこのような効果的な連携を図っていくことが今後ますます重要になっていくであろう．

現在，微分積分学の要点例題つき演習書はすでに出版されており，eラーニング化も2014年度に予定している．線形代数学については，山梨大学の数学教員全員で作成を行い2014年度前半に完成予定である．統計学についても従来の数理的統計学のeラーニング教材のみならず近年重要性が認識されている統計検定が含まれたデータ解析的統計学のeラーニング教材も山梨大学の統計学専門教員によって作成が行われており2014年度に完成予定である．これらも大学間共有教材として提供する予定である．

また，微分積分学での基礎学力不足を夏期集中で補うことに対応して，線形代数学についても，前後期に各々開講する線形代数学Ⅰと線形代数学Ⅱの単位未修得者が次の学期に科目を履修でき，早い段階で単位を修得できる仕組みを設け，専門科目の学習に支障を来さないようにした．そこで線形代数学の要点例題つき演習書およびeラーニング教材を活用していく予定である．

3-5 まとめ

山梨大学ではeラーニングを含みICTの活用はまだまだ進めていく余地があるが，今までeラーニングを進めた中で副産物として大学や学部全体の教育のまとまりが生まれたことは大きな成果の1つである。MOOCやアクティブラーニングなどの近年の動向や効果も意識すれば，ICTの活用は教材共有化のグローバル化という次の段階に移行しているとも考えられ，こういった動きも視野にいれながら今後のeラーニング利用を考えていく必要があるだろう。

4 eラーニングと作問演習を併用した数学リメディアル教育の実践

高木正則

4-1 eラーニング導入の背景

岩手県立大学ソフトウェア情報学部では，2013（平成25）年度から数学のリメディアル教育を本格的に開始した。岩手県立大学ソフトウェア情報学部には毎年約160名が入学するが，そのうちAO入試や推薦入試で約70名が入学する。これらの入試区分で入学した学生の中には，高校時に数学Ⅲや数学Cを履修していなかった学生が多く，数学に対して苦手意識をもっている学生もいる。また，数学の学習単元の中でも，学生ごとに高校までの履修状況や，得意分野・不得意分野も異なるため，教員が全学生に対して講義をする従来型の画一的な授業が困難になることが予想された。そこで，基本的な知識の習得はeラーニングで学習させ，教員やTeaching Assistant（以下，TA）は学生の学習進捗状況を確認して適宜対面の学習指導や学習支援を行えるように授業を設計した。本節では，eラーニング教材「CIST-Solomon」（小松川, 2005）[6]や作問演習支援システム「CollabTest」（高木他, 2007）[7]を活用した数学リメディアル教育の授業実践について紹介する。

4-2 リメディアル教育（数学）の概要

岩手県立大学ソフトウェア情報学部では，大学入学後の数学系科目に必要となる高校数学の単元を，ソフトウェア情報学の観点から整理した3つの科目（情報基礎数学A〜C）を設置している。各科目の履修対象者は大学入学直前に実施するプレ

---

6) 共通基盤教育システム（大学eラーニング協議会・大学間連携共同教育推進事業）
〈http://solomon.uela.org/CIST-Shiva/Index（2015年8月19日参照）〉
7) CollabTest〈http://wbt.soka.ac.jp（2015年8月19日参照）〉

表 8-2 情報基礎数学の概要

科目名	学習範囲	履修者	教員	TA	時期	上位科目
情報基礎数学 A	三角関数，指数・対数，数列，極限，微分，積分	74 名	2 名	8 名	1 年前期	解析学
情報基礎数学 B	場合の数，順列，組合せ，確率，基本的な統計量	78 名	2 名	8 名	1 年後期	統計学
情報基礎数学 C	集合と論理，ベクトル，行列	75 名	2 名	8 名	1 年前期	線形代数

ースメントテストの結果で決定する．プレースメントテストは3科目に対応する3つのテストから構成されている．各テストの制限時間は40分でそれぞれ20問から30問が出題される．各科目のプレースメントテストの結果，各科目に対応づけられた大学数学科目を履修可能と判定された学生は情報基礎数学の単位が認定され，大学数学科目を履修できる．情報基礎数学の履修判定は科目ごとに行うため，情報基礎数学を1科目だけ履修する学生もいれば，3科目とも履修する学生もいる．

情報基礎数学の各科目には，学部教員1名と非常勤講師1名，さらに，学生10名あたりに1名の割合でTAを割り当てる．2013（平成25）年度の科目概要を表8-2に示す．なお，各科目は1クラスのみ開講される．各科目では学生をグループに分け，各グループにTAを1名ずつ割り当てている．TAは自分の担当するグループの学生の学習を支援する．各科目とも第15回目の授業時に期末試験を実施する．情報基礎数学の単位を取得できなかった学生は夏休みや春休みに実施される集中講義を履修することになる．

● 4-3　プレースメントテストの実施方法

岩手県立大学では，英語と数学のプレースメントテストを実施しているが，数学のプレースメントテストは「CIST-Solomon」を活用して実施している．プレースメ

図 8-6　プレースメントテストの様子

 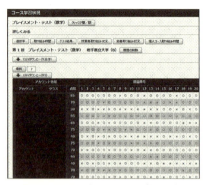

図8-7 テスト受験時の画面例(学生用)　　図8-8 テスト結果の画面例(教員用)

ントテスト実施時の様子を図8-6に示した。学生はeラーニングにログインし、配布された計算用紙を使って問題に解答し、答えのみをeラーニングに入力する。解答を送信すると自動採点されるため、160人分の採点にはいっさい負荷がかからない。教員は各学生の得点や各問題の正答率を把握でき、これらをCSV形式でダウンロードすることもできる。図8-7にテスト受験時の画面例を、図8-8にテスト結果閲覧時の画面例を示す。

● 4-4 授業の方法

授業では、「CIST-Solomon」に加え、作問演習支援システム「CollabTest」を活用している。以下に、2013(平成25)年度に実践した具体的な授業方法を紹介する。

[1] 授業中にeラーニングで自学自習する方法

授業中にeラーニングで自学自習する授業の流れを表8-3に示す。この授業方法では、授業の始めにその日の授業で学習する内容に関する事前テストを紙ベースで実施(表8-3, No.2)したあと、その学習範囲をeラーニング教材で自学自習する(表8-3, No.5)。学生は次回の授業開始時刻までに、各回の授業で指定されたeラーニング教材の進捗率を100%にすることが課題となる。授業中は友だちとの教え合いを促し、友だち同士で相談しながら問題を解いてもよいと伝えている。また、不明な点などは教員やTAに適宜質問できるようにしている。次回の講義開始時には、前回の学習内容に関する事後テストを紙ベースで実施する(表8-3, No1)。

表8-3 授業中にeラーニングで学ぶ授業

No	概要	時間（分）
1	事後テスト（第1回は未実施）	10
2	事前テスト	10
3	事前・事後テストの採点・解説	10
4	前回授業課題，前回授業アンケートへのフィードバック（第1回は未実施）	5
5	eラーニングで自学自習	50
6	授業アンケート	5
授業後	eラーニングで自学自習（課題）	-

[2] eラーニングを予習にする方法

eラーニングを予習にした場合の授業の流れを表8-4に示す。この授業方法では，授業開始前までに次回授業の学習範囲をeラーニングで予習する（進捗率を100%にする）ことを課題としている。授業の始めに予習してきた内容の理解を確認する事前テストを紙ベースで行う（表8-4, No.1）。その後，特別問題5問を使ったグループ学習を実施し（表8-4, No.4），最後に事後テストを紙ベースで実施する。グループ学習では以下の指示を与えて実施している。

表8-4 eラーニングを予習にする授業

No	概要	時間（分）
授業前	eラーニングで自学自習（予習）	-
1	事前テスト	10
2	事前テストの採点・解説	5
3	前回授業課題，前回授業アンケートへのフィードバック（第1回は未実施）	5
4	グループ学習	50
5	事後テスト	10
6	事後テストの採点・解説	5
7	授業アンケート	5
授業後	事後学習	-

- 発展問題5問をグループ全員で協力して解答する。
- グループ内で相談しあったり，答えを確認しあったりしてもよい。
- 全問題を解き終えたらグループ全員で各グループ担当のTAのところへ行き，1問ずつ解き方や計算過程を示しながら導きだした答えを説明する。
- 各問題を説明できるのは1名のみとし，グループ全員が最低1問担当する。
- グループ学習のやり方やTAへの説明担当者は各グループで決める。
- 制限時間内にTAへの1回目の説明で全問正解できたら成績評価に加点する。
- 制限時間を超過したら答えを配布するが，全問正解するまで実施する。

[3] 作問演習を取り入れた方法

作問演習を取り入れた授業の流れを表8-5に示す。この授業では，授業前に教員から指示された学習単元（カテゴリ）に関する問題（解説つきの四択問題）を2問程度作成し，「CollabTest」に登録する（表8-5，授業前）。CollabTestの画面例を図8-9に示す。登録した問題はグループ内で共有でき，グループ内の学生同士で相互に問題を解答しあうことができる。問題解答後には各問題に対してコメントや評価を投稿できる。授業内では，課題で作成・登録した問題をグループ内で相互に解答，評価しあい（表8-5，No.2），各グループで良問を2問選んでもらう（表8-5，No.3）。選出された問題は授業後に教員が評価し，あらかじめ提示している条件（解説に答えを導く計算過程が書かれているか？など）を満たした問題のみをクラス全体に公開する。公開された問題は次回授業までに解答する（表8-5，授業後）。また，問題の相互評価や良問選出作業と並行して，各学生は担当のTAと個別面談を行う。面談では，各学生のeラーニングの学習ログ（学習時間，ヒント閲覧回数）を確認したうえで，適

表8-5 作問演習を取り入れた授業

No	概　要	時間（分）
授業前	作問	-
1	前回授業アンケートへのフィードバック	5
2	グループ内で問題の相互評価	30
3	良問の選出（各グループ2問）	20
4	TAとの個別面談	25
5	授業アンケート	10
授業後	各グループが選出した良問の解答（課題）	-

図 8-9　CollabTest の画面例

切な e ラーニングの活用方法についての助言や，計算ノートの作り方の指導，授業内容の理解状況や理解不足箇所の確認や励ましを行う．

● 4-5　教育実践と実践結果

　情報基礎数学 A では，授業方法（1）で全授業を実施した．また，後半 4 回の授業では，授業中に重点的に指導すべき学生の抽出を目的とした事前学習教材を別途開発した．この事前学習教材は次回授業の予告動画（5 分程度の動画）と簡易的な理解度調査アンケートから構成されている（高木他，2013）．事前学習教材の画面例を図 8-10 に示す．この教材は PC だけでなく，スマートフォンからも閲覧できる．

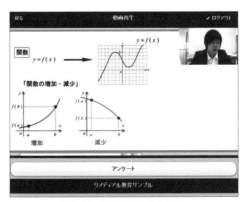

図 8-10　次回授業の予告動画

表8-6 各種試験の平均点

	情報基礎数学A	情報基礎数学B	情報基礎数学C
プレースメントテスト	51.0	38.4	46.1
期末試験	81.7	73.6	81.5

　情報基礎数学Bでは，授業方法（2）で9回，（3）で4回授業を実施した。情報基礎数学Cでは，授業方法（1）で11回，（3）で3回授業を実施した。表8-6に各科目のプレースメントテストと期末試験の平均点を示す。期末試験は3科目ともに20問の問題を60分間で解答させた。いずれの科目もプレースメントテストよりも期末試験の得点を30点以上向上させることができた。

● 4-6　まとめと今後の展望

　本節では，eラーニング教材を活用したリメディアル教育の実践結果について報告した。2013（平成25）年度の実践では，期末試験の得点がプレースメントテストの得点よりも大幅に向上した。これはeラーニングによる学習やグループ学習，対面の個別指導を効果的に取り入れ，理解状況が異なる学生たちに対して効率よく教育できたためであると考えている。一方で，期末試験で合格点に達しなかった学生も何名かいた。来年度以降の授業では，これらの学生を早期に発見し，授業外に個別の学習指導を行うなどの対策が必要となる。今後はeラーニングの学習ログや事前テスト，事後テストの結果などを含めたデータを解析し，これらの学生の早期発見方法ならびに学習支援方法について検討する。

5　ICT活用により学びのふりかえりを促す初年次教育：「スタディスキルゼミ（プレゼンテーション）」の授業設計

岩﨑千晶

● 5-1　関西大学における全学共通教育「スタディスキルゼミ」の概要

　スタディスキルゼミは，全学共通科目として開講されている初年次生向けの演習科目群である（定員24名）。この科目群は，基礎的なレベルである「ノートをまとめる」「パソコンで学ぶ」，中核的なレベルである「プレゼンテーション」「レポートを作成する」「新聞で学ぶ」，応用的なレベルである「課題探求」「ディベート」といった7つの科目から構成されている。

[1] 基礎的なレベル

　基礎的なレベルである「ノートをまとめる」では、授業をどのようにきき、ノートをどう書き学習に活用すればよいのかなど、授業を理解して、考えを整理するためのスキルの育成を目指している。「パソコンで学ぶ」では、調査事項をどう調べて、整理し、報告すればいいのか、その際にPCをどう活用すればいいのかを学んでいく。

[2] 中核レベル・応用レベル

　中核レベルの「プレゼンテーション」「レポートを作成する」「新聞で学ぶ」では、大学で学ぶ際に求められる議論、調査、聴き取り、読解、発表といった汎用的なスキルの育成を目的とし、「プレゼンテーション」「レポート作成」「新聞を活用して情報を発信する」など各テーマに応じた内容を重点的に学ぶ。応用レベルである「課題探求」「ディベート」では、学生が基礎・中核レベルで習得したスキルを駆使してディベートや課題探求に取り組むことで、他者に主張を伝えるために求められる論理的な思考力の育成を目指している。

　いずれの授業も学生が対話を通じて協同的に学ぶことを推進しているため、グループワークを取り入れたり、レポートやプレゼンテーションを通じて学びの成果を発信する活動を導入したりするなど、学生の主体的な学びを重視したアクティブ・ラーニングが展開されている。

[3] スタディスキルゼミについて

　関西大学の初年次生は各学部（13学部）において初年次教育を履修しているが、学部で提供している初年次教育は「専門基礎を学ぶ」授業や「レポート、プレゼンテーション、図書館の使い方などを15回の授業で習得する」という汎用的なスキルを幅広く扱った授業が多い。そのため、学部教員から「専門基礎を扱っている学部学生が汎用的なスキルを学べる授業があればいい」「プレゼンテーションやレポート作成をより深める授業が必要だ」という声があがってきた。そこで、これらのニーズにこたえる形で、全学共通科目に7つのテーマをもつスタディスキルゼミが開講された。この科目は、各学部の初年次教育を土台にしつつ、学生が苦手な分野を克服したり、得意な分野をより伸ばしたりすることができるような設計となっている。通常、初年次教育は春学期に開講される場合が多いが、授業を受けた後に自らが抱える課題を解決したいと考える学生が履修できるよう、本科目は秋学期にも開講されている。希望すれば上位年次生も受講できる。

● 5-2　スタディスキルゼミ（プレゼンテーション）の授業デザイン

本節では，7つのテーマの中からプレゼンテーションの授業を取り上げ，ICT を活用した学習支援について紹介する。本節筆者が担当するこの授業では，学生が 2 分間スピーチを実施したり，3 〜 4 名でグループをつくりプレゼンテーションを行う協同学習に取り組んでいる。第 1 回目のプレゼンテーションでは，学生が学内施設を調べ，それらを活用することで，大学生活を有意義に過ごすためにどういった力が育成されるのかについて発表する。第 2 回目のプレゼンテーションは「環境問題，災害・防災，食の安全，教育，街づくり，広告表現」などのテーマから，学生が主題を設定して課題を探求する論証型のプレゼンテーションを行う。

授業の目的は，議論，調査，聴き取り，読解，発表といったプレゼンテーションを実施する一連のプロセスを通じて，課題意識・論理的思考力・表現力を養うこと，ならびに協同的に学習に取り組む態度や自律的な学習態度を形成することである。これらの力を育むことは，2 年次における学習への円滑な接続を目指す際に重要となる。

しかし，学生が主体となって他者と活動する授業では課題も挙げられている。例えば，グループで学んだ経験が少ない初年次生が，意見を拡散させたり収束させたりして，議論を整理し，合意を形成することは容易ではないことが指摘されている（岩﨑, 2014）。また議論やプレゼンテーションなど学びの外的な側面をみると学習者の活動が活発に行われるが，内的な側面をみると知が構成されていない場合もあるという課題が提示されている（松下, 2012）。そこで本授業では，協同学習を円滑に進め，学びを深めるための手立てとして，関西大学の Course Management System である CEAS をはじめとした ICT を活用した授業を設計した。

● 5-3　CEAS/Sakai フォーラムを活用した e ポートフォリオの導入

本授業では到達度基準を設定し，CEAS のトピック機能（電子掲示板）を e ポートフォリオとして活用することで，学生が自らの反省点を把握した上で，改善点を考えるというふりかえりの場を設け，学びの内的な側面を深めるようにした。学びをふりかえるプロセスには，①学習のプロセスを確認すること，②他者と自らの活動のプロセスを比較すること，③自らの活動と活動の標準基準と比較することが重要だと指摘されている（コリン, 2009）。本授業ではこの 3 点を重視した。

まず「①学習のプロセスをふりかえること」に関しては，学生が学習を反省的にふりかえり，改善点を把握して次の授業に参加できるように，毎授業後「活動内容，反省点，改善点」を CEAS に投稿する（図 8-11 参照）。

08 初年次教育

```
7月2日 振り版| [        ] Jul5日PM10時37分)                    返信|他のアクション
協働的な学習態度①　A
他者が話しやすいように、相槌をうったり微笑んだりしながら、意見を聞けたと思います。
自分の意見を言うときは相手の顔を見ながら話し、きちんと伝わっていなさそうであれば、説明し直したり、よりわかりやすい言葉を選んで話すことができたと思います。
協働的な学習態度②　A
練習時間を多くとりたいので、全員でプレゼンテーションがいつなのかを確認し、早めにPPTを完成させることにしました。各自何をするかを決めてから作業したので、班員が何をしているかきちんと把握できていました。
課題意識　A
先生から主題の注意をされたので、主題が適切であるのか批判的に考えることが出来なかったのだと思います。しかし、他者の意見に関心を持つことはできたと思います。
個人の振り返り
1.前回のPPTにすこし手を加えたのでそれをみんなに見てもらい、みんなの意見を聞いて新たにページを増やしたり、必要でない部分を削除した。新しく集めてきた資料を発表しあい、PPTにつけたせることは付け足していった。

2.PPTをほぼ一人で作成していたので、班員全体の作業バランスがうまくいかなかったと思う。私自身、たまに何もしない時間があった。

3.次回は発表練習をしたいので、早い踏段でPPTを完成させたいと思います。各自、何もしない時間ができないように周りを見て行動できるようにしたいです。
```

図 8-11　CEAS のトピック機能を活用した e ポートフォリオ

　また，グループでの活動をふりかえることができるように各グループで1つのトピックを立てて，学生はグループの進捗状況を毎回報告する。グループワークに取り組んだ経験の少ない学生たちからは，「同じことを繰り返して話し，意見を整理することができない」「議論の内容を書きとめておらず，話し合った内容を忘れてしまう」といった課題が挙げられているが（岩﨑，2014），こうした課題を解決し，協同学習を円滑に実施するために，学生は議論をした成果として議事録やホワイトボードを撮影した写真を CEAS のトピック機能に提示している（図 8-12, 8-13 参照）。CEAS とホワイトボードを活用して，思考のプロセスや活動の成果を可視化することで，学生はどのような議論をすすめてきたのかについて確認ができ，活動のふりかえりにつながっていることが学生へのアンケート調査結果からも示されている。
　「②他者と自らの活動のプロセスを比較すること」に関しては，CEAS で他の学

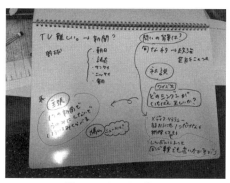

図 8-12　ホワイトボード

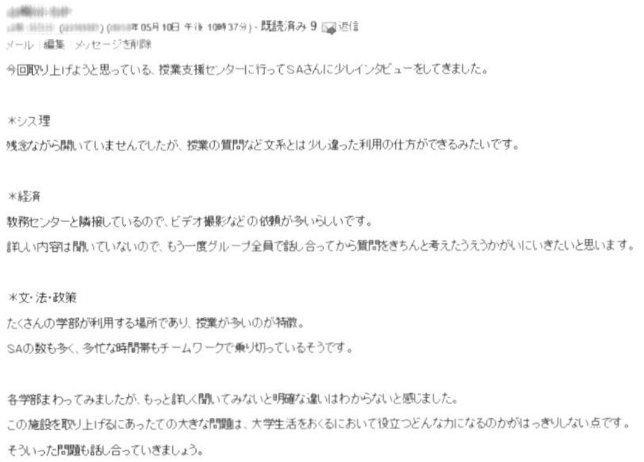
(　)(　年05月10日 午後 10時37分) - 既読済み 9 返信
メール | 編集 | メッセージを削除

今回取り上げようと思っている、授業支援センターに行ってSAさんに少しインタビューをしてきました。

＊シス理
残念ながら聞いていませんでしたが、授業の質問など文系とは少し違った利用の仕方ができるみたいです。

＊経済
教務センターと隣接しているので、ビデオ撮影などの依頼が多いらしいです。
詳しい内容は聞いていないので、もう一度グループ全員で話し合ってから質問をきちんと考えたうえうかがいにいきたいと思います。

＊文・法・政策
たくさんの学部が利用する場所であり、授業が多いのが特徴。
SAの数も多く、多忙な時間帯もチームワークで乗り切っているそうです。

各学部まわってみましたが、もっと詳しく聞いてみないと明確な違いはわからないと感じました。
この施設を取り上げるにあったての大きな問題は、大学生活をおくるにおいて役立つどんな力になるのかがはっきりしない点です。
そういった問題も話し合っていきましょう。

図 8-13　CEAS トピック機能によるグループ活動のふりかえり

生やグループのふりかえりを閲覧するように促している。他者はどこまで進んでいるのかを閲覧できる場を作ることで，自らの活動や考えを批判的にふりかえられるようにするためである。

「③自らの活動と活動の標準基準との比較」に関しては，授業目的である「課題意識」「思考方略」「発表態度」「発表資料」「協同学習態度」の項目（規準）にS，A，B，Cと到達度基準を設け，学習プロセスで重視すべき事柄を学生が明確に理解したうえで学習を進められるようにしている。学生は，第1，2回プレゼンテーション後に到達度基準に沿って自己評価を行う。その際，学生はCEASを見ることで，これまでの学習プロセスを確認できるため，15回の授業を通して学んだことを把握した上で，伸ばしていくところ，改善していくべきところはどこなのかを考える機会となっている。このように，到達度基準の設定，eポートフォリオの利用をすることで，プレゼンテーションやその準備のプロセスにおいて，内的な側面にも配慮した学びが促進されるようにICTを活用した。

● 5-4　パフォーマンス評価のためのSCORM教材開発とCEASへの掲載

授業では，「課題意識」「思考方略」「発表態度」「発表資料」「協同学習態度」といった評価指標を設けているが，これらの指標だけではプレゼンテーションというパフォーマンスが求められる活動において，どうふるまえばSランクで評価されるのかを学生が具体的に理解することが困難な場合がある。しかし，学生が活動を自ら評価するためには，評価指標を理解することが必要になる。そこで，ITセンター

図 8-14　スピーチの SCORM 教材　　図 8-15　講義収録・配信システムログイン画面[8]

が提供している講義収録・配信システムを活用し，Sランクとなるプレゼンテーションやスピーチを複数収録し，SCORM教材としてCEASで配信できる教材を開発した（図8-14参照）。学生はSランクのパフォーマンスモデルを事前に確認した上で，プレゼンテーションの準備を進められるようにしている。なお，講義収録・配信システムは，授業の映像やパワーポイントのスライドなどの授業資料をブラウザ上の専用ページから配信することもできる（図8-15）。映像の配信に関しては制限をかけられ，受講生のみの配信，全学生への配信，外部への公開などを選べる。iPhoneやiPadなどの携帯端末からも閲覧可能である。

● 5-5　初年次での学びを上位年次へと接続するために

本授業では，協同学習を円滑に進め，学習活動をふりかえることで学びを深めるための手立てとして，到達度基準の設定によるルーブリック評価の実施，パフォーマンス評価を確認できるSCORM教材を開発し，CEASのフォーラム機能を活用したeポートフォリオを導入を行った。初年次の段階で学習活動をふりかえる習慣を形成することは，その後の大学生活においても有益であると考える。今後は，初年次教育で培った習慣を継続できるよう，上位年次のカリキュラムにおいてつながりをもたせ，eポートフォリオを活用して学生の学びの連続性を保持し，彼らの主体的な学びを深めることを支援する必要がある。

---

[8]〈http://cm.itc.kansai-u.ac.jp/Gateway/loginInit.do（2015年8月19日参照）〉

【付　記】
本節の一部は，文部科学省科学研究補助金・基盤研究（A）（課題番号 25245057），の助成を受けている。

【引用・参考文献】
第2節
古賀崇朗・中村隆敏・藤井俊子・髙﨑光浩・角　和博・河道　威・永渓晃二・久家淳子・時井由花・田代雅美・米満　潔・田口知子・穗屋下　茂（2013）．就業力を育むデジタル表現技術者養成プログラムの実践　佐賀大学全学教育機構紀要，創刊号，13-22．
穗屋下　茂・角　和博・近藤弘樹（2005）．教養教育におけるネット授業の展開　学術情報処理センター広報，(2), 1-10．
米満　潔・古賀崇朗・永渓晃二・髙﨑光浩・穗屋下　茂（2012）．大学コンソーシアムでの同期型遠隔授業の環境構築と実践　教育システム情報学会誌，**29**(3), 165-169．

第4節
小松川　浩（2005）．理工系の知識共有に向けたe-Learningの実証研究　メディア教育研究，**1**(2), 11-22．
高木正則・田中　充・勅使河原可海（2007）．学生による問題作成およびその相互評価を可能とする協調学習型WBTシステム　情報処理学会論文誌，**48**(3), 1532-1545．
高木正則・関口直樹・河合直樹・木村寛明（2013）．数学リメディアル教育における重点指導学生抽出手法の提案と評価　情報処理学会情報教育シンポジウム2013論文集，63-68．

第5節
岩﨑千晶（2014）．大学生の学びを育む学習環境のデザイン―新しいパラダイムが拓くアクティブ・ラーニングへの挑戦　関西大学出版部
岩﨑千晶・池田佳子（2013）．考動力を育む"コラボレーションコモンズ"のデザイン　関西大学高等教育研究，**4**, 9-17．
コリン, A.（2009）．認知的徒弟制　ソーヤー, R. K.［編］／森　敏昭・秋田喜代美［訳］学習科学ハンドブック　培風館（Sawyer, R. K.（2006）．*The cambridge handbook of the learning sciences*. Cambridge, New York: Cambridge University Press）
松下佳代・田口真奈（2012）．大学授業　京都大学高等教育研究開発推進センター［編］生成する大学教育　ナカニシヤ出版

09 学部教育の学習支援

小松川 浩・宇野美由紀・松葉龍一・深田將揮・本村康哲・安室喜弘

1 本章の概説

小松川 浩

　大学は，ユニバーサル化に伴う多様な学習者へのきめ細かい対応から，グローバル社会で活躍できる高度な人材育成に至るまで，全学的な課題を着実に解決して，社会に対する質保証を図ることが求められている。そのためには，授業内容や方法の改善といった教員個々の努力はいうまでもないが，大学として質を保証するための教育システムの確立も重要となる。ICT の活用は，学生の学習成果（アウトカム）の担保という点で，質保証上効果が期待できる。例えば，e ラーニングを活用した授業及び授業外の学習実践は，学習管理システム（LMS）を用いることで，学生1人ひとりの在宅学習や授業の出席状況を把握できる。また e ラーニングを通じたオンラインとテストや数多くの教材プールの中からのドリルワークを活用することで，知識定着に向けた反復的な学習を効果的かつ効率的に実現できる。さらに，質のよい教材を学部のカリキュラム体系の中で整備することで，質の高い共通基盤教育の実現も可能になる。そして，一連の授業内容や方法を授業ポータルで活用することで，教員及び学生間での教育内容を共有することもできる。

　本章では，ICT を活用した組織的な学習・授業支援という観点で，全学的な ICT 教育支援や学部単位での取組事例を紹介する。最初に，継続的にセンターレベルで運用支援を図っている茨城大学の事例を紹介する。次に，LMS を活用して大規模な授業実践を図っている熊本大学の事例を紹介する。また，教員の授業支援という視点で設計されている e ラーニングシステム（CEAS）を活用した畿央大学と関西大学の事例を通じて，ICT を活用した授業改善の取組と質の高い教育内容を概観する。本章を通じて，現実的な制約の中でも継続的に運用を図ることの重要性，ICT 活用

による大規模授業支援の可能性，ICT活用による課外学習・個別学習支援の可能性について理解を深められれば幸いである。

2 茨城大学におけるeラーニングシステムを用いた教育支援

宇野美由紀

● 2-1　はじめに

茨城大学は北関東に位置する国立大学である[1]。5学部（人文・教育・理・工・農）および大学院から構成され，キャンパスは水戸・日立・阿見の3地区に分かれている。学部生は初年度を水戸キャンパスで過ごし，2年次以降はそれぞれのキャンパスで専門科目を学ぶ。教員の活動拠点も3キャンパスに分散しており，遠隔地からのコミュニケーションを可能とするICTシステムは重要なツールである。

● 2-2　茨城大学におけるeラーニング環境

ICTという言葉が広く使われる前から，茨城大学では「eラーニング」という枠組みで学習支援が行われてきた。eラーニングの推進にあたっては次に示す課題が挙げられた（茨城大学教育研究開発センター，2007）。

a) 具体的な教材（コンテンツ）をどのように作成するか。
b) eラーニングを支える情報システムをどのようにつくるか。
c) eラーニング教育を支える運営体制（組織）をどのようにつくるか。

このうち，b) を支える仕組みとして，2006年度に日本ユニシス社製の商用LMS「RENANDI」が導入された。他に英語学習用システムが導入されて一定の効果を上げていたが，今も広く正規科目で利用されているのはこのLMSである。c) については，大学教育センター[2]の専任教員1名（IT基盤センター兼任）と事務補佐員1

---

[1] 1949年に旧制水戸高等学校・茨城師範学校・茨城青年師範学校および多賀工業専門学校を包括して文理学部・教育学部・工学部の3学部で発足し，後に茨城県立農科大学を移管して農学部とした。

名を充てた．2007年度に採択された特色GP「確かな学力の向上を目指す理系基礎教育」ではeラーニングを用いた予復習の定着が目標の1つに挙げられていたため，GP予算の一部を人件費に充てて補佐員を2名に増員した．事務補佐員ポストの1つは特色GP終了後も継続され，現在は専任教員1名・補佐員1名の実質2名でシステムを運用している．利用者向けサポートとして行っているのは，利用者登録・科目開設などの登録作業と，問い合わせへの対応および講習会開催やマニュアル作成などの普及活動である．コンテンツは，教員集団の自助努力や，各部局の予算とマンパワーに応じた外注・内製で準備されている．他にも，外部サイトのオンライン教材を利用したり，独自のCD教材を用いている授業があり，それぞれ成果を上げているが，ここでは紹介を省略する．

● 2-3 eラーニングの形態

茨城大学では授業支援の一環としてeラーニングを用いており，対面授業なしで単位を取得できる科目は今のところ存在しない．多くの学生を対象に一斉実施される理系科目（主に工学部1年生を対象とする微分積分と物理学）や総合英語（全学部向けのレベル別英語教育）では，複数科目の学生に対して同一のオンラインテストを受験させたり，レベル別の教材プールを作成したりしている．情報処理やプログラミングの科目ではコンピュータ教室で授業を実施するため，受講する学生全員をLMSにログインさせながら講義を進めることも多い．これらの科目では，出欠管理・教材配布・レポート回収など，授業進捗に関する多くの情報がLMS上で管理されている[3]．2012年度には，教職員約233名・約700科目の実利用があった[4]．LMS運用開始後の数年間は，その導入経緯から教養科目での利用が主だったが，今では専門科目のほうが多い．全学での利用が定着したことから，依頼処理を一定レベルに標準化する必要があり，センターでは利用規約の策定と見直しに着手したところである．

LMSは正規科目の学習支援に用いるだけでなく，就職活動支援や学科掲示板としての使用も許可している．また，テレビ会議システムで多地点を結んだ遠隔講義

---

2) 大学教育センターは教養部の廃止をうけて発足した組織の後継で，教養教育の企画実施を主要なミッションとし，教育支援・FD支援をその活動に加えている．
3) 一元化されていて便利な反面，万が一システムが停止した場合の影響は大きいともいえる．
4) システムで一回以上変更操作をした教職員，および，一回以上変更操作が行われた科目をカウントした．ここでの変更操作とは，登録／更新／複製／割当て／削除のいずれかである．

では，録画動画のリンク集の整理にLMSを用いている。教員の多くは，システムを使ってより効率的な授業の遂行が可能になることを期待している。例えば，学生への連絡通知の簡素化や電子データの一元管理による教員の作業の効率化などである。また，LMS機能を用いてグループワークをより効果的に進行できるという事例があるため，アクティブ・ラーニングの実施を契機に比較的利用が少なかった文科系科目でも利用教員が増えている。

最近では教員の感想として，LMSは便利であるとか操作が簡単であるとか，そういう声も多くなった。学内で教員が使う他システムに比べて多機能なためか，教員がインターフェースに慣れるまでに時間がかかったが，数年を経て次第に定着したようである。

● 2-4　茨城大学のICT環境

茨城大学に導入されている学生向けICT設備として，eラーニングシステムの他に，教務情報ポータル，eポートフォリオ，電子メールシステム，遠隔テレビ会議システム，全学教育用PC端末，大学無線LANなどがある。これらの運用部局を大別すると，eラーニング系は大学教育センターが，教務系は学務部が，PC端末や無線LANなどはIT基盤センターが担当している。

2012年度から導入されているeポートフォリオは，文科省の就業力育成支援事業での採択を契機に，一部の学科が利用していたシステムの機能を拡張して全学展開しようとしているものだ。eポートフォリオは学務と専門委員会を主体として運用されており，保守はシステムを制作したソフトウェア会社が行っている。LMSが授業に必要なコンテンツを準備して学習結果を蓄積するための基盤であるのに対し，eポートフォリオは学生が自身の修学活動を長期にわたって見渡せるような作りになっていて，目的が異なる。

2012年度からは学内無線LANが広範囲に整備され，大学の構成員は建屋内のどこからでもネットワークに接続できるようになった。これにより，PC端末や情報コンセントがないような教室でも，ネットワーク上のコンテンツを用いた授業ができるようになった。

セキュリティ確保の観点からアクセスが学内限定とされているシステムもある。本節を執筆している時点では，茨城大学の教務系システムへのログインは，学生・教員ともに学内からのみに限定されている。LMSなどのeラーニングシステムは学外からもログインできる。この「学外ログイン可能」ということも相まって，

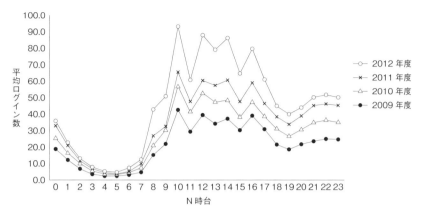

図9-1 時間帯別のログイン回数（2009〜2012年度）

LMSは重宝されてきた．図9-1は，LMSの時間帯別のログイン回数である（年間平均）．17時以降のログインは学外からの利用の多さを示唆している．

図9-1とは別に，学務や評価者にeラーニングシステムの利用統計データを提出することもある．昨今は，運営資金の削減による予算のひっ迫から，システム運用にあたる人員や保守費用にも見直しが求められることもあり，IRという目的以外でも，定期的に普及活動のエビデンスや利用状況を報告することが求められてきている．

● 2-5 今後の課題など

最近はICTという大きな括りで，ネットワークやコンピュータ技術を利用した学習支援が語られることもある．これには，ICTを用いてよりよい授業を実施するということ以外にも，教育IRや，安否確認のための連絡体制整備などまで含まれているようだ．一方，前節で述べたように，システムの運用部局が異なっていることも多い．茨城大学には，ICT全体（もしくは情報システム全体）を取りまとめる部局がまだない．粘り強く，スタッフ同士の連携・データ連携・運用ポリシーのすり合せ・普及活動・調達の足並みをそろえることなどをしていかなければならない．

また，学内システムは大学認証基盤に接続しており，複数のシステム間でIDとパスワードは統一されてるが，シングルサインオン化はされていない．そのため，ログインごとにID&パスワードを入力する必要がある．茨城大学では将来的に学認のShibboleth認証を採用しようとする動きがあり，この対応を進めていくことも課題だ．

3 学習管理システムを活用した大規模授業運用

松葉龍一

● 3-1 はじめに

近年，教育の質保証，厳格で公正な評価基準の設定，学習成果（アウトカム）に基づく教育実践が広くいわれてきている。大学教育，特に，大規模校における科目，例えば情報リテラシー教育や，語学教育において改善すべき点として指摘されている事項の1つに，同一科目名にも拘らず，学習内容や評価基準の差異が担当教員間で見られ，学生に不利益を与える結果を生んでいる点が挙げられる。この点の改善に関しては，FD活動の一貫としての授業参観や，シラバス公開の義務化による評価基準の開示など，多くの大学において組織的にさまざまな取組が為されてきているが，改善の余地を多く残しているのが現状である。

本節では，熊本大学における，全学1年次生1,800余名を対象に開講している大規模初年次科目「ベーシック」と「情報基礎A/B」を例に取り上げ，ICT，取りわけ，学習管理システム（以下，LMS：Learning Manegement System）を活用した上述の問題点改善への取組を紹介する。

● 3-2 初年次教育科目「ベーシック」と「情報基礎A/B」

初年次教育科目ベーシックは，「熊本大学学士課程教育に期待される学習成果」において，「汎用的な知力」の育成科目として位置づけられている（学士課程GP, 2011）。具体的には，「大学教育へのオリエンテーション科目すなはち，大学における学習の準備として，熊本大学の学生として共通して身につけるべき基本的な学習リテラシーと必須知識の習得」を目的としており，7単元をその分野の専門家が担当する形で実施している（本間他，2012）。

情報基礎A/Bは，上述の学習成果における「情報通信技術の活用力」の育成科目に分類され，半期ごとにAおよびBが開講されている。科目の目的は，ネットワーク社会における自立した社会人に求められる最低限度の情報リテラシーと情報倫理の習得であり，Aでは，大学および，その後の社会生活において必要最低限のPC操作技術と知識の習得である。情報基礎Bでは，インターネットを利用した情報発信技術の習得を主軸をおき，ネットワーク社会における法的責任を学び，ネットワーク社会における自立した社会人としての自覚を身につけることが目的である（入口他，2004）。

● 3-3 学習管理システム LMS を活用した授業サポート

　ベーシック，情報基礎 A/B ともに，授業形式は，講義＋実習の形式であり，対面授業だけでなく，オンライン自己学習を含むブレンド型を取っている。LMS の利用は，単に，学習リソースの提供に終わらない。出席情報の記録やオンライン自動採点テストによる理解度の確認，提出課題（レポート）の振り返り，グレードブックによる成績処理の一元化を可能にしている。

［1］ 構造化された学習コンテンツ

　担当教員間での教授内容の差異をなくし，全受講生に統一の学習内容を提供するために，各単元の学習コンテンツは全て LMS 上で提供されている。LMS での学習コンテンツ公開は，受講生に学習内容（What）を理解できるだけでなく，何月何日に（When），どのように（How）学習するかの予告も与える。

　ベーシックを例に取り上げると，学習コンテンツは 4 つのブロック（Step と呼んでいる）に構造化され提供されている。図 9-2 に示すように，Step1 は対面授業と復習に利用するための学習リソース，Step2 は自主学習，継続的な発展学習のための

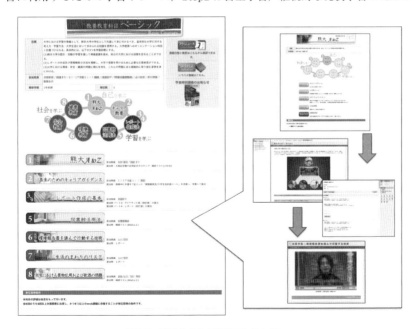

図 9-2　構造化された学習コンテンツ

オプショナルコンテンツ，Step3 は評価と関連する Web 課題のためのコンテンツ，そして，次単元担当者による学習内容紹介も兼ねたビデオコンテンツである。

学習コンテンツの構造化は，受講生に学習の流れを示し，学習内容の把握，すでに理解していることと新しく学ぶこと，つまり，自身が単元内容の習得に必要とする時間の分別を可能にする。また，LMS のもつコンテンツの公開制御機能を利用した日付・時間設定によるレポート提出後の模範解答の公開や，基礎項目の理解を徹底させるために，自動採点テストの結果と連動させたコンテンツ公開の制御も，コンテンツの構造化に含まれる。

[2] タブレット端末と IC カード学生証を利用した出席確認

多くの大学と同様に，熊本大学でも授業への出席状況を厳しくチェックしている[5]。情報基礎 A/B では，LMS の自動採点テストを利用し提出時間制限を設けた出席取りとその記録を行ってきたが，学生証の IC カード化に合わせて，IC カードリーダと Android タブレット端末を組み合わせた出席登録用 IC カードリーダーの実装を行い，加えて，リーダーとペアになるデータアップロード端末・LMS 連携サーバを開発し，LMS と連携させることで出席管理を行っている（永井他, 2013）。複数教員が 1 日に何コマも担当する大規模科目での出席管理においては，出席データ登録や集計作業の負担軽減につながるだけでなく，受講生による出席状況の自己確認も可能にし，成績処理の透明化にも役立っている。

[3] オンライン自動採点テスト

学習者自身により学習の到達度と個々の学習内容の理解度を即座に測定し確認できるオンライン自動採点テスト（以下，確認テスト）を熊本大学では積極的に取り入れている。確認テストの利点は多々あるが，とりわけ，受講者が受験直後に採点結果や得点を知ることができる点は非常に有用である。

両科目とも，各単元ごとに確認テストを準備し，評価対象の 1 つに組み入れている。一定期間に何度でも受験可能な確認テストは，講義と実習の双方を補間し，受講者へ一定の到達レベルを担保することに大きな効果を発揮している。一定期間の受験が可能であることから，クラスメートから正答を聞くなどのある種の不正が行

---

5) 全授業回数の内の 3 分の 2 以上の出席がない場合には成績評価に値しないと学則に定められている。

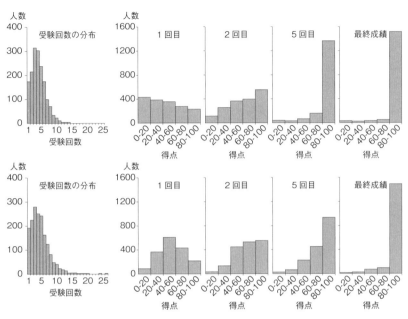

図 9-3　確認テストの受験回数分布（左図）と成績分布（右図）

われるのではないかと思われがちであるが，確認テスト問題は，LMSのデータベースに蓄積された問題群の中からランダムに出題され，選択問題の場合，選択肢の順番も毎回ランダムに提供されるので，仮にクラスメートから正答を聞き出そうとしても，設問の内容と解答を正しく理解しておりかつ，正確にそれを説明できる者から聞く必要があり，この問題と選択肢のランダム提出がある程度の抑止力になっているように思える。我々の観察では，上記のような不正行為は非常にまれであり，むしろ，設問内容が学習コンテンツのどこに記載されているのか，自身の解答はどこが間違っていたのか，どうして間違って理解したのか，などを学習者間で教えあっている。図9-3は，確認テストの受験回数分布（右図）と成績分布（左図）を示したものである。上段と下段は異なる単元におけるそれぞれの分布を表している。図9-3から，大部分の受講生にとっては，確認テスト受験は相互競争と相互教育の機会を生み，ひいては，学習と受験に対するモチベーションを維持につながっていると考えられる（松葉他, 2007）。

[4] グレードブックによる一元化された成績処理

　成績評価の透明性を保つために，シラバスだけでなく，学習コンテンツの1つとしても，成績評価基準をLMS上に公開しているが，本節で示すような多数の受講者を抱える科目においては，統一基準による一貫した厳格な成績処理を人手により行うことは困難である。そこで，LMSのもつ成績管理，計算機能であるグレードブック（成績表）を利用することで一元化された成績処理を行っている。例えば，出席回数，確認テストの成績などは，受講者の提出後即座にグレードブックに反映されるよう設定しており，さらに，担当教員による採点が必要な課題などについては，採点後に素点をグレードブックに入力を行えば自動計算処理がなされるように設定している。その上で，より公正を期するために，最終成績は授業担当教員全員による成績判定会議において，教員間の相互確認を受け確定される手続きを踏んでいる。また，全ての資料，データがLMS上で統一的に管理・保存されていることは，評価，成績処理の透明化に留まらず，必要に応じての情報開示にも役立つ。

● 3-4 まとめ

　本節では，大規模授業における教育の質保証を担保するための取組の1例として，ICTの活用，特に，学習管理システムLMSを活用する事例を紹介した。LMSを活用することで，同一科目，複数クラスにおいて一定の質を保った教育・学習内容の提供と，統一的な評価は可能になる。しかし，LMSは，その仕様上，授業科目を中心とした学習環境の提供と情報管理に主眼が置かれており，単一科目内での質保証のためのサポートには役立つが，学習者個々の特性に応じた必要十分なICT学習支援環境を提供できているとは残念ながらいいがたい。それらの実現のためには，学習ポータルやeポートフォリオ，学務管理システムなどのICT関連システムとの連携が不可欠であると考える。それらに関しては他節の有意な事例を参照されたい。

4 ICT技術を活用した学習サイクル形成のための英語教育実践

深田將揮

● 4-1 はじめに

　畿央大学では2010年度より学習支援システムであるWeb-Based Coordinated Education Activation System（以下，CEASと記す）とSakai Collaboration and Learning Environment（Sakai CLE，以下Sakaiと記す）との連携システムである

CEAS/Sakaiを導入した。筆者は，学習者がCEAS/Sakai上に学習サイクルを形成できるよう授業内外での学習が可能な英語デジタル教材を配置した。この教材は，授業内で使用する教材，授業外で学習可能な学習教材，学習の成果を測るテストに大別され，授業内外での学習が密接に結びついた学習サイクル形成が可能な英語学習システムである。本節では，教材と授業内外の学習，学習サイクルについて，また，このシステム導入で見えた成果と今後に向けた動きについて述べる。

● 4-2　CEAS/Sakaiの活用

　CEAS/Sakaiは，授業と授業外での学習を統合的に支援することを目的としたeラーニングシステムである。このCEAS/Sakaiは，授業資料の配置，選択式や記述式などの問題を含んだ複合式テストの作成，レポート課題の提出・返却，また，即時に結果がまとめられるアンケート機能や掲示板機能など教室内外での学習を支援する機能が豊富に搭載されたシステムである。このシステムは，畿央大学のサーバーから配信されているため，学生は，授業内はもちろん，授業外でも学内のコンピュータから，また，自宅やスマートフォンなどの携帯端末からでもアクセスが可能で，学習のための場所や時間を選ばないことも大きな特長である。CEAS/Sakaiは，上述のさまざまな学習コンテンツを活用する事で授業内外の学習をうまくつなげる可能性をもっている。筆者は，このCEAS/Sakaiがもつ利点を語学教育に導入することで通常授業の補足的教授の場を提供できるのではないか，また，学習者と教材提供者のデータ結果が即座に存在することで，従来型に比べ相互作用が多様化することが可能になるのではと考えた。つまり，CEAS/Sakaiを媒介とすることで，総学習時間を確保でき，学習への意欲の向上，新たな気づき，教授者と学習者の相互交流が活発になるのではないかと考えた。

● 4-3　英語授業への応用

　授業内では，対面型だからこそできる活動，つまり，会話練習などのペアワークや語彙表現や発音の指導，復習テストの実施などを主に行った。自宅などでの授業外では，学生自身で行える学習，音読練習やリスニング活動をCEAS/Sakaiを通して展開するよう指導した。なお，学習方法については，第1回目の授業時に，「スタディガイド」と称し，授業の進め方や活動の内容，授業外での予習や復習の方法など，どのように授業内と授業外で効率的に学習を進めていくかを詳細に説明をした。
　CEAS/Sakai上には，使用テキストの音声ファイル（出版社許諾済み）や授業の予

習・復習がしやすい用レクチャーノートという教材を配信した。これは，各レッスンで出てきた語彙や表現の解説，また授業に関連する背景知識を与える講義ノートのようなものである。この教材の特長は，授業前には，基本的な解説のみを掲載しておき，授業後には，授業内で取り扱った表現や質問事項，または，テキスト内の練習問題の解答などを追記して配信する。つまり，授業前後にうまく教材を配信することで学生に対する学習の動機づけ，意義づけをはっきりさせたのである。従来型の学習では，教材を提供するには，場所や時間，さらには，配布方法が限定されてしまうが，CEAS/Sakai を用いれば，その問題は容易に解決する。

　授業の最初には，毎回復習テストを CEAS/Sakai 上で課した。このテストは，CEAS/Sakai 上の「複合式テスト」を用いて作成した。これは，選択肢を設定する選択式問題と，自由記述の可能な記述式問題の2種類を同ページ内で出題できるテストである。このテストを利用することで，授業内で学習した内容を効果的に測定することが可能で，1回のテストで語彙の意味や使われ方を選択する選択式問題，聞いた英語を書き取らせるディクテーション問題（音声もテスト上の添付ファイルという機能で再生可能）といった形式も可能である。そして，各課が終了すれば，学生は，ライティング課題に取り組む。各課で触れられた話題を元に英語で自分の考え，意見をまとめる。授業内外で学習した語彙や表現を使えるようテーマ選別にも工夫をし，今までの学習の意義づけ，またさらなる表現の創出が可能になるよう課題を与える前に書き方の工夫や語彙表現などの指導も行った。さらに，学生が作成したライティング課題は，提出機能を使えば即時に提出が可能で，筆者は，提出されたものを随時返却可能であった。返却後，授業内の冒頭時間を使い，特に優れた記述内容，既習の単語や表現をうまく活用した作品などを毎回紹介し，「英作文」（えいさくぶん）ならぬ「英借文」（えいしゃくぶん）ができるような展開の工夫を行った。これにより，教授者と学習者の相互交流が活発になり，返却されたものを元に次の課題に向けてどう書くべきかといった新たな目標設定や授業内外での教員への質問なども活発化した。

● 4-4　学習サイクル形成

　学習は，次のようなサイクルになる。まず，授業前に語彙や表現，またレッスンテーマに応じた背景知識を得るため CEAS/Sakai 上の教材を活用する。その知識は，授業で活用され，授業ではその知識を習熟するために必要な活動，または，指導を受け，授業後，さらに学んだ知識を内在化するためレクチャーノートを再度見直し

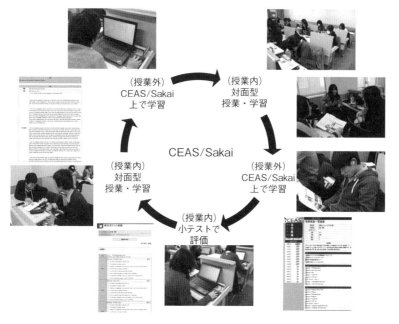

図9-4 CEAS/Sakaiを媒介とした学習サイクル

学習に役立てる。また，音声教材を用いて音読練習やリスニングの練習をする。そして，その成果は，次の授業で行われる小テスト，または，ライティング課題で評価される。これにより学生は，CEAS/Sakaiを媒介とし，学習のサイクル形成が可能になり，予習した内容，また復習した内容が次の授業や評価に関係性をもたせるといういわば連環型学習が可能となるのである。

● 4-5 成果と今後に向けて

CEAS/Sakaiには，「アクセスログ」解析の機能が実装されているため，対象科目の学生個々のアクセス回数がわかる。対象科目のアクセス数を調べたところ，ほとんどの学生が1回の授業につき複数回アクセスしていることがわかった。また，このシステムを使って学習をした学生を対象に行った質問紙調査によると，従来型の学習にはない利点を享受することが可能になったという報告が数多く見られた。例えば，英語学習の方法が以前より明確になったであるとか，また，CEAS/Sakaiにアクセスすれば，常に最良かつその時にあった教材があるということから，学校や自宅で時間があるとき見ておこうという気持ちになり，英語に触れる機会が増えた

といったものである。さらには、ライティング課題の教授者からの評価から、英語学習に対する目標設定の策定の容易さについての報告、あるいは、小テストの結果がグラフを用いて明示的に示され、順位などが即座にわかる機能により、学習へのモチベーション向上に影響を与える可能性も示唆された。

これら CEAS/Sakai のもつ英語学習に対する利点を受け、畿央大学では、英語授業のさらなる質向上を目指すため、また、全学的な英語力向上を図るため、CEAS/Sakai を活用した e ポートフォリオの作成に着手している。この e ポートフォリオを使った英語教育の実践は、PDCA サイクルを軸とした一連の流れを取っている点である。

5 大学授業の規格化

本村康哲

● 5-1 はじめに

関西大学文学部は、専門分野の多様性と新たな人間像の探求を謳っており、教員は多数の科目を担当して教育にあたっている。一方、私立の総合大学文系学部では国公立に比べて S/T 比（教員一人あたりの学生数）が大きいことにくわえて、大学のユニバーサル化に伴い、幅広い学力水準の学生への対応を迫られつつある。このような状況の下で教育の質を担保しようと考えるならば、教員は日々の授業運営していくなかで、大量の教材データを運用・管理することが求められる。また、教育の質向上を目指すのであれば、毎年度授業改善に取り組むとともに、学生へのフィードバックやコミュニケーションの機会を増やしていく必要がある。こういった教育現場の課題を解決する方法の1つとして、ICT 支援による授業運営がある。

本節では、2003 年度からの 10 年間の授業経験の中で、文化系カリキュラムにおいて ICT を利用した実践について述べる。主としてコース管理システム「CEAS」による授業運営とゼミ運営について紹介する。

● 5-2 多様な授業形態

大学では、学部学科ごとのカリキュラム体系の中で、全学共通教育、外国語教育、初年次教育、専門教育、ゼミ（演習）などの科目が展開されている。筆者が担当する授業だけでもさまざまな実施形態があり、大教室で行われる数 100 名対象の一斉講義から、10 名程度の少人数ゼミまである（表 9-1）。いずれの場合も、概念形成のために PowerPoint スライドを提示する、印刷資料を用意して配布するなどしてい

表9-1 2013年度春学期の担当科目一覧

科目名	種類	対象年次	形態	受講数	評価方法
基礎からの情報処理	全学共通	1年次	リレー講義	240	期末テスト
知のナヴィゲーター	初年次	1年次	講義	21	出席, 演習課題, 授業内レポート
知へのパスポート	初年次	1年次	ゼミ	9	出席, 授業内レポート, 演習課題
学びの扉	初年次	1年次	リレー講義	12	期末レポート
情報処理1	専門	1年次	講義	36	出席, 演習課題, 期末レポート
情報文化学専修ゼミ1	専門	2年次	ゼミ	13	出席, 授業内レポート
プログラミング	専門	2年次	講義	21	出席, 演習課題, 授業内レポート
情報文化学専修研究3	専門	3年次	リレー講義	20	出席, 演習課題
デジタルメディア情報処理	専門	3年次	講義	11	演習課題, 授業内小テスト
情報文化学専修ゼミ5	専門	4年次	卒論ゼミ	9	発表スライド, 期末レポート

る。また，知識の定着を図るために，ミニッツペーパー，演習課題，授業内レポート，期末レポート，授業内小テスト，期末テストなどで評価を行う。さらに，授業改善のためのアンケートを実施する場合もある。そして，学期末には，これらを整理して評価を提出する。こういった一連のサイクルを遂行するために，教員は数多くの教材を準備し，管理していくことが求められる。

● 5-3　CEASによる授業運営

　教員が毎回の授業で学生に課題を課すことは，授業内の学習事項を踏まえ，授業外での学習を促し，次回の授業へつなげる，といった一連の学びのサイクルを形成する契機となる。このサイクルでは，授業資料や課題管理が必定である。CEASはこのような活動を支援するユーザインターフェース（授業支援型UI）を備え，現行の大学カリキュラムの中心である1セメスターあたり15回の授業において，授業資料，課題，テスト，アンケートなどの機能を備えている（植木・冬木, 2010）。

　前述のような多様な授業内容・授業形態を展開していく過程において，授業準備，

授業実施，成績評価を効率化するため，2003年度よりまず少数の専門科目について CEAS を試行導入した．当初，一部科目の課題回収が主な目的であったが，その後利用科目を広げ，また機能についても授業資料提示，出席確認，レポートのピアレビュー，授業評価アンケートへと拡大していった．2013年度においては，ほぼ全ての授業において CEAS の何らかの機能を利用している．特に，学生への課題は自宅での学習を促すことにつながるため，主として課題回収機能を利用している．例えば，概念形成を主な目標とする講義では，期末テストだけでなく，毎回の授業で演習課題を課すことによって，授業内容の定着を図っている．また，コンピュータリテラシー，ライティング，プレゼンテーションなどのスキル形成を目標とする科目では，演習課題，授業内レポート，スライド，発表原稿作成などを課すことによって，授業外での学習時間の増加を狙っている．課題によって生成される学習成果物は，次回の授業においてピアレビューや発表などで使用する資料を兼ねているため，学生の課題提出率も高い．提出された課題は，授業によっては添削して返却するなどのフィードバックを行うこともある．そして，成果物は学期末の成績評価の対象ともなるが，CEAS は連結評価機能を備えているため，採点業務の負荷軽減になっている．小テスト，レポート，アンケート，出席など，学生のアクティビティを連結して一覧表にし，CSV 形式でダウンロードできる．採点時には，これらの項目に配点を設定して，成績評価を算出すればよい（図9-5）．

このような一連の学習サイクルを CEAS で形成するためには，セメスター単位での授業設計にもとづいて運用が行われる．まず，各授業回の学習目標を定め，説

図9-5　CEAS の連結評価機能

09 学部教育の学習支援

図9-6 CEASによるコース管理画面

明のための資料を提示し，到達度を測る演習課題，レポート，テストなどの学習成果物を配置する（図9-6）。これら一連の授業活動は蓄積され，次年度以降の科目に複製することが可能である。教員は前年度の授業を振り返りながら，おのずと授業改善を実施することになる。

● 5-4 CEASによるゼミ運営

人文系の卒業論文指導では，ゼミにおいて学生が文献講読と発表を行いながら各自研究を進める。学生は自分の興味関心によってテーマを選択するため，教員は学生1人ひとりを個別指導する。したがって，授業外での1対1での対面指導が中心となる。一方，前述のように私立文系は学生数が多く，場合によっては平均10名前後の学生について卒業論文を個別指導する。その指導内容は，学生ごとに異なるものもあるが，共通して指導する内容もあり，ゼミ生の間で情報共有ができれば便利である。

そこで，CEASのグループフォルダ機能を用い，学生へのフィードバックと指導内容の共有を行っている。例えば，卒業論文の添削指導では，グループフォルダに添削した論文を返却することによって，そのやりとりの過程を他の学生も閲覧することができるため，指導のプロセスをゼミで共有することができる。卒業論文指導でグループフォルダを利用している教員からは，「ゼミ生のテーマはそれぞれ異なるが，同様の指摘をしなければならない場合が多い。しかし，グループフォルダの添削指導結果を他の学生にも参照するよう伝えておけば，複数の学生に対して同じ

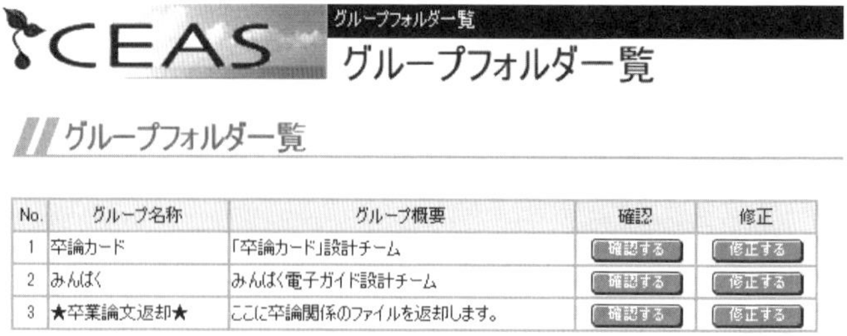

図9-7 CEASによる卒業論文指導

ような内容を何度も伝える必要がない。結果として，業務負担が軽減される」という声をきいている。学生からは「他のゼミ生の論文添削結果は，先生がどのような部分で指摘をされるのかが参考になるので，自分の卒業論文についてもその対策ができる」との声をきいている。

このように，グループフォルダによる指導は，従来の1対1による徒弟制度的な指導プロセスをメンバー間で共有することで，1対多への効果的な指導へと転換できる可能性がうかがえる。特に，ゼミ生が多い私立文系の大学教育では有効な利用方法であると考えられる。

● 5-5 おわりに

この10年間に授業でICTを導入することによって，授業の効率化と質向上を目指した。また，学生は授業外の学習時間，教員と学生同士の双方向の学習機会も増加した。その一方で，この間のICT環境は変化し，豊かなユーザ体験を提供するアプリケーションも一般に増えている。今後，ICT支援がより効果を上げるためには，機能面の充実もさることながらユーザビリティの高いUIの出現がまたれる。

6 理工系コンピュータ教育におけるICTの活用事例

安室喜弘

● 6-1 はじめに

高機能なスマートフォンが普及する一方，学生の「IT離れ」が必ずしも緩和されているわけではない（総務省, 2013; 情報処理機構, 2013）。理工系学生においては，携帯端末のエンドユーザに甘んじて，情報技術を担う力が低下するような事態は避けたい。大学の役割はマス型高等教育であるものの，個々の習熟度の分散を把握し，計画通りに授業進度を維持しながら適切な底上げを図ることは，理工系のコンピュ

ータ教育においても重要なタスクである。毎週の授業の中で、このタスクを達成していくことが、大学教育の質の保証につながると考える。

ICT（Information and Communication Technology）を活用した学生用の「窓口」を設けることによって、教材配布やレポート回収、成績評価といった授業運営を効率化することができる。関西大学では、Webによる授業支援システムCEASが導入されており、前述のような「窓口」を、各教員が科目ごとに容易に設置できる（冬木, 2008）。ICTの活用により、学生からの反応を迅速に把握し、授業内容を柔軟に更新できれば、学生の学びのサイクルと整合性の高い授業運営につながるものと期待する（荒川他, 2005）。

本節では、理工系のコンピュータ教育における座学と実習の授業形態の観点から、関西大学環境都市工学部での取組事例を通じて、日常的な授業運営での授業支援システムCEASの運用方法を紹介する。

● 6-2 座学形態の授業

ここでは、約150名の受講者を対象とした、コンピュータの構造に関する概論科目を例として挙げる。プロジェクタと板書による教材提示を行う通常教室を使った授業形態である。この科目での1週間の授業サイクル（教員の所作）は次の2ステップからなる。

①授業中：復習問題の解説、予習問題と照らしながら授業の説明
②授業後：復習問題を提示、予習問題を次週授業内容と併せて提示

主なCEASの利用方法としては、各週に授業資料のPDFファイルを当該Webページから配布するほか（図9-8参照）、次のような項目が挙げられる。

- 予習問題には、選択回答のアンケート機能により、クイズ形式の出題、解答の一括回収と解答分布のグラフ化を全てWeb上で行う。
- 復習問題には、記述解答を含む複合式テスト機能により、CSVファイルで解答を一括回収し、Excelによる正答率や誤答分析に利用する。

学生は、Webブラウザさえあれば自宅や学内のPCからCEASを利用して教材を閲覧し問題に取り組むことができ、随時質問を送ることもできる。教員は、個人

図 9-8 1週分の授業実施ページ（左）と復習問題のポップアップ（右）の例

又は全体向けに質問への回答を提示できるほか，メールの一斉送信機能も使え，1週間のサイクル内で容易に対応できる。

当科目は，ESP（English for Specific Purposes）の趣旨に沿った英語の習得にも役立てている。この ESP 教育は，英語の語学力の伸長というよりは，そもそも英語由来であるコンピュータの用語や略語の意味，考え方に気づく機会を与えるという目的がある。また，専門知識の賞味期限がますます短くなる社会において，新たな知識を学び続けるためにも，「将来の英語ユーザ」として，英語への抵抗をなくすことを重要視している。授業内容は日本語であるが，復習問題は英文で出題し，技術英語に触れる機会を提供する（図 9-8（右））。語学分野のサポートのために，他学部（外国語学部）大学院後期課程の学生をティーチングアシスタント（TA）として参画させた。TA は，オープンな素材（Web ページや動画など）を利用して，毎週の授業内容にあわせた課題の作成と採点，および講評資料の作成を担当した。TA と教員が CEAS を使って遠隔でファイルを共有・更新することにより，対面での打合せも TA が授業に立ち会うことも不要となり，通常授業のサイクルの中に ESP 教育も組み込むことができた。CEAS では，アップロードしたファイル群から選択的に学生画面に割りつけて学生に配布するため，同一システムでありながら，教員側と学生側の表示制御が容易なことも利点である。当初，技術者には英語が必要であると認識していても，取り組むべき英語学習の内容と方法はわからないという学生がほとんどであるが，期末のアンケート調査では，回答の 8 割が，ESP 復習課題を通して理解できた概念や知識が「たくさんある」，あるいは「いくつかある」で占められるケースもあった（岡本他, 2009）。

● 6-3 実習形態の授業

ここではまず，約150名の受講者を対象とし，2つのコンピュータ教室で同時平行で実施する基礎的なコンピュータリテラシ実習科目を例に挙げる．学期の前半で文書作成，表計算，プレゼンテーション作成などリテラシとソフトウェアの利用方法，後半でC言語による基礎的なプログラミングを実習内容としている．1週間の授業サイクルは，次の2ステップからなる．

```
①授業中  ●先週の内容，復習課題の解説（教員）
         ●今週の内容および課題の説明（教員）
         ●各自のペースで実習（学生）と個別質問対応（教員）
         ●実習時間内での進捗報告レポート（学生）
②授業後  ●提出課題および期限の設定（教員）
         ●期限内に完成レポートの提出（学生）
```

この実習では，計11名のスタッフ（担当教員3名，技術員1名，TA7名）によって授業時間内での個別サポートの充実を図っている．前述の科目同様に，スタッフ全員でCEASの教員画面を共有することにより，授業内容と指導の要点の統一が図れるだけでなく，教室間の授業進度の調整も容易となった．また，予め準備した教材以外にも，受講生からのフィードバックに基づいて，解説やヒントとなる追加資料，課題の増減など，その場で更新した教材を使用することができ，現場の進行状況に合わせた柔軟な対応が可能であった．

教材として，テキストの他にも実務雑誌のPDF記事やWebページの情報を利用して時事問題を採り上げ，情報倫理や専攻分野の意識づけを狙ったレポートやタイピング練習の課題を設定した．また，科目専用のホームページを設置するCEASの機能により，教室同様のプログラミング環境を自宅などのPCに導入する手引を作成した．ソフトのダウンロードやインストール時の画面遷移などの説明も盛り込み，復習課題を取り組みやすくする配慮を行った．

次に，応用的なコンピュータ実習科目としては，数値計算やアプリケーションシステムの開発，研究室のゼミを体験させるような位置づけの科目などが挙げられ，それぞれ多様な内容を扱っている．内容に特化したソフトウェアやプログラミング言語を使用する場合にも，実行ファイルやサンプルコードのテキストファイルをアップロードすれば他の教材と同様に，学生に配布することができる．また，IDE

(Integrated Development Environmen; プログラム開発環境) のフォルダ構成ごとアーカイブしてファイル化することによって, IDE 独自のプロジェクト形式をひな形として公開することも可能であった。特定のライブラリやパッケージも同様で, 展開可能な圧縮ファイルにすれば, 必要に応じてパス設定などが完了した状態で, 学生は教材を受け取り, 直ちに本題に取り組むことができた。すなわち, CEAS においては, 実習内容に起因するプログラミング素材の専門性や多様性は, 配布用ファイルのアーカイブ方法で対応可能である。

● 6-4　おわりに：今後の課題

　授業プロセスの効率化や, 教員やスタッフ間の柔軟な連携における ICT の活用事例を紹介した。一方, 学生のレポートやプログラムなどの個別添削によるフィードバックにおいては, 奏功しているとはいいがたい。添削レポートを PDF ファイルとして個別に返却する機能は CEAS にも実装されているものの, 受講者数が多ければ物理的な作業そのものは紙媒体と変わらない。

　また, ファイルのアップロード操作によるレポート提出が,「教員に見せる」という学生の意識を希薄にする傾向があることにも注意が必要である。情報システム系の職種から求められる新卒学生の資質として, 問題解決能力やコミュニケーション能力の他に, 文書作成や国語の基礎能力が昨今指摘されている（入口他, 2004）。情報の受け手を意識し, 言葉遣いや表現に注意を払ってレポートを作成させるという指導は, 科目や学年を限定せず継続的に行う必要がある。TA などの人材をうまく活用し, 添削方法を体系化した教材を用意して共有することにより, 個別添削のフィードバックに ICT を活用していく工夫の余地があると考える。

【引用・参考文献】
第2節
茨城大学大学教育研究開発センター（理系基礎教育部）(2007). 理系基礎教育（教養科目）の充実に向けて II

第3節
入口紀男・右田雅裕・中野裕司・喜多敏博・杉谷賢一・武蔵泰雄・松葉龍一 (2004). 熊本大学総合情報基盤センター広報
学士課程GP (2011). 学習成果に基づく学士課程教育の体系的構築報告書

永井孝幸・松葉龍一・久保田真一郎・喜多敏博・北村士朗・右田雅裕・武藏泰雄・杉谷賢一・戸田真志・中野裕司（2013）．Androidタブレットを用いたFCFキャンパスカード対応ICカードリーダのオープンな実装とLMS連携による出席管理の実現 学術情報処理研究, (17), 67-76.

本間里見・川内野祐子・副島弘文・根本淳子・松葉龍一・日和田伸一・山口佳宏・渡邊淳子・渡邊あや（基礎セミナー等専門部会ベーシック分科会）（2012）．初年次教育科目「ベーシック」の開発と導入 大学教育年報, **15**, 50-58.

松葉龍一・喜多敏博・右田雅裕・杉谷賢一・中野裕司・入口紀男・武藏泰雄・北村士朗・根本淳子・宇佐川毅（2007）．情報基礎教育におけるオンライン確認テストの教育効果 第56回九州地区大学一般教育研究協議会, 139-144.

第5節

植木泰博・冬木正彦（2010）．コース管理システムCEASの授業支援型ユーザインターフェイス 教育システム情報学会論文誌, **27**(1), 5-13.

第6節

荒川雅裕・植木泰博・冬木正彦（2005）．授業支援型e-LearningシステムCEASを活用した自発学習促進スパイラル教育法 日本教育工学会論文誌, **28**(4), 311-321.

入口紀男・右田雅裕・中野裕司・喜多敏博・杉谷賢一・武藏泰雄・松葉龍一（2004）．熊本大学総合情報基盤センター広報

岡本清美・安室喜弘・山本英一・冬木正彦（2009）．ICTを活用した専門科目の一部としてのESP教育 日本e-Learning学会誌, 927-935.

総務省（2013）．平成25年版情報通信白書第1部第1章

独立行政法人情報処理推進機構（IPA）（2013）．IT人材白書2013

冬木正彦（2008）．大規模運用を可能にするJava版CEASの性能改善と品質向上 情報処理学会第10回CMS研究会研究報告, 27-33.

10 キャリア教育

望月雅光・石田雪也・藤本元啓・加藤竜哉・石毛　弓

1 キャリアポートフォリオについて

望月雅光

　本章では，電子ポートフォリオの活用のうち，キャリア教育での活用に着目して，事例を紹介する。キャリアポートフォリオの活用は，2009（平成21）年度「大学教育・学生支援推進事業【テーマB】学生支援推進プログラム」などのGP事業によって，推進された側面がある。残念ながら，民主党政権下の事業仕分けによりGP事業は廃止された（2014年度より，その後継事業として，AP事業が始まっている）。その事業概要をみると，学修成果の可視化において，ポートフォリオの活用が想定できることから，補助金を活用した先進的な事例がでてくると期待している。

　ここでは，金沢工業大学，大手前大学，桜の聖母短期大学，千歳科学技術大学，創価大学の5大学の事例を取り上げる。振り返りを重視した取組，ピアサポートを取り入れた取組，映像を活用した取組，短期大学での活用などの特色のある事例が集まった。

　このようによい事例を大学間で共有することで，大学改革の一助になることを期待している。例えば，8大学間連携共同教育推進事業[1]では，ポートフォリオWGを設け，システムの共有とともに，各大学に蓄積された運用ノウハウの共有をすすめている。システムの共有により，画面構成や入力フォーマットの工夫などを自大学のシステムに取り入れることができる。あるいは，システムを構築しなくても，ノウハウの共有により作成できる紙媒体のワークシートを活用することで，同様の

---

1) 学士力養成のための共通基盤システムを活用した主体的学びの促進〈http://daigakukan-renkei.jp/b011/〉（2015年8月20日参照）〉

活用を実施できるようになる。運用ノウハウの共有により、大学全体で活用するための運用体制の構築方法、授業にポートフォリオの利用を組み入れる方法、課外での活用の促進方法を共有することができる。

2 創価大学における活用事例

望月雅光

● 2-1 概　要

創価大学では4年間の大学生活で学生が能動的な学修の姿勢を身につけ、生活スタイルを確立するとともに、自己の目標指向を高めることを目的に、2008年度から創価大学独自の電子ポートフォリオシステムを開発してきた（望月他, 2009; 望月他, 2010）。2009年度から経済学部、経営学部の2学部をモデル学部として運用を開始し、2010年度より全学導入を行った。

本システムは、大きく3つの機能をもつ。1つは、科目ごとの学習記録を保存し、振り返りができる①学習ポートフォリオ（科目別のポートフォリオ、教職履修カルテ、読書の記録、語学学習）、1つは、セメスター単位の目標設定や振り返り1週間の進捗管理を行う②学生生活ポートフォリオ、1つは、自身のキャリアにかかわる資料を集約し、就職活動の記録を管理するための③キャリアポートフォリオである（システムの詳細については、6章5節を参照）。なお、システムの詳細については、これらを活用して、初年次における目標や課題の明確化、学習への動機づけ、そして学習・進路の目標に対する達成度の定期的検証とその自己認識を高めさせている。

● 2-2 初年次教育での導入しキャリア教育につなぐ

創価大学の文系学部では、初年次教育を実施するために、前期セメスターの中で、基礎演習科目（以下、基礎ゼミという）を配置している。その科目の最初の段階で、本システムを活用しながら、目標設定とタイムマネージメントについて学ぶ。各学部の基礎ゼミにおいて学ぶ内容を標準化するためにビデオ教材やパワーポイントの資料などをポートフォリオ委員会で用意し、各教員に配布している。各教員はそれを参考にして授業を進めたり、あるいはビデオを活用しながら授業を進める。

また、基礎ゼミの中で、定期的に電子ポートフォリオの記録を印刷して持参させ、ピアレビューを行い、目標設定を修正させ、タイムマネージメントの方法を学ばせている。特にここでは、学習時間の確保の難しさや、計画通りに学習する難しさを認識させることが重要である。これに気がつけば、PDCAサイクルを自ら回し続け

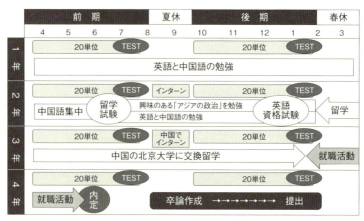

図 10-1　4 年間計画表の例[2]

るための一歩を踏み出させることができる。また，自分の夢や目標を具体化させるための 4 年間計画表（図10-1）をキャリアセンターの職員を招きガイダンスを行い，概ね完成させる。これによりキャリア関連の授業へつなげることができている。

● 2-3　キャリア教育での活用

1 年後期には，キャリアデザイン基礎（働くことと学ぶことの関連性を考えて大学生活の計画をたてる），2 年前期には，キャリアデザインと職業（「内的キャリア・外的キャリア」という視点から，進路の選択肢を広げる），ワールドビジネスフォーラム（世界を舞台に働くためのキャリアプランのモデルを提供する授業）などのキャリア科目でポートフォリオを活用している。ここでは，キャリアデザイン基礎を例に説明する。この授業の目的は，進路を見据えた学生生活をデザインするとともに，PDCA の重要性を認識し計画・実行できるようにすることである。

進路が決まった 4 年生のボランティアスタッフが受講生の授業サポートを行う。この時，先輩は自分のポートフォリオを提示しながら後輩にアドバイスすることができる。なお，創価大学は，先輩が後輩の面倒をみることが伝統になっており，さまざまな分野でピアサポートが実現できている。例えば，キャリアデザイン基礎では，図 10-2 に示すようなシートを活用する。同図は，内的・外的キャリアシートの

---

[2] 平成 23 年度「大学教育・学生支援推進事業」学生支援推進プログラム等に係る意見交換会配布資料

図 10-2　内的・外的キャリアシート

記入を支援するための画面である．1人で，シートの概要を完成できるようにするためのヘルプ機能を用意した．内的キャリアには，希望する進路への条件や理由の変遷を記入し，外的キャリアには，目標とする職種・業種の変遷，希望就業形の変遷を記入する．この2つを整理して進路実現をサポートするためのものである．なお，内的・外的キャリアがどのように変遷したかを後輩が見ることで，自分の進路を考えるときの参考にできる．

● 2-4　まとめ

2009年度に電子ポートフォリオシステムを全学導入し，基礎ゼミにおいて目標設定とタイムマネージメントを学び，キャリア科目群において，活用している．今後の課題は，履修した科目1つひとつと自分のキャリアとの関連性を考えさせるためにも，学習ポートフォリオの活用を全学的に推進し，普及させることにある．

また，1年後期に，自分のリテラシーレベルやコンピテンシーレベルを測定するための就業力テストを実施し，その内容について，教員が個別面談を行っている．しかしながら，そのテスト結果は，キャリアポートフォリオ内に保存されているが，面談の内容やテスト結果に基づいた今後の計画などについて，システムに保存する仕組みがなく，今後の課題となっている．

3 キャリア教育でのポートフォリオ活用

石田雪也

● 3-1 概　　要

本節では，千歳科学技術大学で行ってきたキャリア教育でのポートフォリオ活用事例について述べる。具体的には，まず，1年次から3年次までのキャリア教育で共通で活用しているeポートフォリオについて述べ，さらに，3年次と1年次のキャリア教育のポートフォリオ活用事例について紹介する。

● 3-2 千歳科学技術大学のeポートフォリオ

千歳科学技術大学では，キャリア教育を1年次から3年次まで行っており，1, 2年次に関しては2012年度より単位化を行っている。千歳科学技術大学でのキャリア教育では，主体性などの人間力の育成とともにアカデミックスキルの育成を目標としている。また，学生自身の学びの過程で得られたさまざまな成果物などを蓄積し，学生自身，教員が振り返れるICTを活用したポートフォリオも活用している（岩井他, 2012）。特にキャリア教育でも，ルーブリックの自己評価や他己評価，文章での振り返りを随時行い，学生のキャリア活動に役立てている。

千歳科学技術大学で開発・運用を行っているeポートフォリオでは，学生の人間力養成のための自己目標に関する数値の表示，取組に関する振り返りコメントの表示や他者からの評価付与を行うこともできる。学生が自己目標を立てるための指標として，大学で身につけるべき人間力の項目を設定し，ルーブリック評価を基準とした5段階の評価軸を設定した。上記の評価を各年次の始めに実施させている。学生には，経年の自己評価の結果を用いて，自らの成長度合いを確認するように指導している。

また，他者評価も行っており，2年次に行われる社会活動やプロジェクト学習や3年次のインターンシップなどの課外活動で実施している。企業関係者などに，先で述べた評価項目が反映された評価シートを配布・記入・提出してもらい，それをキャリアスタッフがeポートフォリオに転記している。この評価は各項目の5段階ではなく，特に良いものにチェックをつける形としている。

キャリア教育での振り返りは，自己評価以外にも文章で書き込む形で実施されている。学期の始めに自己の目標設定をさせ，学期の終わりにその振り返りを書かせ，これをeポートフォリオ内で蓄積している。ポートフォリオに情報を蓄積させる利点として，例えば千歳科学技術大学でのキャリア教育では，前後期で担当教員

が異なるが，個々の教員やキャリア職員がこれを共有することで，大学生活を通じた学生の成長度合いを確認，共有できるようになるという点がある。

● 3-3　1年次キャリア教育でのポートフォリオ活用事例

　千歳科学技術大学での1年次のキャリア教育においてポートフォリオを活用した主体的な学びについて述べる。まず入学直後に，日本語，数学，英語のプレースメントテストを実施した。1ヶ月後全てのテスト結果をポートフォリオに蓄積し，PDF化したものを印刷して全専任教員から組織されたクラスアドバイザーから返却した。返却時には，先に示した人間力の自己評価ルーブリックの入力結果も配布した。各教員は，適宜面談あるいは教員を含めたグループディスカッションを行った。面談などでは，テストや面談などの結果をもとに苦手な科目や単元を自主的にeラーニング上で学習するように指導を行った。ポートフォリオには，各科目の得点のほかに分野別の得点，学習者ごとに学習すべき単元などを科目ごとに記入したアドバイスを載せている。アドバイスに記載されている単元項目についてeラーニング上でコース設定を行い，学習を行う際にポートフォリオを参照することでより学習を行いやすいよう配慮をした。

　また，学習の意識を高めるために授業内でグループディスカッションを実施し，夏季休暇中のプレースメントテストの結果を踏まえた主体的な学習目標について議論させた。その後，グループならびに個々に具体的な学習内容などの目標設定を立てさせポートフォリオ上に記入させ，夏季休暇後の授業開始時にその結果をポートフォリオ上で振り返らせるようにした。

　ポートフォリオに記入させた目標設定では，37％が明確に科目の具体的な学びについて言及し，残りの学生は新聞や本を読む，業界研究を行うといった漠然とした学びについて書かれてあった。実際の学習については，若干ではあるが学習率が向上する結果となった。しかし，明確な学習科目について言及した37％のうち実際学習を行った学生はその中の4割程度であった。また夏季休暇後の振り返りには「目標を立てていたが単位や資格試験など明確な目標がなかったため学習を行えなかった」といった意見が散見された。また，入学直後や夏季休暇前の目標設定は記入に時間を要していた。内容も，ただ漠然と「勉強を頑張る」や「前期の復習をする」といった抽象的な内容の記述が多くみられた。

　今回の取組では学生に学習しようとするところまでは促せたものの，実際の学習までは至らない結果となった。今後，主体的な学びを促進させるために，意識をも

たせる授業設定と目標設定，振り返りについての繰り返しを行っていく必要がある．

● 3-4　3年次キャリア教育でのポートフォリオ活用事例

次に，千歳科学技術大学での3年次のキャリア教育での事例，特に就職試験対策での取組事例について述べる．3年次のキャリア教育では，進むべき業界の研究や就職活動時に必要なSPIなどの就職試験対策，エントリーシート（自己PRや志望動機）の書き方，ディスカッションの練習などを行っている．ここでは，年次の最初だけでなく上記の学びの中で自分自身の進捗や考え方などを適宜振り返りを行わせている．

就職試験対策では，ガイダンス時にSPIなどの就職試験対策の必要性について述べ，eラーニング上でのテストや教材を通じての主体的な学びを促進させる指導を行った．具体的な学びの内容としては，eラーニング上でプレテスト，ポストテストを受験させ，その前後のテストの間にeラーニングや市販の問題集や参考書で主体的に学習させた．なお，このeラーニング教材は千歳科学技術大学で独自に開発したものであり，eラーニング協議会や企業を通じて公開している．プレテストの後，プレテストの振り返りと学習計画の立案をポートフォリオ上で行わせ，さらにポストテスト受験後に計画が実現できたかを成果について振り返りを行わせた．これらの一連の実施状況を図10-3に示す．

ガイダンスを受けた学生数を100%とすると，プレテストの受験者は99%，ポートフォリオ内での立案は80%，ポストテストの受験者は85%，最後の振り返りが72%と若干減少しているものの高い割合を維持している．

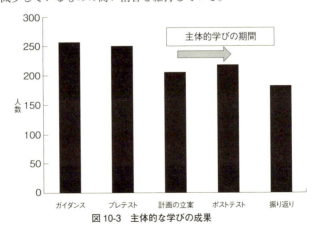

図10-3　主体的な学びの成果

以上のように、就職を間近に控えた3年次の学生は、多くの学生が主体的に計画をたて、計画通り学習を行えていた。彼らは、1年次からキャリア教育やその他の科目において、ポートフォリオを通じた目標設定、振り返りを随時行っているため、振り返りの実施にも時間がかからず、内容的にみても「非言語能力問題を1ヶ月で○問解く」や「問題集を1日○ページ学習する」といった具体的な内容に言及している記述が多い。しかし彼らも1年次には、目標設定もあいまいで振り返りの記入に時間を要していた。学年が進むにつれ、目標設定、振り返りの経験を重ねた結果、意識の向上につながっていると考えられる。

● 3-5 まとめ

千歳科学技術大学ではキャリア教育に、自己及び他己の評価の振り返りや人間力の自己評価ルーブリックなどポートフォリオを積極的に活用している。また、繰り返し振り返りを行い、その内容を後日に見ることによって、就職活動時の自己PRや志望動機などをスムーズに考えることができるようになっている声もあり、キャリア教育におけるポートフォリオ活用の効果がうかがえる。

1，3年次の事例をみても、一般的に学年進行による意識、ポートフォリオ活用能力の違いがあり、入口から出口に向けた意識面の向上（主体性の向上）とポートフォリオなどのICT活用能力の向上を意識した教育を行う必要がある。

4 金沢工業大学のキャリア教育

藤本元啓

本節では、金沢工業大学（以下、金沢工業大学）におけるキャリア教育の概要とその側面を支えるeポートフォリオの運用を紹介する。なお、成果などの分析は紙幅の都合から藤本（2011）を参照されたい。

● 4-1 金沢工業大学のキャリア教育の概要

金沢工業大学ではキャリア教育に特化した科目はないが、その柱となるのは、（図10-4）の①自己を認識する科目群、②社会を認識する科目群、③実社会を体験するプログラム群の3つのカテゴリーである。

①②は科目によって担当者が実業界出身者であったり、学科に関連する企業人をゲストスピーカーとしたり、「人間と自然」における職員の支援など、アカデミック教育だけに偏らない工夫をしている。もちろん図10-4に挙げた科目群だけでキャリ

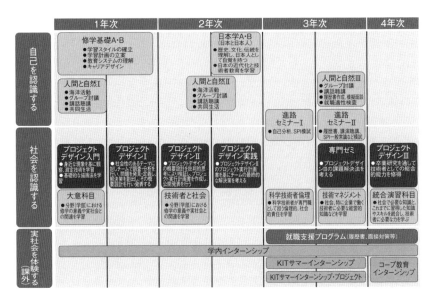

図10-4　キャリア教育フロー（進路セミナーⅠⅡ，総合演習科目，課外以外は全学必修）

ア教育を行うわけではなく，教育課程の科目全体で実施するよう求めている。その手法がマイクロ・インサーション（Micro-Insertion）である。これは技術者倫理教育で採られる授業方法の1つで，核となる科目を配当するだけではなく，それぞれの専門科目の中に倫理的な問題を埋め込むやり方である（西村，2006）。つまりこれを応用して，4年間の学修プログラムをキャリア教育の観点から捉え直し，開講科目の全てに汎用的能力を含めた適度なキャリア教育・職業教育を織り込むわけである。

③は学内・学外のインターンシップを体験する課外プログラムである。教員が担当する部分はあるものの，就職担当職員を中心に一般事務・技術職員を含めた職員全体が関与する。一例を挙げておくと，「KITインターンシップ・プロジェクト」とは，企業が抱える問題・課題をチームで一定の解決を図り企業が評価するものである。学内フェーズにおいてメンバーは企業の一員になりきり，環境やコストなどの制約条件のもとで解決策を提示し，問題発見解決のストーリーを企画書や提案書にまとめ発表を行う。最も現実的かつ魅力的な解決策を提示したチームが企業フェーズに進み，取り組んだテーマに関連した業務に参画し，終了後に報告会を行い，成果を学内フェーズメンバー内で共有する。これは企業レベルの問題解決プロセスとプレゼンテーションおよびビジネスマナーを体験する，プロジェクト型のイ

ンターンシップである。

このように金沢工業大学のキャリア教育の特徴として，初年次からの連続性，正課・課外の連動，教職協働および産学連携などを挙げることができる。

● 4-2　e ポートフォリオを活用したキャリア教育

金沢工業大学ではキャリア教育の基本である自己理解と自己管理を深めるための道具として，2004 年度から「KIT ポートフォリオシステム」を運用している（藤本, 2010ab; 2011; 2013）。現在①「キャリア」，②「1 週間の行動履歴」，③「学年の達成度評価」，④「新聞」，⑤「科目の自己評価レポート」，⑥「プロジェクトデザイン」，⑦「学部大意科目」，⑧「オナーズプログラム」，⑨「就業力評価システム」，⑩「教職」などを稼働しているので，①②③⑨を紹介しておきたい。

[1] キャリアポートフォリオ

①キャリアポートフォリオ（図 10-5）は，前学期に高等学校までの「自分史」

自分史	
クラス名列:9EY9−999　氏名:工大 デモ学生	
1)高校時代･中学校時代･小学校時代を振り返り以下の学習分野についてその当時の好き嫌い、得意不得意を分析してください(高校時代については、その理由も記述してください)。	登録・参照
2)①高校時代･中学校時代･小学校時代を振り返り、学校の授業以外で得意だったことは何でしたか。	登録・参照
2)②なぜ、得意だったと考えますか。	登録・参照
3)①将来、何になりたいと思っていましたか。夢は何でしたか。	登録・参照
3)②そのなりたいとおもっていたことや夢を実現するためにどのような努力をしていましたか。	登録・参照
4)周囲の人びとと接するなかで、何か学んだことはありますか。	登録・参照
5)感動したことといって思いつくことは何ですか。	登録・参照
6)現在の自分の長所はどのような点にあると思いますか。これまでの具体的なエピソードを添えて記入してください。	登録・参照
7)現在の自分の短所はどのような点にあると思いますか。これまでの具体的なエピソードを添えて記入してください。	登録・参照
キャリアデザインシート　自分史	全項目参照

将来像	
クラス名列:9EY9−999　氏名:工大 デモ学生	
1)①10年後どんな生活をしていたいと思いますか。	登録・参照
1)②そのためにはどのような努力が必要ですか。	登録・参照
2)①働く目的とは、どんなものだと思いましたか。(箇条書きでできるだけ沢山あげてください)	登録・参照
2)②そのなかで、最もあなたが重視するものはどれですか。またその理由は何ですか。	登録・参照
3)①現在興味のある職種･職業は何ですか。	登録・参照
3)②なぜ、その職種･職業に興味があるのですか。	登録・参照
3)③興味のある職種･職業にはどのような能力が必要になると考えますか。	登録・参照
キャリアデザインシート　将来像	全項目参照

在学中	
クラス名列:9EY9−999　氏名:工大 デモ学生	
1)【将来像】の3)③で答えた興味ある職種･職業に必要な能力を得るためには、在学史に何をすることがよいと考えますか。理由を含めて具体的に述べてください。	登録・参照
2)これからの学生生活に、どのような心構えで臨みますか。	登録・参照
キャリアデザインシート　在学中	全項目参照

キャリアデザイン･レポート	
クラス名列:9EY9−999　氏名:工大 デモ学生	
★キャリアデザイン･レポート①　「卒業後の私」「社会人としての私」	登録・参照
★キャリアデザイン･レポート②　「世の中の出来事、時事問題など」	登録・参照
★キャリアデザイン･レポート③　「所属学科の領域に関する研究･社会問題･職業」	登録・参照
キャリアデザインシート　キャリアデザイン･レポート	全項目参照

図 10-5　キャリアポートフォリオ

「将来像」「在学中の取組」に関する項目とキャリアシート，およびキャリアレポート「卒業後の私，社会人としての私」「世の中の出来事，時事問題」を作成する。後学期には働くことや職業に眼を向けさせるために，進路部長講話「キャンパスキャリア」と特別講義「技術者の仕事の広がりと職業マップ」を聴講し，キャリアを意識させている。次にチームで所属学科の研究室調査・検討を行い，発表会を開催している。これらをもとに，キャリアレポート「所属学科の領域に関する研究・社会問題・職業」を作成する。さらに，キャリア関係の講話やグループ討議を連動させ，社会と自分との関係，クラスメートの考え方などを認識・理解しつつ，自身の将来を設計することになる。過去を振り返り将来に対する見通しをもって，現在の自己の特性や状況を分析・評価・把握し人生を設計する一連の作業は，キャリア像を媒体として大学生活における修学モチベーションを高めるために必要である。この作業を，2年次「技術者と社会」（必修），3年次「技術マネジメント」（必修）で作成する新たなキャリアポートフォリオに接続し，就職支援科目「進路セミナーⅠⅡ」に連動させている。

[2] 1週間の行動履歴

②の「1週間の行動履歴」（図10-6）は，1）今週の優先順位事項とその達成度，2）欠席・遅刻科目とその理由，3）自学自習内容とその所要時間，4）課外活動（利用した教育施設，クラブ活動・ボランティア・アルバイトなどの活動時間帯），5）健康管理（朝昼夕食の摂取，睡眠時間，自主的運動時間），6）1週間を通して満足したこと・反省点や質問などの6項目を入力するものである。学生は毎週担当教員にこれを提出し，教員はコメントをつけて翌週に返却する。さらに学生はそのコメントを「教員コメント欄」に入力して1週間分が完結する。このように大学生活の日常記録としての性格が強く，規則的な生活習慣やタイムマネジメントを身につけさせる狙いがある。修学生活における自己評価を行い，授業でこれを年間30回提出し，教員によるアドバイスなどのコメントをもとに自己理解を深め，翌週の行動目標に反映することになる。

[3] 達成度評価ポートフォリオ

③の「達成度評価ポートフォリオ」は1～3年次の年度末報告書といったもので，1）今年度の目標と達成度自己評価，2）今年度の修学・生活状況の反省およびその改善方法（出欠，成績，課題提出・各種教育センター利用，課外活動，健康，アルバイト

1週間の行動履歴

※R･･･レポート、P･･･プリント

	今週の優先順位（生活・課題等を含め、今週中に達成すべき事柄） ◎：達成できた、○：ほぼ達成できた、△：行動したが未達成、×：行動せず	達成度評価
①	木曜日の設計演習のエスキスをしっかりする	○
②	宅建の勉強に毎日二時間は時間をとる	○
③	学校に早く慣れる	◎

月/日	曜日	欠席・遅刻科目・理由	予習・復習・課題・所要時間（分）	部活動・利用施設・アルバイトなどの内容・時間帯	食事 朝	食事 昼	食事 夜	睡眠時間（時間）	積極的な運動時間（分）
9/27	日		設計演習(120) 宅建(120)	アルバイト16:00〜22:00	○	○	○	6	0
9/28	月		宅建(120)	アルバイト16:00〜22:00	○	○	○	6	0
9/29	火		設計演習(120) 宅建(120)ゼミ手伝い(240)	SA 14:40〜16:25 模型室 16:00〜22:00	○	○	○	6	0
9/30	水		設計演習(300) 宅建(90)	LC 9:00〜12:00	○	○	○	3	0
10/1	木		宅建(120) ゼミ手伝い(300)	模型室 16:00〜23:00	○	○	○	5	0
10/2	金		ゼミ手伝い(300) 宅建(120)	模型室 10:00〜16:00	○	○	○	7	0
10/3	土		宅建(120)	アルバイト16:00〜22:00	○	○	○	7	0

【この1週間で特に努力した点、反省すべき点とその対策、日常生活において困った点など】

ゼミの手伝いで、なかなか自分の時間が取れなかった。しかし、宅建の勉強は着実にできたと思う。試験まであと少ないし、もう少しスピードを上げていきたい。また、来週から設計の課題も大詰めに入るから、宅建もゼミの手伝いも計画的に進めていきたい。

【教員からのコメント】

図 10-6　1 週間の行動履歴

など），3）希望進路とその実現に向けて実際にとった行動・成果・展望（自学自習，資格挑戦・取得，インターンシップ，研究室選択など），4）「KIT 人間力＝社会に適合できる能力」に示された５つの能力の達成度自己評価（「自律と自立」「リーダーシップ」「コミュニケーション能力」「プレゼンテーション能力」「コラボレーション能力」についての具体的な達成度自己評価），5）この１年間の大学生活において，自分自身で最も成長したと思うことの具体的な事例とその理由，6）次年度の目標とこれを達成するための行動予定を作成する。これを材料として新年度４月に，2・3 年生は修学アドバイザー（クラス担任），４年生は研究指導教員との個人面接によって指導を受ける。学生はそれをもとにモチベーションを高め，自身の経年変化を確認し，現実に則した将来設計を行い，新学年のスタートを切ることになる。

[4]　就業力育成評価システム

⑨の「就業力育成評価システム」（図 10-7）は，「学内インターンシップ」に参加する学生が作成するポートフォリオである。学生はまず教職員や外部講師の事前研修を受講し，守秘義務やビジネスマナーなどを学ぶ。次に汎用的能力 24 項目の自己

図 10-7 「就業力育成評価システム」

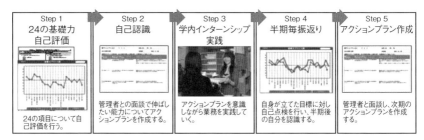

図 10-8 学内インターンシップのステップ

評価を行い，担当職員と面接し伸ばしたい能力についてのアクションプランを立て，半年ごとにそれを振り返るサイクルを回す（図10-8）。この制度は学内アルバイトとしての経済的支援の場でもあるが，実社会研修の場としての位置づけが強い。また学生の視点から業務改善の提案を求めたいとの思惑もあり，場合によっては職員のスタッフ会議に学生を参画させている。

このように KIT ポートフォリオシステムとは，自身を理解し，目標のために何を

なすべきか，そして何ができるようになったか，という活動と成果を記録し振り返る道具である。これらは単体でありながら，有機的に連携していることに特徴がある。

なお多くの学生にとって卒業後の目標は就職であるため，これを意識させる入力項目も設定している。就職問題を度外視したキャリア教育はあり得ず，初年次から実社会に即した内容を盛り込むことは重要である。

● 4-3 まとめ

キャリア教育は核となる科目の設置だけでは，その効果は乏しい。本節では触れ得なかったカリキュラムマップにもとづく科目配置（西村，2013），正課科目と課外プログラムおよび産業界との連携，それらの成果を確認し次の段階につなげる道具（例えばポートフォリオ），そして何よりも学生とともに汗をかくことへの教職員の理解と直接的行動を欠かすことはできない。

要するに，学士課程教育全体をキャリア教育に置き換えるくらいの柔軟性を大学が組織的にもつことができるかどうか，時間はさほど残されていない。

5 短期大学におけるポートフォリオの活用

加藤竜哉

● 5-1 概　要

短期大学（以下，短大と略記）におけるポートフォリオは，2年という短い期間で学生の学びを促進するための重要なツールに位置づけられる。本節では，学生カルテ，ポートフォリオ，eラーニングの仕組み全体をeポートフォリオと呼び，桜の聖母短期大学の現状を踏まえながら，短大におけるeポートフォリオの利活用と課題について述べる。

● 5-2 短大ポートフォリオ導入の背景

地域に根ざした身近な高等教育機関として位置づけられる短大は，2年という短い期間で学生の主体的学びを促進し，就業力を育成し，四年制大学への編入や地元企業へ就職できる学生を育成するための，教養教育や専門教育を提供する点にある。短大は，周知のとおり1年次が入学年，2年次が卒業年であり中間がない。保育士や栄養士など専門資格の取得を目指す学科では取得すべき単位数も多く，資格取得以外に教養を深めるための自学自習時間を取ることも難しい。短大の2年間はあっという間であり，入学と同時に卒業後の進路を考えていかなければならない。充実

した学生生活とするには，学生1人ひとりの能力を最大限に引き出し伸ばすことが大切である。そのためには，学生の学びやふだんの生活状況を把握し，教職員が一丸となって適切な支援・指導・助言を行うことが必要である。

このような背景から，入学前から卒業後までを見据え，かつ学生の質保証も考慮に入れながら，入学が確定した高校生，在学生，卒業生も利用できるeポートフォリオ構築が要望されている。具体的には，組織の垣根を越えて学生情報を共有できる仕組み（学生カルテ），学生の学修成果や診断レポートなどの学修履歴情報を共有できる仕組み（ポートフォリオ），入学前教育やリメディアル教育（補完教育），さらには短大卒業後の学びの欲求に対して自学自習できる仕組み（eラーニング）であり，それぞれの仕組みを短大の規模やニーズなど，実情に即して取捨選択し構築する。

● 5-3　短大のeポートフォリオの活用と課題

桜の聖母短期大学のeポートフォリオの概観図を図10-9に示す。

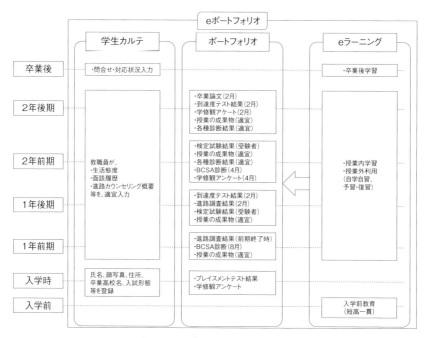

図10-9　eポートフォリオの概観

[1] 学生カルテ

　学生カルテは，学生支援の質向上に寄与できる。学生カルテには，学生の学修や生活態度，教員との面談履歴，編入や就職活動履歴あるいはカウンセリングの概要など，学生と教職員とのやりとりを，それぞれの立場で具体的に書き込んでいく。例えば，進路相談の相談内容，就職活動における履歴書送付時期や一次試験あるいは面接試験の結果，保護者面談の内容などである。記入時の留意点は，事実に即して記載し，教職員の推察や見立てを書かないことである。学生カルテの記録は，事実記載に留めることが全教職員の学生カルテへの書き込み頻度や閲覧利用頻度を高める。なお，学生カルテは専任の教職員だけが利用することができ，学生や卒業生は閲覧することができない。桜の聖母短期大学では，教員が10数名程度の学生を受け持ち，学生生活全般について支援する顧問制度があるが，1年次と2年次では顧問教員が異なる場合も多い。そのため新たに顧問となった教員は，学生カルテを利用して，自身が担当する学生の情報を収集する。顔写真も登録されているのでわかりやすい。学生カルテがないときは，担当する学生の情報を得るまでに数ヶ月を要した時期もあったが，導入後は情報収集が容易になり，結果として顧問面談の質も向上した。また，桜の聖母短期大学では教員が地域の高校を訪問する機会も多い。卒業した学生の生活状況，学びや進路状況などを学生カルテを使って事前に調査し訪問することで，高校の進路指導担当教諭との面談も充実する。

　卒業後，キャリアチェンジや生活上の悩みなどを抱え，キャリア支援センターや教員を訪れる卒業生も少なくない。桜の聖母短期大学では学生カルテを卒業後5年間（四年制大学の卒業後3年間に相当）卒業生に開放する予定であり，卒業後のキャリア支援への活用も期待できる。ただし，学生カルテへの書き込み頻度や内容などが教職員によってばらついており，FDなどを利用して共通理解を進めるなどの対応が必要である。

[2] ポートフォリオ

　ポートフォリオは，学生の成果物あるいは各種診断レポート結果などを個票として蓄積し，教職員と学生が共に活用する。蓄積されたデータは，2年間の学びの記録でもある。学生は授業で作成した成果物を登録し，教職員は学生が受験した検定試験結果などを登録しながらポートフォリオ上に蓄積し，進路（編入・就職）に役立てている。

　時系列で述べると，入学時には日本語・英語・情報・数学のプレースメントテ

スト（桜の聖母短期大学では基礎力確認テストと呼んでいる）の結果，学びの姿勢に関するアンケート調査（学修観アンケート）の結果などを登録する．1年前期の終了時期には進路調査を行い，その結果を登録して1年後期の履修科目選択のための参考にする．1年後期終了時期には，日本語・英語・数学・情報の到達度テストを行い登録し，1年間の学修成果を振り返る．また進路調査も改めて行い，ポートフォリオ上に蓄積されている1年前期との違いを確認したり，進路目標を明確にするために利用する．2年前期の開始時期には，学修観アンケートを実施し，1年前期で行った学修観アンケートと比較する．2年後期の終了時期には，再び到達度テストと学修観アンケートを実施し登録する．短大の学びの集大成である卒業論文は，PDF化してポートフォリオに登録する．さらに桜の聖母短期大学では，コミュニケーションスキル診断ツールとしてCompTIAのBCSA（Business Communication Skill Assessment）を導入している．これは，1年前期の8月と2年前期の4月に実施して，結果をポートフォリオに登録している．時期の異なる診断結果を比較することで，学生自身がコミュニケーション能力の伸長度合を確認することができる．

　ポートフォリオへの情報蓄積は，短大2年間の節目節目ごとに教職員と学生が共に振り返り，キャリア発達を支援するため利用している．進路決定までのプロセスや就職活動の結果を教職員と学生が共有できるので，学生はどの教職員に相談しても内容にずれを生ずることが少ない．桜の聖母短期大学では，卒業後5年間はポートフォリオの利用が可能である．就職や編入後に短大の学びを振り返り，そこに新たな意味を見出すことも可能であろう．課題として，学生が適宜文章を入力する頻度が極めて少ないことが挙げられる．ICT機器の環境整備や教職員の情報リテラシー向上を含め，授業におけるポートフォリオの積極的利用を検討実施していかなければならない．

[3] eラーニング

　eラーニングは，桜の聖母短期大学では学生のeラーニング学習を評価に加えた科目も出てきており，学生の積極的な利用が進み始めた．リメディアル教育センターも開設され，利用が加速された．ただし桜の聖母短期大学には情報系の教職員が少ないため，千歳科学技術大学のサーバーを利用し，システム保守や教材作成の軽減を図っている．

　ポートフォリオ上にeラーニングの学習履歴を登録することは有用である．現在は，eラーニングシステムがポートフォリオシステムと同一サーバー上に存在しな

いため，e ラーニングの学習履歴を所定の間隔でダウンロードし，ポートフォリオへアップロードしている。ポートフォリオ上に学生の e ラーニングの進捗度もあるので，例えば顧問教員が学生の主体的学びを e ラーニングの進捗に合わせて具体的に支援することなどにも利用している。

短大では，入学試験合格後の生徒に対する入学前教育が特に重要である。入学までの学習サポートに関し，高校からの要望も多い。短大1年生が高校4年生にならないためにも，学生1人ひとりの具体的目標を高校と共有し，能力と目標に併せて e ラーニング教材を準備するきめ細やかな対応が短高一貫教育につながる。また，短大卒業後の学習にも e ラーニングが利用できる。例えば，栄養士は，卒業後の実務経験を経て管理栄養士を目指すことができる。その準備学習として e ラーニングを利用することも可能であろう。

e ラーニング導入後1年が経過した。学生が主体的学ぶ機会が増え，2013年度は難関の国家公務員合格者や日本語検定試験2級（大学卒業程度）が出た。2014年度の就職試験では，SPI などの一次試験突破の割合が大幅に増え，大手企業内定も増加している。日本語検定試験では1級を受験する学生も出てきており，e ラーニングを使った主体的学びが浸透しつつある。

● 5-4 まとめ

短大のポートフォリオの利用では，2年の短い学生生活を踏まえ，常に学生の視点に立った仕組み作りと利用が最大のポイントである。短大は全体の学生数も多くはない。従来から，それぞれの短大が学生1人ひとりに対してきめ細かに対応している。ポートフォリオは，そのきめ細やかな対応を質・量ともに改善することができるツールと考えている。ポートフォリオ導入は，2年間の学びの質の保証につながる道といえる。

6 「蓄積・ふりかえり・発展」を促す映像ポートフォリオ

石毛 弓

● 6-1 概　要

大手前大学では，大学独自の学習支援システムである「el-Campus」を全学生に提供する過程で，2011年度から段階的に ICT を活用したポートフォリオ（以下，e ポートフォリオ）を導入してきた。その際の検討課題になったのが，「蓄積・ふりかえり・発展」のステップを学生にいかに促すかだった（文部科学省，2008）。「蓄積」

に関しては，el-Campus を通じて提出された課題などが本人のアカウントにアーカイブされる仕組みを利用している。しかしいくらデータを蓄積しても，活用されなければ意味がない。

学生が e ポートフォリオを活用するようになるには，自主的な運用に委ねるだけでなく，大学からの積極的な働きかけが必要である。この考えの下，大手前大学ではいくつかの仕組みを導入しているが，その1つに「映像ポートフォリオ」がある。大手前大学ではこの語を映像系の成果物全般に用いているが，とくに学生によるプレゼンテーションを撮影した映像を指すことが多い。もちろん e ポートフォリオは，建学の精神である"STUDY FOR LIFE"（生涯にわたる，人生のための学び）を実現させるためのさまざまな仕組みや機能を備えている。しかし，それらを網羅的に紹介する余裕はないため，この映像ポートフォリオの概要と運用を，「蓄積・ふりかえり・発展」の観点から次で解説し，その具体例にしたい。また，別の仕掛けである「C-PLATS®」もあわせて紹介し，学士課程教育の中で e ポートフォリオが果たす役割をみてゆく。これらの事例を通じて，学生が能動的に e ポートフォリオを利用するようになるための仕掛けとしての必要性を考察する。なおポートフォリオには種類があるが，本節ではこの語を学習ポートフォリオを意味するものとして使用する。

● 6-2　映像ポートフォリオの運用
[1] 概要：ラーニング・アウトカムの可視化として

図 10-10　映像ポートフォリオの例

大手前大学のグランドデザイン（4年間の学士課程教育で学生が身につけるべき能力の指針）では，「専門性と社会人基礎力を統合した広く一般から認められる『就業力』を身につける」ことが掲げられ，ペーパーテストだけでなくパフォーマンスによる能力評価を積極的に取り入れている。なかでもパフォーマンス能力を測る一形式であるプレゼンテーションを重視し，必修科目での指導の下，全学生が定められた時期にクラス内でプレゼンテーションを行いそれを撮影している。

表 10-1 プレゼンテーションの概要（学年別）

	内　容	プレゼン時間	質疑応答時間	時　期
入学時	自己紹介	1 分	なし	4 月
1 年次	プレゼンテーション	3 分	3 分	12～1 月
2 年次	プレゼンテーション	5 分	5 分	12～1 月
3 年次	プレゼンテーション	5 分	10 分	12～1 月
4 年次*	プレゼンテーション	7 分	10～20 分程度	12～1 月
大会 2 次予選		学年に準じる	5 分程度	1 月
大会本選				2 月

*2011 年度 1 年次生から開始。2014 年度に初めて 4 学年分がそろった。

クラス内でのプレゼンテーションは，年に 1 度開催されるプレゼンテーション大会の予選も兼ねている。まず各クラスで 1 人ひとりがパワーポイントを利用したプレゼンテーションを行い，クラス代表者が選出される。その後，学年合同でのプレゼンテーション大会 2 次予選が開催され，学年ごとに 6 人の代表者が選ばれ，大会本選に臨む流れになっている（表 10-1 参照）。

[2] 蓄積・ふりかえり・発展
　①蓄　　積　　個人のプレゼンテーションは，ビデオ撮影され，e ポートフォリオにアップロードされる。本人は自分の映像をいつでも参照することができる（図 10-10）。

　②ふりかえり

- 授業外課題（1，2 年次生は，自分のプレゼンテーション映像を見てコメントを提出することが課せられる）
- 担当教員によるフィードバック
- 教育ボランティア（後述）によるフィードバック
- 毎年必ずプレゼンテーションを行い，記録されるため，経年変化を自ら検証し評価することができる

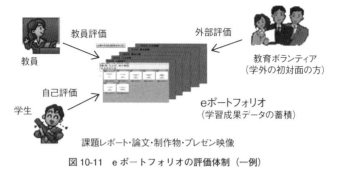

図10-11 eポートフォリオの評価体制（一例）

③発　　展

- プレゼンテーションは当該科目での学習の集大成になるため，1年間の学びを自らまとめたうえで次年度の学習を計画することが可能になる
- 大会当日の映像（各学年の代表者たちによる発表）は全学生がel-Campus上で閲覧できるため，身近なよりよいモデルを参照することができる

[3] 教育ボランティアについて

　学生が大学外の社会にふれる機会を多くもつこと，また学生の就業力を実社会の視点から評価する必要性から，大手前大学では外部評価者に「教育ボランティア」として協力を仰いでいる（2014年1月時点235名，内キャリアカウンセラー（CDA）資格保持者135名）。

　映像ポートフォリオに関していえば，教育ボランティアは学生のプレゼンテーションに立ち会いあるいは面談をし，個別のアドバイスを行っている。またel－Campus上でコメントをするなど，学生の能力の伸張度を測りフィードバックを行う役割を担っている（図10-11）。

[4] コンピテンシーの中での位置づけ

　映像ポートフォリオの運用体制をみてきたが，ここで大手前大学でのグランドデザイン全体の中でのこのツールの位置づけを確認したい。大手前大学では，学生が修得すべき能力を10のコンピテンシーで定義し，各々のコンピテンシーを1から10のレベルに分けている。このマトリックス（C-PLATS®）が成績評価や自己目標を立てる際の指針になっている。

学生は，学期初にeポートフォリオ上で10のコンピテンシーの目標レベルを設定し，学期末に自己評価を行う。また学期末には教員や教育ボランティアなどによるフィードバックがある。学生は一学期間の自分のパフォーマンスを確認したうえで，次の学期の行動計画を立てることが求められる（大手前大学, n.d.）。

映像ポートフォリオは，C-PLATS®の「Presentation」の能力レベルを判断する材料になる。また前頁の「③発展」でふれたように，それまで学んできたことを関連づけてより発展させる機会としても位置づけることができるのである。

● 6-3 まとめ

映像ポートフォリオは，単なるデータの蓄積場ではなく，成果物を活用する仕組みとともに学生に提供されている。学生の反応をみていると，大学による促しがなければ，プレゼンテーション映像はeポートフォリオに集積されるだけで終わった可能性が大きいように感じられる。全学的に，4年間を通じてふりかえり評価する仕掛けが必要であると考える所以である。またこの仕組みを体験することで，学生がeポートフォリオ全体を参照して自覚的に「蓄積・ふりかえり・発展」のサイクルを実行するようになることが期待される。

「学習成果を蓄積するツール」と「学習成果をふりかえり，発展させる仕掛け」が連動することで，よりよいeポートフォリオ運用がなされるだろう。本節がその試行錯誤の一例になればと考える。今後の課題としては，eポートフォリオ全体のより積極的な利用を促し，学生が自己の成長をふりかえって自分自身をアピールする力ができる環境づくりが挙げられる。

【引用・参考文献】
第2節
望月雅光・高木正則・勅使河原可海（2009）．学生生活を記録する電子ポートフォリオシステムの設計　創価経営論集, **33**(1), 73-82.
望月雅光・高木正則・勅使河原可海（2010）．学生ポートフォリオS－Linkの試行運用の結果を踏まえたシステムの再設計について　創価経営論集, **34**(2・3合併号), 69-76.

第3節
岩井　洋・小松川　浩・木村政文・椋木香子（2012）．キャリア教育―キャリア設計の基礎づくりを支援する　谷川裕稔・長尾佳代子・壁谷一広・中園篤典・堤　裕之［編］学士力を支える学習支援の方法論　ナカニシヤ出版, pp.193-199.

第4節
西村秀雄（2006）．金沢工業大学の技術者倫理教育への全学的な取り組み　工学教育, **54**(4), 44-47.
西村秀雄（2013）カリキュラムマップを用いたキャリア教育の実質化をめざして　初年次教育の現状と未来　世界思想社
藤本元啓（2010a）．初年次教育と修学ポートフォリオ　大学時報, **59**(332), 86-91.
藤本元啓（2010b）．KIT ポートフォリオシステムとキャリア教育　大学教育と情報, **19**(2), 7-9.
藤本元啓（2011）．KIT ポートフォリオシステムと修学履歴情報システム　大学力を高めるeポートフォリオ　東京電機大学出版局
藤本元啓（2013）．ポートフォリオ　初年次教育の現状と未来　世界思想社

第6節
大手前大学（n.d.）．eポートフォリオ活用ガイド〈http://www.otemae.ac.jp/files/cplats/news/e_portfolio.pdf（2014年11月11日参照）〉
中央教育審議会（2008）．学士課程教育の構築に向けて　用語解説, 文部科学省〈http://www.mext.go.jp/b_menu/shingi/chukyo/chukyo4/houkoku/080410.htm（2014年11月11日参照）〉

第3部
組織・運営

11 学部教育

仲道雅輝・宮原俊之・寺西宏友・馬場善久・新目真紀・玉木欽也

1 本章の概説

仲道雅輝

　1991年の大学設置基準の大綱化を受けて，大学における学習支援の在り方が問い直された。また加速するIT化の流れに伴い，大学教育もその様相を変化させてきた。1998年には大学設置基準改正により通信衛星などで遠隔地を結んで行う授業が認められ，2001年には，インターネットでの非同期双方向授業による単位取得が認められた。教育現場でも，授業に用いるメディアはOHPやビデオ教材からPCを用いたプレゼンテーション（PowerPointなど）へと変化し，今ではICTを必要としない教育活動がむしろ少なくなっている。このような急激なICT普及には2002年の中央教育審議会による「大学の質保証に係わる新たなシステム構築について」とする答申や，2003年の文部科学省による大学教育改革プログラム（GP）の開始などが挙げられる。これらの財政的支援を基盤として，各大学がICTの活用と組織や運営体制の構築に取り組んだ。その結果としてICT活用に適した環境整備が進み，現在ではほとんどの大学で設備上の環境は整いつつある（2007, NIME）。同時に，顕在化している課題は，これらのICT環境をどのように活用し，学習成果につなげるのかについて計画的に実践することである。

　本章では，単に存在する組織・環境を整備するだけでなく，成果の創出に向けて「機能する」組織・環境の整備を含めた，ICT教育活用策を提案できればと考えている。はじめに，組織・体制の整備過程とその活用についての2事例を紹介したのち，制度改革や具体的な教育実践事例を取り上げる。まず，教員への授業設計支援の視点から，仲道より「教育デザイン室（Instructional Design Office：IDオフィス）」の設置と支援体制の構築および普及方策についての実践事例を紹介する。つぎに，

eラーニングを実施する上での学習支援の視点から，宮原よりUeLM（大学eラーニングマネジメントモデル）に基づく開講時の授業支援について紹介する。つぎに，具体的な制度改革とその成果について，寺西・馬場より，ラーニング・アウトカムズを中心に据えた評価体制を整えた事例について紹介する。つづいて，新目・玉木より，HiRC（青山学院大学ヒューマン・イノベーション研究センター）におけるICTを活用したアクティブ・ラーニングの実質化方法として，ソーシャルメディアデザイナ専門家育成プログラムを実施した取組の実際と，その一実践としてソーシャルメディアを活用した事例について紹介する。

これらの取組は，いずれもICT導入期から普及促進，成果の創出に至る過程で多くの大学が直面する課題に関わる内容ではないかと感じている。本章で紹介した事例が今後の教育改善の一助となることを期待している。

2 授業設計支援の普及推進を目指した全学的支援体制の構築：教育デザイン室の設立

仲道雅輝

● 2-1 概　　要

愛媛大学では，教育の質保証に向けた方策として，IT化の進展に後押しされたICT活用を含む授業設計の普及を軸とした教育改革を推進している。その一連の取組に革新的な変化をもたらす組織の構築および効果的な運用の必要性から，授業改善の効果的・効率的な実現の要として「教育デザイン室」（インストラクショナル・デザイン・オフィス）を設置し，授業設計の支援体制を整備した。

● 2-2 取組の背景

愛媛大学では，「AP：アドミッション・ポリシー（入学者受入方針）」「CP：カリキュラム・ポリシー（教育課程編成・実施の方針）」「DP：ディプロマ・ポリシー（卒業認定・学位授与の方針）」の明確化とともに，それぞれを連携させることの重要性が示された（愛媛大学, 2008）。また，高等教育機関における教育の質保証の観点から，組織的・体系的にFD活動に取り組んでいる。FD活動では，教員の専門分野や経験値に応じた多様な研修会を設定している。また，研修会などでの成果をもとに毎年活動内容を見直すなどその規模・内容ともに充実してきている。その研修会には，実践に直結する成果をあげるための教授スキルの向上を目指したものの他，授業設計に関するものも含まれている。しかし，研修会を受講したからといって，授業改

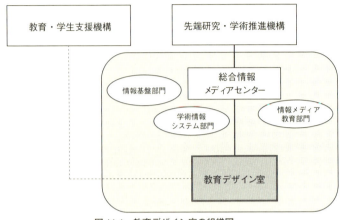

図 11-1 教育デザイン室の組織図

善上の問題解決に充分な専門的知識を獲得するまでには至らない。そのため，担当教員は授業「内容」の専門家ではあるが，授業「設計」については不慣れな状況で改善に取り組むことになり，それがかなりの時間的・心理的負担となっていた。そして当然の帰結として，個々に問題意識はもっているものの現実的な活動に結びつかない状況が生じていた。

● 2-3 教育デザイン室の位置づけ

　この実践の要である教育デザイン室は，学内の情報システムの統括的管理および運用を担う総合情報メディアセンターのもとに設置されている（図11-1）。その理由は，大学の情報管理において中心的な役割を担う組織の中に位置づけられることによって，全学的な教育改善の取組が効率よく行えるためである。特に，各分野での幅広い教育研究活動の成果として産出されたさまざまなコンテンツを一括してデータベース化することで，効率的な管理・運用ができる。さらに，教育・学生支援機構と連携することで，教育デザイン室に蓄積されたコンテンツの利用促進活動に教育現場での意見が反映されると同時に，授業改善を目的としたeラーニングを核とする新しい教育スタイルの実現・提案が効果的に行えることもその利点である。

● 2-4 教育デザイン室の運営
[1] 体制・業務内容

　教育デザイン室は，科目担当者の個別の授業改善を支援するほか，学部の教育改革に伴うカリキュラム改善に関わる支援など，ICT を活用した教育方法の提案を行っている。各授業では，科目担当教員は，日々の授業や業務の合間の時間を活用して授業設計の改善に取り組むことができるよう，専属の担当者がインストラクショナル・デザイン（ID／教育設計）手法を用いた個別支援を行っている。また，授業設計やカリキュラム設計，フィールドワークと対面授業やあるいはeラーニングと対面授業を組み合わせた効果的な授業設計などについても支援している（表11-1）。

　国立大学法人である愛媛大学での，全学的な体制整備の1つである教育デザイン室設置は，筆者の前任地である私立大学で行った普及事例（仲道他, 2009）での成果を参考にした。

　業務内容は，大きく4分野に分けている。1つ目は，インストラクショナル・デザインを用いた授業設計支援。2つ目は，教材の開発。3つ目は，eラーニング授業

表 11-1　教育デザイン室　体制

名　称	人　数	役割・業務内容
統括責任者：教員（IDer：インストラクショナルデザイナー）	1名	インストラクショナル・デザインの手法を活用し，教育の学術的な品質を審議し，担保すると同時に，教育・研究を含めた全学的な視点で新たな教育方法や e ラーニング推進にかかる提案を行う。
室員：教員	2名	教育の学術的な品質を審議し，担保すると同時に，新たな教育方法や e ラーニング活用の普及・推進の方策の検討を行う。
マネージャー：教職員	2名	メディアを使って授業をする際に，教育的効果を上げるためのノウハウをもった専門家として，教材設計を支援する。e ラーニングの手法の研究を積み重ね，教員と協議しながら，e ラーニング授業の分析，設計，評価，フィードバックおよびコンテンツ開発の運用・調整を行う。また，教育・学生支援部との連携・調整をはかる。
コンテンツクリエイター（CC）	3名	仕様書を受け，教員とともに教材の開発を行う。開発にあたってはアシスタントスタッフを指導して教員の教材開発を支援する。運用時は，教員・TA からのヘルプデスクとして支援やデータ提供を行う。
サブコンテンツクリエイター（SC）	2名	ID および CC の指示のもと，コンテンツの開発・調整を行う。運用時は，教員・TA からのヘルプデスクとして支援やデータ提供を行う。
アシスタントスタッフ（AS）	数名	コンテンツの開発・調整の補助を行う。具体的には，撮影，映像編集，スライド作成，イラスト作成などの業務を行う。

表11-2 業務内容

1	授業科目担当者へのICTを活用した教育支援 インストラクショナル・デザイン（ID/教育設計）の手法をもとに，ICTを活用した授業構成の見直し，および授業をより効果的・効率的・魅力的なものにするための授業設計の支援を行います。
2	教材の開発・作成 シラバスや講義資料などをもとに，資料の効果的な提示方法のご提案，教材のブラッシュアップ，講義の撮影・編集など，eラーニング教材の作成支援を行います。
3	eラーニング運用サポート コンテンツ公開後も，使い方がわからないなど，困った時にはスムーズに運用できるようにサポートするとともに，ICT活用教育事例を紹介したり，研修会を開催するなど，利用者のスキルアップを支援します。
4	ICT研修会の開催およびICT活用教育の普及 Word, Excel, PowerPointなどの研修会の開催，ICT活用教育事例の紹介など，利用者のICT利用に関するスキルアップを支援します。

の運用サポート，4つ目は，教職員のICTスキルアップへの支援ならびにICTを活用した教育展開の普及に向けた取組である（表11-2）。

[2] 運営の実際

本取組では，各学部のeラーニングに関わる要望として，(1) 動画教材制作，(2) 授業時間外学習の促進，(3) 全学共通教育科目（約1,600名対象）の開講に伴う科目担当教員の負担軽減などが挙がった。まずはそれらのニーズに対応すべく，開発予算の確保ならびに開発体制・ガイドラインの整備を進めた。また，eラーニング推進に向けた初期段階の取組としてコンテンツ制作に取り掛かったが，これはただ単に教材開発を担う体制を整備することを目的としているのではない。教材開発の支援を通して，授業構成ひいてはカリキュラムデザインの支援に発展させることを視野に入れての活動である。いわば，全学的な体制整備を目指した活動の端緒としての意味合いが大きい。具体的な体制整備にあたっては，各学部との連携により全学的な要請のもと，教育デザイン室の設置を求める声を可視化すると同時に，広報的な意味合いをもたせた活動として拡充を図っていった。

初年度に関しては，実践に不可欠な人的環境の整備を行うとともにeラーニング推進のためのIT環境といった物的環境の設備強化をめざし，順次拡充していく計画とした。活動を進める過程で，初年度に開発したコンテンツの質や活用実績が教育デザイン室の実績として評価を受け，その評価如何では，その後の体制強化への

判断に影響がある。そこで，多様な教育ニーズに対応できる撮影パターンや授業スタイルなどの提案を兼ねて，プロトタイプコンテンツ制作を推進した。

● 2-5　全学的な推進・普及に向けて

e ラーニングの全学的な推進に向けて，各学部から興味関心のある教員などに対して，コンテンツ開発支援を行った事例を収集し，広報媒体として全学的に配布する計画を立てた。リーフレット（図 11-2）は両面を活用し，「愛媛大学 e ラーニングニュース」と「教育事例集」の情報を公開した。表面の「愛媛大学 e ラーニングニュース」では，その時々の e ラーニングに関するトピックスを掲載した。具体的には，「全学無線 LAN の整備について」として無線 LAN の敷設に関する情報提供を掲載したり，学習支援システムである Moodle の紹介記事として「Moodle とは」，さらに「テスト機能・フォーラム機能等の活用方法」「クリッカーの活用」など授業改善のツールに関する記事を掲載した。裏面の「教育事例集」は，教員の授業設計事例を紹介することで，教育デザイン室の支援内容が具体的に伝わり，e ラーニングに取り組むきっかけづくりや授業に e ラーニングを取り入れることへの心理的ハードルを低くする効果をねらった。

図 11-2　リーフレット「e ラーニングニュースと教育事例」

● 2-6 まとめ

本実践の成果から，国立大学法人と私立大学で設置形態の違いはあっても，教員の授業改善に対する熱意やeラーニング活用に対する関心の高さに大きな違いはなく，その要望に応えるためのeラーニング推進体制整備に必要なノウハウや普及に関わるポイントは同様であるといえる。つまり，いずれにしても学内マネジメントが肝要であり，設置に至る過程においてそれらを重視した結果，教育デザイン室の設置の実現に至ったと考える。学内マネジメントのポイントの具体的内容としては，eラーニングに対する教員全体の認識と理解を深めるための意図的アプローチが鍵となる。まず，教員が得られるメリット・効果を明示する，つまりインセンティブを用意することである。さらに，支援体制の活用が身近に感じられるよう顔の見える情報公開に努めることにより，来談しやすい環境を整備することも効果的であると考える。また，授業改善にかかる時間的・物理的支援の内容を具体的に示すことによって，教員の負担軽減を保証することも有効である。今後の見通しを共有することで，新たな手法を取り入れることに対する不安感を解消することもこれに含まれる。今回の学内マネジメントにおいては，その間によせられた意見とその内容が経過ともに変化したことから，初動時に挙がった各学部からのeラーニング開発に対する細かな要望に応えることで，肯定的な教員だけでなく否定的な教員の意識改革を引き出したのではないかと推察する。また，各方面での地道な成果の積み重ねが全学的な取組に対する合意形成につながったと考える。

● 2-7 今後の課題

現在は，eラーニング教材としてのコンテンツ制作のみでの成果であるが，今後は蓄積した成果に関する他者評価を受けることで質の向上に努めたい。また，eラーニング教材の授業全体における位置づけや効果的な活用方法のコンサルテーションを通して，授業をデザインする（授業設計）という視点を広める活動につなげていく必要があると考える。

3 eラーニングから始める組織的な学習支援体制の構築

宮原俊之

● 3-1 概　要

一般的に教育スキームの継続的な見直しは「教育の効率化」と「教育の質の向上」それぞれに影響を与える。例えば「ICTの活用によって教育活動に変化をもたら

す」ためには高等教育機関において組織的な学習支援体制の構築が必要である。明治大学がeラーニングを活用した授業（以下，「メディア授業」とする）を導入する際も，「日本の高等教育機関の構造問題」と「eラーニング特有の問題」を分析し，日本の大学においてeラーニングを効果的に活用するためにはマネジメントの不在や支援体制の不備を解決することが不可欠であるとの知見に基づいて取組を行った。本節では我々が取り組んだ組織的支援体制の構築について紹介し，その成果をとおして，今後の高等教育における学習支援の展開を考えていく。

● 3-2 大学eラーニングマネジメント（UeLM）モデル

明治大学でeラーニングを教育に活用することについて検討が始まったのは他の大学に比べてかなり遅れた2005年（授業開始は2007年後期）であった。当時の日本の高等教育におけるeラーニングの評判は非常に悪かった。その最大の原因は，eラーニングを導入することで「教育の効率化」と「教育の質の向上」を実現できるという誤解であった。そのため，その対策を検討し，以下の3つのコンセプトを策定した。

1) 新しい教育方法としてのeラーニングや遠隔教育を発展・定着させる
2) 教育のユニバーサルアクセスの実現を力強く推進する
3) eラーニングを活用した授業に対する学習支援体制づくりを起点として，体系的な教育支援体制の確立を目指す

そして，多様な学習に対して多様な高品位の学習教育環境を創造し提供すること，継続的な教育改革・教育改善を行っていくことを実現するために，図11-3（明治大学教育支援部ユビキタス教育推進事務室, 2011）のとおり，教える側と学ぶ側双方の観点を踏まえて，インストラクショナル・デザインに基づく授業設計と組織的な支援体制の構築を行い，メディア授業を開始した。その成果として大学eラーニングマネジメントモデル（宮原他, 2010）（以下，「UeLMモデル」とする）を開発した。その概念図を図11-4（明治大学教育支援部ユビキタス教育

図11-3　メディア授業の考え方

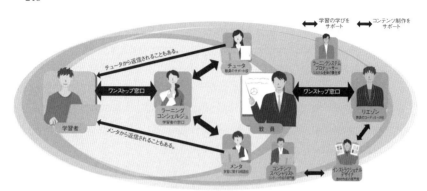

図 11-4　大学 e ラーニングマネジメントモデル

推進事務室, 2011) に示す。

　インストラクショナル・デザインに基づく授業設計といっても，この授業では，継続性を優先させ，授業内容の点検（入口：この授業を受けることによって学習効果が期待される人の条件，出口：この授業を受けるべき人が受けたときに保証できる学習効果，授業評価の明確化）とインタラクティブ性の確保，期末の振り返りから進めている。また，UeLM モデルそのものである専門家チームによる組織支援体制は，学習者と教員の負担を軽減させ，主に以下の 4 点の達成を目指した。

1) 規模の拡大に対応するスケーラビリティの確保
2) 専門家が専門分野を確実に機能させることを可能とする仕組み
3) 学生・教員へのワンストップサービスの実現
4) コミュニケーションループの確保

　主な専門家の職能と役割は，表 11-3 のとおりである。授業実施時に提供する学習者へのワンストップサービスを担う「ラーニングコンシェルジュ」，コンテンツ制作時に提供する教員へのワンストップサービスを担う「リエゾン」，他に授業設計を行う「インストラクショナルデザイナ」，教員の手伝いをしながら学生からの質問などに答えたりもする「チュータ」，動機づけを担う「メンター」，これらを統括する「ラーニングシステムプロデューサ」などからなる。コミュニケーションループとは，学習者と教員を含む専門家が，さまざまなやりとりを行う中で，情報が紛失したり放置されたりすることがないように情報流通ルートを確保することであり，UeLM モデルを開発する際の評価項目（ガニェ他, 2007）（表 11-4 参照）としても情報

表11-3　UeLMモデルにおける主なeラーニング専門家の職能と役割

専門家（職能）	役割
教科教員 ●科目に関する専門的知識	・科目素材を科目コンテンツに生成する過程においての，内容確認と誤記修正を行う。 ・チュータが対応不可能な，教授行為に対する質疑応答の対応を行う。 ・教授行為に対応した，学生の学習度評価を行う。
ラーニングコンシェルジュ（LC） ●コミュニケーション能力	・相談対応として，学生からの相談を受付け，専門家に切り分け，回答を得る。 ・小規模運営の場合は，メンターは非常勤対応とし，基本的な学習動機づけはラーニングコンシェルジュが行う。
チュータ ●科目に関する専門的知識	・教科教員と調整の上，「科目素材」と「他者著作物申請一覧」を作成し，リエゾン経由でインストラクショナルデザイナに提出する ・相談対応として，学習内容に関する学生からの質問をラーニングコンシェルジュ経由で受付け，内容を検討し，ラーニングコンシェルジュへ回答，または，直接学生に回答する。 ・小規模運営の場合は，リエゾン業務を兼務する場合もある。
メンター ●コミュニケーション能力 ●コーチングスキル	・授業内容以外の相談を学生からラーニングコンシェルジュ経由で受付け，内容を検討し，ラーニングコンシェルジュへ回答，または，直接学生に回答する。 ・学生のモチベーションを上げる（動機づけ）ための呼びかけなどを行う。
リエゾン ●コミュニケーション能力 ●プロジェクト管理スキル	・コンテンツ制作に係る相談を教科教員から受付け，専門家に切り分け，回答を得る。 ・科目コンテンツ制作対応として，資料などを教科教員から受付け，専門家に橋渡しする。その際，教科教員からの提出の進捗管理を行う。 ・科目コンテンツの制作にあたり全体のマネジメントを行う。インストラクショナルデザイナと調整し，協調して作業にあたる。
インストラクショナルデザイナ（IDer） ●この分野に関する専門的知識 ●プロジェクト管理スキル	・科目コンテンツの設計および評価を中心とした業務を行う。 ・科目コンテンツの設計では，リエゾン経由で入手したシラバスや科目素材を基に，科目コンテンツの設計を行う。設計の際にはインストラクショナル・デザインに基づく情報分析を行い，あわせてユーザインターフェース標準フォーマットの定義も行う。 ・実施の終了した科目コンテンツは，次半期にその内容をインストラクショナルデザイナおよび教科教員により評価される。
コンテンツスペシャリスト（CS） ●この分野に関する専門的知識	・科目コンテンツの制作および修正を中心とした業務を行う。
ラーニングシステムプロデューサ ●プロジェクト管理スキル ●ITに関する知識 ●eラーニング全般に関する知識	・モデル全般の運営に対する一連の責務を担う。 ・ラーニングシステム全般の運営に対する一連の責務を担う。 ・運営を円滑に行うために，全専門家を対象とした情報の共有や相談相手，課題の収集を行う。

流通量についてチェックした。なお，職能としているのは，単に人がいればよいわけでなく，機能することが重要だからである。また，よく「このような専門家はあまりいないのでは？」と質問を受けることがあるが，まさにこの部分は日本における大きな課題であり，明治大学においてもトレーニングを行い実践をとおした育成

表11-4 評価方法（教育システム評価）

評価項目	内容	評価のための情報
教材の評価	新たに開発された教材によって，学習者が効果的かつ効率的に学習目標を達成できたか？	・入口・出口・授業内容・評価の明確化 ・現在対面授業で行っている授業内容の見直し
ISDプロセスの品質の審査	ISDプロセスは十分な方法で遂行されたか？また，プロセスを改善する方法はあるか？	・専門家スタッフによるアンケート ・情報流通状況のチェック
インストラクショナル・デザインに対する学習者反応の評価	学習者は，インストラクションおよびその実施環境が魅力的かつ効果的であると感じているか？	・学生アンケート（カークパトリックモデルレベル1）
学習者の学習目標に対する成績の測定	設置したコースの学習者は，学習目標を十分に達成しているか？	・学生アンケート（カークパトリックモデルレベル2） ・単位取得率 ・成績
インストラクションがもたらす結末の予測	学習者は，知識とスキルを適切な環境に適用し，その組織における目標の達成に貢献するか？	カークパトリックモデルによるレベル3と4の評価 ※今回は対象外

を図っているところである。参考までに，いままで活躍してきた専門家のスキルを例示する（表11-5参照）。

　この組織的な支援体制が機能することが，メディア授業のマネジメントになるため，専門家による期末の振り返り時間の確保（半年に1度，全ての関係者を集めてオールスタッフミーティングの実施）はとても重要となる。

　UeLMモデルの紹介の最後として，UeLMモデルによる成果についても触れておく。まず一番重要な学生に対する効果であるが，単位取得率および成績ともに対面授業と同等の水準を維持することができている。加えて，学生アンケートの結果は，「（対面授業よりも）とてもたいへんだが，学びたいことが学べ，また科目自体も好きになってきた」ということに集約することができ，学習時間の確保という点でも問題がないことが示されている。専門家間の情報流通状況の健全化の確認とともに，学習支援体制は確立されつつある。また，教科教員から「メディア授業の教材を作成した経験から対面授業の教材も改善した」とのコメントが寄せられたほか，継続的に学習効果の低い授業回があった場合には，その授業回において，教材，支援体制，システムなどに問題がなかったかを調査することができるなど，付帯効果として，教育内容の透明化（見える化），授業内容の充実，教育内容の改善（見直し）も挙げられる。

表11-5 専門家スタッフ

専門家名	スキル的な部分
ラーニングコンシェルジュメンター（兼務）	・コミュニケーション能力に優れている メールコミュニケーター，メールマガジンライティング，教員免許，文書処理能力検定1種1級，秘書検定，Adobe系アプリケーション操作，Webデザイナーなど
チュータ	・教員サポート業務経験やある程度の専門知識が必要 大学院修了生，ポスドクが中心 ⇒最近は，当該科目単位取得者が希望するケースが増えている
リエゾン	・専門知識とコミュニケーション能力が必要 民放の教育番組の制作，教材コンテンツの制作，IDerとして大学官庁向けのe-Learning教材の設計，幼児教育番組制作・演出，デジタル教材の制作・演出
インストラクショナルデザイナ	・専門知識が必要 デジタル教材制作10年以上，紙物の編集も経験済み
コンテンツスペシャリスト	・専門知識が必要 デジタル教材制作5年以上，紙物の編集を経験済み

● 3-3 次なる展開とまとめ

　ここでは，eラーニングとインストラクショナル・デザインとの相性がよく，その効果がわかりやすいため，UeLMモデルというメディア授業に対する組織支援体制について紹介してきたが，最終的な目標は，このような組織的な学習支援体制を全学（対面授業）に戻すことである。「個からチームへ」これが，今後の高等教育における学習支援のキーワードになる。まだ，非教員による授業内容への関与について教員の葛藤は避けられない部分もあるが，「教育の質の向上」を考えたとき，チームの専門家，そしてそれをマネジメント（コーディネート）する人材育成が重要であることは間違いない。明治大学では，学生主導型コンテンツ制作という新たな取組を開始しており，取りかかりとして，eプレゼン・コンテストを開催している。これは，テーマに基づき，動画や音楽，写真などを使って制作したプレゼンテーションコンテンツで競い合うコンテストであるが，このようなところから，学生による学生支援の方法論についての気づきへとつなげていくことを考えている。その意味では，現在，日本でも施設的な整備が始まっているラーニングコモンズへの期待は大きい。もちろんラーニングコモンズの整備とは，施設を作ること自体が目的ではない。その中で何を行うかに注力されることを望みたい。

4 創価大学の教学マネージメント体制：1つの事例として

寺西宏友・馬場善久

● 4-1 概　要

　創価大学は建学以来，「学生中心の大学」「学生第一の大学」という教育理念のもとに教育研究活動を実施してきた。そのための充実した「学び」のための体制作りを進めてきている。その過程で，中教審の答申への対応，海外の先駆的な事例から学んだ制度の導入などを積極的に進めてきた。創価大学の教育改革は，教学マネージメント改革と表裏一体で推進し，制度改革を進め中教審答申，政府方針への対応を概ね完了している。加えて，諸会議を整理して意思決定の迅速化を図り，教授会などの機能・役割を明確化し，学長のリーダーシップによる実効性のあるガバナンスを実現している。またIR室を設置し，学長が必要とする定量的なデータを集め，エビデンスに基づく大学改革の推進を可能にしている。本節では，創価大学における教学マネージメント体制について説明する。

● 4-2　組織体制の改革

[1] 教育・学習活動支援センター（CETL）

　1998（平成10）年に，教学上の大きな制度改正をどのように活かすかという課題に取り組む組織として教育・学習活動支援センター（CETL）が企図された。また，授業改善を全学的に取り組む必要性と学生自治会から要請された授業評価アンケートの実施に対応する必要性があった。準備期間を経て，2000（平成12）年に教育・学習活動支援センター（CETL）を開設することができた。CETLは，教員の授業力向上のための教育支援やFD活動，学生向けの学習支援を進めてきた。その取組は複数のGP事業により推進され，その成果を活かした総合学習支援センター（以下，SPACeと略す）は，創価大学の中央ラーニングコモンズとして授業外学習の拠点となっている。

　また，CETLには，創価大学の将来に対して，次のような狙いもある。1つは，多様な背景をもった学生の学習に関するニーズをいち早く掌握し，将来のカリキュラム改正の方向性を決める参考にすること，もう1つは，各学部の中堅の教員にCETLの所員を兼任してもらい，学部を横断して大学教育に関して理解を共有する大学の将来を担う教員の核をつくることである。

[2] FD委員会の設置

2007（平成19）年度には教学担当副学長を責任者として，全学部長および教務部長を中心メンバーとする創価大学FD委員会（以下，全学FD委員会）を新たに組織した。この委員会のもとに，各学部のFD委員会が機能している。全学FD委員会では，毎年の活動目標を設定している。年3回のFD活動の義務化，授業外学習時間の増加，シラバスの充実などである。

[3] 意思決定の迅速化のための組織改革

教学事項に関する意思決定の迅速化を図り，急激な時代の変化，社会的要請に対応するために，2010（平成22）年度より，従来の「全学教授会」にかわる機関として「大学教育研究評議会」を設置して諸会議を整理し，教授会，各種委員会などの機能・役割を明確化した。同評議会の構成員は，部局長以上で構成されている。また「学長室会議」を新設し，意見の集約・調整など，学内のコミュニケーションの円滑化にも努めた。この一連の改革により，学長のリーダーシップによる全学的な合意形成がとりやすく，実効性のある全学的なガバナンスが実現できている。さらに機動的に大学改革を実施するために，共通教育の刷新と学士課程教育の充実を目的とした，教学担当副学長を機構長とする学士課程教育機構を発足させた。本機構は，総合学習支援センター，教育・学習支援センター（CETL），共通科目運営センター，ワールドランゲージセンター（WLC）などの各種センターを統括し，全学FD委員会を管轄することで，全学的な教学マネジメント体制の強化・発展に主導的役割を発揮している。また，定量的なデータ（成績の推移，就職率など）や定性的なデータ（学生による授業アンケート，学生調査アンケート，卒業生調査アンケート）などを集め，エビデンスに基づく大学改革を推進するためにIR室を設置した。このような一連の改革によって，学部の枠組みをこえて，新しい挑戦的な取組を実施しやすい環境にある。改革の具体的な成果として，グローバル人材の育成の推進，特色ある教育方法の学内への普及，ICT活用教育の推進などが挙げられる。

● 4-3 教学マネジメントを支える制度改革

教学マネジメントを支える制度上の改革として，セメスター制度の導入，GPA制度（卒業要件化）やCAP制の導入，コアカリキュラム導入やナンバリングによる体系的な教育課程の編成，共通科目や必修科目のスタンダード化（共通シラバス，共通テスト）の推進，コアカリキュラムの導入，ラーニングアウトカムズの設定とそ

の科目ごとの測定などを行ってきた。

[1] セメスター制度の導入

　1984 年からセメスター制の導入の検討を始め，1991 年の大学設置基準の大綱化を受けて検討をさらにすすめ，1999 年にセメスター制の導入を行った。セメスター制の導入意義を「教育の質的向上を図る」ためとし，授業科目の開設方式に関しては「授業を学期完結型で行うことを原則とし，特別な場合にのみ積上型で行う」とした。

[2] CAP 制の導入（2001）と単位の実質化

　セメスター制の導入にあわせて，CAP 制の導入も行った。また，1 セメスターにおいて履修できる単位数に上限ができたとしても，単位の実質化が進まなければ，授業のない日や空き時間帯をアルバイトや課外活動などに費やされてしまう。そこで，1 つの施策として，授業外学習時間の増加を促す取組を FD 活動として行った。2008 年から 2010 年までの 3 年間，「講義アンケート」の学生による自己評価項目の「授業外学習時間」を，1 科目 1 週間で最低でも 1 時間を超えることを，全学 FD 活動の目標として掲げて工夫を続けてきた。2010 年以降も授業外学習時間はセメスターごとに点検している。科目の特性で必ずしも予習復習がなじまないものもあるが，ともかく，全体で平均して 1 時間を超えるように努力を重ねてきた。授業外学習時間を増加させるために，小テストや小レポートの実施，授業に関連する読書課題の提示など，各教員が工夫を行い，教員間で共有することができた。また，2011 年度よりは，FD 活動の新たな目標として，「シラバスの改善」を掲げた。これは，従来からの授業外学習時間増加を促すためのさらなる挑戦として，決定したものである。シラバス上で，毎回の授業の事前・事後学習を，具体的かつ効果的に表現するための工夫を目指すものである。

[3] GPA 制度の導入と卒業要件化

　GPA 制度の導入そのものは，すでに 1999 年に導入を見ていたが，2007 年度には通算 GPA2 以上ということを卒業要件化した。すなわち，2007 年度以降の入学生は，卒業要件として，必要単位数の修得に加えて，卒業時の通算 GPA が 2 以上であることが求められた。同時に，GPA を基準とした学業アドバイザー制度も導入をし，担当教員を定め，セメスターごとに，GPA2 を下回った学生に対して，面談・指導

の体制を整えた。創価大学のGPA制度の特徴は、再履修による成績評価の上書きのシステムにある。成績評価区分はS（90～100）・A（80～89）・B（70～79）・C（60～69）・D（50～59）・E（49以下）・N（評価不能）で、グレードポイント（GP）は、Sを5点とし、マージナルパスのDは1である。すなわち、Dは単位認定とはなるものの、GPとしては1にしかならず、卒業のためには、全体でCアベレージ以上の2を超える必要がある。このため、すでに履修した科目でも、CないしD評価の科目を再履修して、従前の評価より高い評価にしていくことが求められる。こうした再履修による学び直しのシステムを組み込むことにより、「学修」の質を保証しようと意図したものである。

[4] 共通科目を通じた「教養教育」の充実

共通科目全体を運営する「共通科目運営センター」では、提供する科目を8つの「科目群」に分類をし、それぞれの責任者を明確化し、科目の教育内容ならびに教育方法のスタンダード化をはじめとする改善の体制を整えた。

また同センターの具体的な教育目標として、①「自立的学習者となること」②「多文化共生力の育成」③「真の教養を身につけること」を掲げた。さらに2009年度から創価大学のカリキュラムを全面改編し、「創価コアプログラム」を導入した。その内容は以下のとおりである。

> 「人間教育と創価大学」「人間教育と人間理解」「現代文明論」「大学史の中の創価大学」などの授業科目からなる「大学科目」のうち最低1科目（2単位）を全学生が履修することとした。幅広い知識を修得するために、学生個々の所属学部の学問領域以外の2つの分野からそれぞれ8単位（共通科目、専門科目の区別を問わない）を修得することを卒業要件化した。以上のような選択必修化（卒業要件化）によって、創価大学の教養教育（共通科目）の目標にかなった人材を育成するとともに、社会に対して創価大学が実施する教育の「質保証」を明示することを目指した。

その他の改善点として、専門科目を含めて創価大学が開講する全ての科目に3桁のコードを付与した。その科目の学問分野・履修区分・履修年次を明示し、学生が体系的に、かつ優先順位やレベルなどを判断しながら学ぶことができるようにしてきている。

[5] ICT 活用教育の導入

　2007（平成 19）年度の現代 GP の採択に合わせて，ICT 活用教育の導入が CETL を中心に進められた。また，戦略連携 GP に連携校として採択されたことを契機に，e ラーニングの導入が促進された。しかしながら，PC の利用を拒む教員が少なからず存在しており，その推進を妨げた。そこで，2010 年 2 月から 3 年間の移行期間を設け，紙媒体を用いている業務（シラバスの作成，履修者名簿の作成など）を中止するために，電子化を促進するための取組を始めた。電子媒体への移行を周知するとともに，教員の情報スキルの調査を行い，PC が不得意な教員に対する講習会やポータルサイトの利用促進のための講習会を実施した。2012 年度の試行期間を経て，2013 年度からは，完全実施が行われ，職員の負担軽減と合わせ，業務の効率化を実施できている。

[6] 多様な学力の学生に対する対応：「初年次教育」の充実

　「初年次教育」の充実に関しては，2003 年度の経済学部での必修科目「基礎演習」の開始を皮切りに，学部ごとに工夫を重ねて取り組んできている。さらに，そうした学部ごとの初年次教育をサポートする取組として，CETL が，『初年次・導入教育を支える学習支援体制準備』を提案し，2009-2011 年度にかけての文部科学省 GP 事業として採択された。これは，サブタイトルに「カリキュラム連携型学習スキル訓練を柱とする総合的学習支援の試み」と謳ったとおり，各学部が取り組む「初年次・導入教育」の基礎演習科目と連動をして，基本的な学習スキルを身につけさせるための試みであった。ノートテイキング，ライティング，読解力などの学習の基礎となるスキルを向上させるための課外講座の提供と，授業科目とを連動させることによって，より効果的な学習支援を実現しようという取組であった。この GP 事業は，2014 年の 3 月をもって，終了したが，3 年間の経験・実績を踏まえて，2013 年度には，新たな「総合学習支援センター」を立ち上げた。

　この GP 事業で確認をしたことは，ジェネリックなスキルというのは，基礎演習のような導入の授業で数回学習をして身につくものではなく，学士課程教育 4 年間の課程の中で，あらゆる授業の中で意識的に繰り返し使用して初めて身につくものであるということであった。

[7] 「ラーニング・アウトカムズ」を中心にした授業改善

　「共通科目運営センター」が掲げていた 3 つの目標①「自立的学習者となること」

②「多文化共生力の育成」③「真の教養を身につけること」をブレークダウンする形で,「共通科目」を通じたラーニング・アウトカムズを設定し,それを中心に据えて授業改善をはかることを定めた。教員が「何を」教えるかではなく,学生が「何を」身につけるかという視点でのラーニング・アウトカムズを中心とした各科目の到達目標を明確に設定し,授業のアセスメントに取り組むこととした。パイロットアセスメントを試みた。シラバスに表記した到達目標とラーニング・アウトカムズの対応関係,具体的な測定方法の工夫,各項目のさらに細分化した細目の在り方などにつき,報告を集め検討に付した。

2012年度からは,共通科目の全授業のシラバスには,ラーニング・アウトカムズ8項目のいずれに対応するかの表示がなされることとなった。共通科目に関しては,ラーニング・アウトカムズを評価の中心に据えた自己点検評価の体制を整えつつあるといえる。

● 4-4　まとめ

本節では,創価大学が取り組んだ教学改革について解説した。制度上の改革と組織上の改革が相まって,学長のリーダーシップによる実効性のあるガバナンスを実現できた。今後も時代・社会が要請する人材,また新たな時代を切り開く創造性を発揮する人材を育成していくために,教育改善のサイクルをまわしながら,創価大学はあくなき努力を重ねていく。

5　eポートフォリオを活用したアクティブ・ラーニングの実質化

新目真紀・玉木欽也

● 5-1　概　要

ソーシャルメディアをはじめとする情報通信技術の進展に伴い発生している現代的な課題及びニーズに対応し,適切な利用環境をデザイン及びアセスメントできる専門家の育成が急務である。青山学院大学ヒューマン・イノベーション研究センター（HiRC）では,こうした社会的要請に応えることを目的として,ソーシャルメディアコミュニティデザイナ資格認定プログラムを運営している。これまで社会科学系の学生に向けたソーシャルメディアに関する科目は,情報リテラシー教育の中でソーシャルメディアの利活用を扱う初学者教育か,もしくは,ソーシャルネットワークサービスでは実名を登録しないといった避難行動の教育に留まっていた。本プログラムにおいては,初心者教育にとどまらず,かかる分野において主体的に課

題解決にあたることのできる人材の育成を目的としている。本節では，資格認定プログラムの演習科目として学生の主体的な学びを支援するために，eポートフォリオを用いた授業改善の取組を紹介する。

● 5-2 アクティブ・ラーニングの質向上の視点

2008年の中央教育審議会「学士課程教育の構築に向けた（答申）」にもある通り，学生の思考や表現を引き出しその知性を鍛える双方向の授業方法として，アクティブ・ラーニングが期待されている。アクティブ・ラーニングとは「学生の自らの思考を促す能動的な学習」のことであり，授業者が一方的に学生に知識伝達をする講義スタイルではなく，課題研究やPBL（プロジェクト・ベースド・ラーニング），ディスカッション，プレゼンテーションなど，学生の能動的な学習を取り込んだ授業の総称である。

現在，アクティブ・ラーニングは課題探求型，課題解決型ともに，専門分野を問わず広く実施されている。横溝（2007）は，アクティブ・ラーニングの質を高める工夫として，他者の視点強化，授業外サポート，カリキュラム・サポートを指摘している。他者の視点強化では，他者の視点をより豊かに導入して自身の思考を相対化させることが重要になる。授業外サポート，カリキュラム・サポートでは，授業内学習と授業外学習のバランスをはかるとともに，カリキュラム内の基礎科目や演習科目との関連づけを支援することが有効になる。本節では，eポートフォリオを活用したアクティブラーニングの実質化の取組を紹介する。

● 5-3 科目の概要

本節で報告するのは，ソーシャルメディアコミュニティデザイナ資格認定プログラムの演習科目として開講した「戦略マネジメント特論Ⅲ—ソーシャルコミュニティデザイン（1）」である。2013年度前期に経営学部の3・4年生向けに正規科目として開講している。

ソーシャルメディアおよびデジタルコンテンツを活用したビジネススタイルやライフスタイルはこの数年で大きく進展した。大災害時にはソーシャルネットワークサービス（SNS）を使った情報共有が生死に関わる違いを生み出した。また，モバイルデバイスはほぼ生活全般に行きわたり，スマートフォンの登場によって，人と人とをより密接につなげる強力なソーシャルコミュニティのツールとなった。さらに，SNSを積極的に活用して，企業や各種セクターを取り巻くユーザーに対して，

表 11-6 2013 年後期戦略マネジメント特論Ⅲシラバス

講義回数		授業内容
オリエン	1	eポートフォリオの使い方の説明，ディスカッション方法の説明
オムニバス 1	2	モバイルコンピューティングの最近の進展の背景とリスク
	3	モバイルコンピューティング市場分析（SWOT 分析）
	4	グループディスカッション　発表
オムニバス 2 ゲスト講師	5	スマートシティのビジネスモデルとは
	6	スマートハウスのビジネスモデルに関するディスカッション
	7	3C に基づく市場環境分析グループディスカッション　発表

コミュニティづくりをしたり，マーケティング・コミュニケーションを展開するところがでてきた。そのいっぽうで，炎上やネットワーク依存，さらに個人情報の流出といった新たな社会問題も発生している。しかしながら社会経験の乏しい学生に，かかる分野において能動的な学びを支援するためには，関連する具体的な職業を想定し，職業観を育成していくことが有効となる。

本科目では，産業界からゲスト講師を招き，オムニバス形式で，実社会におけるモバイルラーニングサービスや，ソーシャルコミュニティデザインに関する知識を深める。学生は，ゲスト講師の講義をもとにビジネスの現場を探求し，参加学生が既知とするマーケティングミックス（4P 理論，4C 理論，4S 理論）をもとに課題及びニーズを整理し，提案に取り組む。課題探究型のアクティブ・ラーニングといえる。

表 11-6 は，シラバスの一部である。オリエンテーションを含む 4 回の講義で，モバイルラーニングサービスや，ソーシャルコミュニティデザインに関する知識を教授し，その後ビジネスの現場を探求する。第 1 回目は，A 社スマートシティ・エネルギー推進をする本部の方に協力頂き，スマートシティ，スマートハウス市場における，サービス開発，顧客創造の取組について教示頂いた。

● 5-4　eポートフォリオの活用

本科目は，2011 年度にも開講しており，社会経験の乏しい学生にアクティブ・ラーニングを促進する上で課題が確認された。表 11-7 は，確認された課題を横溝の分類に沿ってまとめたものである。2013 年度は，eポートフォリオを活用してアクティブ・ラーニングの質向上を図った。

表11-7 eポートフォリオを活用した改善方

改善点	2011年度の課題	2013年度の改善方法
他者の視点強化	個人的な学習が中心となり学習者間のインタラクションが不十分であった。	eポートフォリオ上の課題を相互閲覧可能にし，2名以上にコメントをもらい，レポートを修正した上で提出させるようにした。
授業外サポート（学生）	学習者のリフレクションが各回の授業に限られており，学習課題のつながりを意識していなかった。	レポート提出時には，eポートフォリオ上に蓄積された過去のレポートを参照した上で，レポートを提出することを推奨した。
授業外サポート（ゲスト講師）	オムニバス型授業による教師間の情報共有ができなかった。	ゲスト講師にeポートフォリオを公開し，各講師が扱っているトピックや課題，学生の学習プロセスを把握しながら授業を行えるようにした。

● 5-5　eポートフォリオの導入効果

本科目の最終回では，グループごとに検討したビジネスモデルが発表される。専門知識をベースにしたオリジナリティの高い提案に対し，数名のゲスト講師から，商品化を検討したいという意見が挙がった。授業後に実施した学生向けアンケートでは，主体的に学習に取り組んでいた様子を示すコメントが寄せられた。以下はその一部である。

- みんなと1つの目標に向けて行うグループワークと実際の企業の方に聞く講義は素晴らしかった。特にマイクロソフトの方のお話は今後自分のキャリアを計画し，形成していく中でとても参考になった。
- この授業ではふだんめったに会うことのできない企業の方のお話が聞けて，さらにはスマートハウスなどについては私たちの考えた企画にアドバイスまで頂けたのでとてもためになる授業だった。実践で考えることが多かったので頭もよく働かせられ，授業後には達成感があった。
- 今まで学んできた内容よりも専門性のある学習ができ，さらに実践でビジネスプロセスなどを作成した作業は私にとってよい経験となった。

● 5-6　まとめ

最後にeポートフォリオを活用したアクティブ・ラーニングの実質化についてまとめる。アクティブ・ラーニングにおいては，質を向上する方策の1つとして，

他者の視点の強化が挙げられている．本節では，他者の視点として現場で課題解決にあたる社会人の視点を導入している．社会人の視点の導入は，実践の文脈を取り入れたプログラムを開発する上で有効な方策と考えられる．いっぽう，忙しい社会人に協力を求める上では，授業における学生のアウトカムを共有することが，より適切な支援につながるであろう．

6 ソーシャルメディアを活用したアクティブ・ラーニングの実質

新目真紀・玉木欽也

● 6-1　概　　要

青山学院大学における2つ目の実践事例は，ソーシャルメディアデザイナ専門家育成プログラムの演習科目として開講した「ソーシャルメディアテクノロジー」における取組である．本科目は，2013年度後期に社会科学系の2・3・4年生向けに正規科目として開講している．本節では，アクティブ・ラーニングの実質化を目的として，学生に向けた足場掛けの支援としてソーシャルメディアを活用した事例を紹介する．

● 6-2　科目の概要

本演習科目は，「デジタルコンテンツやソーシャルメディアをデザインし，管理するチームの中心メンバーとして，実践的・専門的な知識等を基礎に，創意工夫を凝らして自主的にソーシャルコミュニティの運用業務を遂行する」ことを想定している．授業では，前半で当該分野に関する知識教授を行い，後半でソーシャルメディアを利用したサイトの設計・構築・評価を行う．

【前半の学習目標】ソーシャルメディアとはどのようなメディアかを理解し，関連する技術を目的に応じて適切にデザインすることができるようになる．
【後半の学習目標】実際にソーシャルメディアテクノロジーを活用してコミュニティを設計し，その運用を通して得られたデータをもとに，コミュニティ設計を改善できるようになる．

本科目は，主担当のインストラクショナルデザイナ（IDer）1名が設計し，理工学部情報テクノロジー学科の教授からレビューを受け再設計したものである．本科

表11-8　2013年後期ソーシャルメディアテクノロジーシラバス

回	授業内容	授業形態	備考
1	オリエンテーション，PBL型授業の説明，資格認定プログラムの説明	講義	課題提出先環境説明
2	マスメディアとソーシャルメディアの違い	講義	レポート課題
3	ソーシャルメディア上のコンテンツ特性	講義	
4	ソーシャルメディアを利用する機器の特性（デバイス特性）	講義	レポート課題
5	ソーシャルメディアテクノロジーのアーキテクチャ理解1（システム特性）	講義	第1回評価
6	ソーシャルメディアテクノロジーのアーキテクチャ理解2（認証）	講義	
7	ソーシャルメディアテクノロジーの活用実践1（クラウドシステムの活用1）	講義	評価フィードバック
8	ソーシャルメディアテクノロジーの活用実践2（クラウドシステムの活用2）	講義	Google Apps設定
9	ソーシャルメディアを利用したコンテンツ創作基礎1（Google Appsの機能確認）	演習	
10	ソーシャルメディアを利用したコンテンツ創作基礎2（プロジェクト計画）	講義＋演習	プロジェクト管理説明
11	ソーシャルメディアテクノロジーを利用した繋がりの促進1（Googleサイト制作）	講義＋演習	課題提出 第2回評価
12	ソーシャルメディアテクノロジーを利用した繋がりの促進2（Googleアナリティクス）	講義＋演習	Googleアナリティクス設定
13	ソーシャルメディア上のコンテンツの評価実習1（Googleサイト制作）	講義＋授業	
14	制作（Googleサイト制作）	演習	
15	発表	対面	課題提出

目の主な受講者が社会科学系の学生であり，サイト構築経験のある者はほとんどいない。前半で学習した内容を，後半のサイト設計・構築・運用に活かすためには足場がけが必要である。ヴィゴツキーの発達論では，より有能な他者が学習主体の行為を方向づける過程を足場がけ（Scaffoding）と呼ぶ。本研究では，演習科目におけるアクティブ・ラーニングの質を向上する方策として，学生にとっては，学習への足場がけとなり，教師にとっては学生の学びを形成的に評価することが可能となる，ICTを活用した学習支援環境について紹介する。

● 6-3 学習支援環境として GoogleApps

　本科目では，学習支援環境としてソーシャルメディアを活用した。ソーシャルメディアとは，インターネット上で展開される情報メディアで，古くは電子掲示板（BBS）やブログから，最近では Wiki や SNS，ミニブログ，ソーシャルブックマーク，ポッドキャスティング，動画共有サイト，動画配信サービス，ショッピングサイトの購入者評価欄などが含まれる。ソーシャルメディアサービスとして mixi，Twitter，Facebook などがあるが，本科目では，Google が提供するソーシャルメディアサービス群である GoogleApps を利用した。

　GoogleApps では，ユーザ登録を済ませると，すぐにさまざまな Google アプリケーションがクラウド環境で利用できるようになる。インターネットから誰でも利用できるようなサービスを「パブリッククラウド」というが，本科目では，授業に参加している学生と授業担当者のみが利用できるように「プライベートクラウド」と呼ぶクローズドなクラウド環境を利用した。

　演習授業では，GoogleApps のサイト構築機能を利用し，各自が調査した内容を，画像や，映像を用いて公開し，ピアレビューのための環境として利用した。構築したサイトは，本科目の受講者であれば，24 時間どこからでも利用できる。

● 6-4 足場がけ効果の評価方法

　本科目では，GoogleApps を活用して学習を促進できたかを評価するために，知識教授型の授業が修了する第 5 回の講義後と，サイトの設計・構築が終わる第 11 回の講義＋演習後の 2 段階で評価を実施した。2 回の評価に有意差がなければ，足場がけが有効であったと考える。学習評価は，担当講師以外の外部評価者 7 名で実施した。複数名による評価は，評価の信頼性を上げるうえで有効である。

　学習評価は次の 4 つの観点から行った。

> 1) 学生がソーシャルメディアに関して授業で取り上げた情報を正しく理解しているか
> 2) 授業で得た知識をもとに，適切な事例を取り上げられているか
> 3) 取り上げた事例を他人にわかりやすく説明できているか
> 4) クラスの他の人の意見を参照しているか

　1) 以外の 3 つは社会人基礎力の 3 分類 12 項目で評価した。

表 11-9　他者評価指標の記述統計

		人数	平均	標準偏差
第一回	ソーシャルメディアテクノロジーの知識	19	3.41	0.17
	前に踏み出す力	19	3.14	0.22
	考え抜く力	19	2.99	0.27
	チームで働く力	19	3.05	0.16
第二回	ソーシャルメディアテクノロジーの知識	20	3.45	0.35
	前に踏み出す力	20	3.31	0.38
	考え抜く力	20	3.00	0.31
	チームで働く力	20	3.13	0.23

　社会人基礎力とは，職場や地域社会で多様な人々と仕事をしていくために必要な基礎的な力（厚生労働省，2006）と定義され，「前に踏み出す力（主体性，働きかけ力，実行力）」「考え抜く力（課題発見力，計画力，創造力）」「チームで働く力（発信力，傾聴力，柔軟性，情況把握力，規律性，ストレスコントロール力）」の3つの能力，12の能力要素から構成される概念である。これらの能力は「基礎学力」「専門知識」をうまく活用していくために必要不可欠な能力であるとされ，これらを測定することで，社会に出ることに対して必要な能力の現状を複合的に測定できると考えられている。

● 6-5　評価結果

　本科目の履修者は23名おり，その内21名が修了した。2段階の評価の比較は，修了した21名のデータを用いて行った。分析の結果，第1回目の評価と第2回目の評価の平均に有意な差は見られなかった。しかしながら，F検定を行ったところ，「ソーシャルメディアテクノロジーの知識」と「考え抜く力」については2回目の評価における分散が大きく，$p = 0.06$ と有意傾向を示した。

● 6-6　まとめ

　本節では，アクティブ・ラーニングの質向上の方策の1つとして，ソーシャルメディアを活用した足場がけ支援の有効性を検証した。ヴィゴツキーの発達論では，相互作用という状態は単なる認知的不均衡を個人の内部に発生させるだけではなく，新しい知識の形成のための情報を提供する場と捉える。本事例では，Google Apps に構築したサイトは，学生，教員，学部評価者にとって足場掛けの役割を果たしたといえる。

【引用・参考文献】
第1節
独立行政法人メディア教育開発センター(NIME)(2008).　eラーニング等のICTを活用した教育に関する調査報告書2007年度
中央教育審議会（2002）．大学の質の保証に係る新たなシステムの構築について（答申），文部科学省〈http://www.mext.go.jp/b_menu/shingi/chukyo/chukyo0/toushin/020801.htm（2015年8月22日参照）〉

第2節
愛媛大学教育・学生支援機構教育企画室（2008）．ＦＤ担当者必携マニュアル第1巻 改訂版―ＦＤプログラムの開発・実践・評価
仲道雅輝・松葉龍一・江川良裕・大森不二雄・鈴木克明（2009）．「科目ガイダンスVOD」を基軸としたFD―全学的なe-learning推進を実現する教員の意識改革　日本教育工学会論文誌, **33**（suppl.）, 25-28.

第3節
ガニェ, R. M.・ウェイジャー, W. W.・ゴラス, K. C.・ケラー, J. M.／鈴木克明・岩崎信［監訳］（2007）．インストラクショナルデザインの原理　北大路書房（Gagné, R. M., Wager, W. W., Golas, K. C., & Keller, J. M. (2005). *Principles of instructional design*. Belmont, CA; Thomson/Wadsworth.）
宮原俊之・鈴木克明・阪井和男・大森不二雄（2010）．高等教育機関におけるeラーニングを活用した教育活動を支える組織支援体制―「大学eラーニングマネジメント（UeLM）モデル」の提案　教育システム情報学会誌, 27(2), 187-198.
明治大学教育支援部ユビキタス教育推進事務室（2011）．*Ubiquitous & e-learning*

第6節
溝上慎一（2007）．アクティブ・ラーニングの実践的課題　名古屋高等教育研究, **7**, 269-287.
Vygotsky, L. S. (1978). *Mind in society: The development of higher psychological processes*. Cambridge, MA: Harvard University Press.

12 組織的な連携

福村好美・西野和典・小川信之・兼松秀行・小松川 浩・山川 修・林 敏浩・重田勝介

1 組織的な連携について

福村好美

　学問分野が複合化・細分化・広範囲化するに従い，多様な知識が要求される学習者にとって，所属機関の制約にとらわれない学習機会の拡大は，重要性を増している。例えば，EU（European Union）においては，高等教育改革の一環として，1999年のボローニャ宣言により，教育の質保証と移動性を主な目的とした欧州高等教育圏の構築が進められており，国・大学間をまたがる単位取得制度（ECTS: European Credit Transfer and Accumulation System）が整備され，学生は柔軟に EU 内の複数大学での学習を履修することが可能となった。日本においても，1972年に高等教育機関での単位互換が創設されて以降，多くの大学でこの制度が利用されている。このような，地理的に分散した教育機関における教育を統合的に提供するためには，ICT を活用した e ラーニングが有効になると考えられ，単位互換のみならず，基礎教育，生涯学習あるいは地域貢献などとしての高等教育機関の連携が各所で実施されている。

　本章では上記の動向を踏まえて，国内で e ラーニングを用いて組織的な連携を大規模に実施している事例を紹介する。第 2 節では，全国規模で大学と高等専門学校が e ラーニングにより単位互換を提供している e ラーニング高等教育連携（eHELP）での研究・実践状況，第 3 節では，クラウドを用いて 8 大学が連携して提供する，学士力向上のための基礎科目に関する教材コンテンツおよびテストの共通基盤，第 4 節では，福井県内の 6 高等教育機関が仮想的総合大学環境を構築して学習コミュニティを提供する福井県学習コミュニティ推進協議会（F レックス）の活動

内容，第5節では，四国の8大学が連携して，四国の地域づくりに携わる人材育成を図るため，単位互換協定を締結してeラーニングを提供するe-Knowledgeコンソーシアム四国（eK4）の活動状況を紹介する。また，第6節では，国外でのICT活用教育として注目されているMOOC（Massive Open Online Course）を対象に，米国などにおいて実践されているオンライン大学間連携の可能性と課題について示している。

以上の国内外での実践事例を通じて，学習者支援のためのICT活用教育に関する組織的な連携の適用方法と有用性が理解され，さらに今後他の分野，地域においても連携した取組が開始され，発展していくことを期待したい。

2 大学・高専の技術者育成を支援するeラーニング高等教育連携

福村好美・西野和典・小川信之・兼松秀行

● 2-1 概　　要

近年のきびしい国際競争に打ち勝つため，若年層からの技術者育成プログラムが注目されている。日本における特徴的な教育システムとして，1962年に「深く専門の学芸を教授し，職業に必要な能力を育成すること」（学校教育法第115条）を主目的とした高専が創設され，また1976年には高専生を3年次に受入れる機関として，技術科学大学（長岡，豊橋）が設立され，若年層からの実践的な技術者育成を推進している。eラーニング高等教育連携（e-learning Higher Education Linkage Project）は，教育改革の一環として，ICTを活用した新教育方法に関する研究・実践を目的に，2004年度に6国立大学・6国立高専・1機関で創設された。主なサービスとしては，1）大学・高専間のeラーニングによる単位互換の実践，2）共同研究の推進，3）ICT活用教育に関する情報共有である。1）に関しては，3国立大学・16高

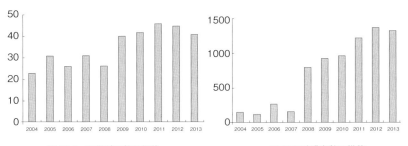

図12-1　配信科目数の推移　　　　図12-2　受講者数の推移

図 12-3　e ラーニング高等教育連携組織図

専(2013年度)との間で単位互換協定を締結し，正規の科目として，大学・高専の授業を配信している。授業配信機関では，学期ごとに受講生を単位互換協定参加機関間で募集し，受講希望者は所属機関を通じて目的の e ラーニング授業に応募する。受講生受入れ決定後に，受講生は各機関の e ラーニングシステムにアクセスして受講し，レポート・試験などにより成績評価を科目配信機関側で行い，受講生が合格すれば各所属機関から単位が付与される。2013 年度では，eHELP 全体で 41 科目(図 12-1)が実際に配信され，受講生約 1,530 人(延べ人数：図 12-2)が履修登録をしている。また，2)については，eHELP 参加機関から研究テーマを応募し，複数機関が共同で研究グループを構成(図 12-3)して，研究を進めている。2013 年度においては，以下の5テーマについて実験と評価を行っている。

- e ラーニングにおける学習スタイルに関する研究
- e ラーニングのためのバイオセンシングに関する研究
- e ラーニングの質の保証に関する調査研究
- e ラーニングにおける PBL モデルに関する研究
- e ラーニングにコンテンツ配信に関する研究

また 3) については，年 2 回の頻度で，eHELP 参加全機関が集合して，教育に関

連する情報提供，最近の取組，および単位互換における問題点の所在と対策について情報共有を図っている。

以下の項では，上記研究グループのうち，学習スタイル，質の保証，およびPBLモデルに関する研究について，取組内容を報告する。

● 2-2　eラーニングにおける学習スタイルの分析

eラーニングは，学びたい時間に学びたい場所で行うことのできる学習を保障している。また，eラーニングは，授業の到達目標を達成するためにどのようなペースで学習するかについても学習者に任されている。基本的にeラーニングは，集合・対面型の授業に比べて学習の自由度が高く，学習者主体の学習環境を提供する。

また，eラーニングはICTを活用して学習する形態を取る。ICTを活用して学ぶことを好むかどうか，また効果的に学ぶことができるかどうかは学習者で異なる。このように，eラーニングは従来とは異なる学習環境や学習形態を取るため，学習者の学習スタイルによっては不適合を起こしかねない。

そこでeラーニング高等教育連携（eHELP）では，2008年度から学習スタイルの研究グループを立ち上げ，eラーニング受講者の学習スタイルを調査・分析し，受講者に適合したeラーニングの授業科目や受講方法を推薦する方法などに関する実践的研究を行っている。

[1] eラーニングの学習スタイル調査票の開発（2008～2009年度）

この調査票は，eラーニングでの学習，理解，質問，課題などに関する33の質問（7件法）で構成されている。eHELPの各受講者に対して，2008年度後期から各学期開始時と終了時に1回ずつこの学習スタイル調査を実施している。

[2] eラーニングの授業適合度調査票の開発（2008～2009年度）

この調査票は，理解度，満足度，興味，意欲，疲れなど10の質問（7件法）で構成されている。eHELPの受講者に対して，2008年度後期から学期末の授業終了時に科目ごとにこの授業適合度調査を実施している。

[3] eラーニングの授業適合度推定に関する研究（2010年度）

学習スタイル調査データを用いて学習スタイルの因子を抽出し，過去の学習者の因子スコアと授業適合度との関係から重回帰式を求め，授業開始前の学習者の学習

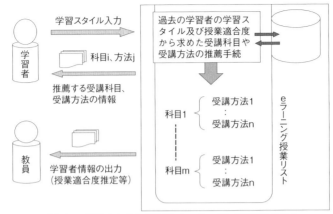

図 12-4　学習スタイルを考慮した e ラーニング推薦システム

スタイルから授業終了時の授業適合度を推定する方法を開発した。

[4] **適合する授業科目を学習者に推薦するシステムの研究**（2011 年度）

　[3] で開発した学習スタイルから授業適合度を推定する方法を用いて，eHELP で開講している e ラーニングの科目ごとに授業適合度を推定する重回帰式を求め，学習者の学習スタイルから授業適合度がより高くなると推定される授業科目を推薦する方法を開発した。

[5] **適合する受講方法を学習者に推薦するシステムの研究**（2012 年度）

　学習スタイルの因子と授業適合度との相関関係を受講方法別に求め，学習者の学習スタイルから授業適合度がより高くなると推定される受講方法を推薦するシステムを開発した。仮想空間で学習するメタバース型 e ラーニングや，授業の動画で学習する非同期型 e ラーニングなどの方法を実験的に実施し，システムの有用性を検証した。

[6] **適合できない学生の情報を指導者に提供するシステムの研究**（2013 年度）

　学習スタイルと授業適合度との相関関係から，授業適合度が低くなるであろう学生を推定し，その情報を事前に授業担当者に提供する方法を開発した。

　このように，e ラーニングの学習スタイルを考慮して，適合する授業科目や受講

方法を学習者に推薦し,注意を要する学習者情報を指導者に提供するシステムを開発し,試用して検証を行ってきた。今後は,eHELPのeラーニングで実用化することを目指したい。

● 2-3 遠隔教育の質の向上に関する調査研究
[1] 質の向上について
　近年のICT活用教育,eラーニング教育の普及に伴い,国内遠隔地からの受講が行われたり,国境を越えた教育の取組がなされたり,機関間の教育連携が行われたりするため,遠隔教育の質の向上に関する指針は,ますます重要な意味を持つようになってきている。そこで,本取組では,遠隔教育に関わる多くの必要事項などを基に,遠隔教育の質の向上に関する指針となるオンラインのチェックリストシステム(Webチェックリスト)を構築した。

　本取組のシステムは,ICT活用教育やeラーニングを実施する際に必要な指針をチェックするのみならず,単位付与,さらには,機関連携による単位互換にも役立つという趣旨で設計した。チェックリストは,アンケート形式となっており,回答者は,科目を提供する教員(これからICT活用教育やeラーニングを始めようとする教員を含む)を対象としている。回答者は,チェックリストを入力することで教科のICT活用教育やeラーニングの分析の指針を得ることができる。

[2] 質保証に関するチェックリスト
　質保証に関するチェックリストの内容選定にあたっては,日本教育工学会の研究会(質的研究と教育工学/一般,2008年5月17日)の「e-Learningの質を高める視点」(清水,2008)に記載の約200の項目にわたる詳細な分析を基に,選択および趣旨に適合するように修正を行うことで作成した。

　チェックリストでは,①開発段階における質を高める視点,②運用時の支援に関する質を高める視点,③機関における体制の点から質を高める視点,④評価を通じた質を高める視点という4つの視点に加えて,3段階の評価基準レベルを設定して4×3=12のカテゴライズを行った。3段階の評価基準レベルは,難易度からの分類で,L1(授業の一部としてICT活用教育を実施),L2(単位付与を実施するのに役立つ内容),L3(多様性に対する対応,個別対応など)の順に難易度レベルが高くなる。本取組のチェックリストは,各視点に対して,それぞれ15のチェックリストを選定し,総数60のチェックリストとなっている。

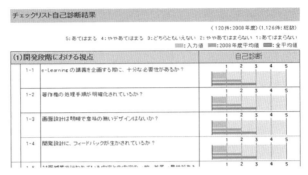

図12-5 チェックリストの自己診断結果表示画面

[3] Web チェックリストの構築

Web チェックリストのシステムでは，前述の 60 項目のチェックリストをアンケート形式で，科目担当者の教員に回答していただく仕組を構築した[1]。

Web チェックリストは，科目担当教員の観点からの e ラーニングの質の向上に関するチェックを行うという趣旨と，蓄積されたさまざまな回答者からのデータによって，回答者集団の e ラーニングの現状の分析を行うという趣旨がある。

回答に際しては，科目担当教員の立場で，e ラーニング科目のチェックをし，どれを入力すれば良いか判断に困る場合には，個人的判断により最もふさわしいものを選択することによって，科目担当教員観点からの診断を行う。回答者には，入力後にチェックリストの自己診断結果表示の画面が提示される。回答者は，各項目の自身の回答結果を見て，どの部分が弱いのかを客観的に診断できると共に，各項目別に他の回答者の平均値と比較することで，相対的に自己の e ラーニング科目の分析を行うことができるようになっている。

● 2-4 メタバースを用いた遠隔教育における PBL の実践

学生が能動的に課題に取り組み，自ら解決法をデザインし解答を自主的に見い出

---

1) この Web チェックリストの使用を希望する読者は，〒501-0495 岐阜県本巣市上真桑2236-2 岐阜工業高等専門学校 情報処理センター 小川信之宛に遠隔教育に関する Web チェックリストの使用希望との内容と所属・連絡先・氏名をお送りいただければ幸いである。送付の可否を判断の上，オンライン上の回答で必要となる簡易パスワードを送付させていただく。

図12-6 セカンドライフ上のバーチャルクラスの一場面

図12-7 学生がPBLによって提案した地球温暖化に備えた将来の家屋：セカンドライフ上での仮想的なものづくり

していくことによって学ぶスタイルは，現在広くアクティブ・ラーニングとして捉えられ，これからの学習スタイルとして注目されている。そのうちの1つ，PBLは重要かつ効果的な教育ツールであり，現実世界（Real World）の授業において，そのノウハウは蓄積されいくつかの成功モデルがすでに示されて久しい。一方において遠隔教育，特にeラーニングにおけるPBLは，時間空間を同時に共有して学習者の社会性を高めることにおいて希薄であるため，一般的ではない。しかしながら一方において，高専のように全国に50数校が点在し，それらが教育資源を共有して教育を行うことが望ましいようなケースでは，遠隔教育としてのeラーニングはますます重要性を増すであろうことが予想される。著者らはこのような背景から，3次元仮想空間としてのメタバースとしてセカンドライフに注目し，そこでのPBLの可能性を検討した。

　図12-6はその実際の場面の一例である。セカンドライフ上ではアイランドと呼ばれる仮想の島が存在する。図は長岡技術科学大学が所有するアイランドであり，そこにバーチャルなクラスルームが構築されている。セカンドライフ上ではアバターと呼ばれるキャラクターを用いて，コンピューターを操作するユーザが仮想空間においてさまざまな活動をすることができる。図に示されるような，仮想的なクラスルームを構築し，そこで議論をすることによって臨場感が出るような仕組みになっている。例えばメーリングリストなどにおいてメールのやり取りを繰り返すことによって議論をすることは可能であるが，それに比較すると，セカンドライフ上での議論は，より実経験を再現しやすい状況下にあるといえる。セカンドライフの1つの特徴はものづくりを仮想的に行えることである。リンデンスクリプトによるプ

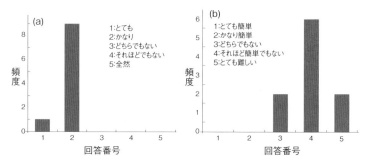

図12-8 あるバーチャルPBLでのアンケート結果の一例:
質問(a) 楽しみましたか? (b) 操作しやすかったですか?

リムを用いて仮想的に構造物を構築することができる。図12-7は「地球温暖化が懸念される将来において,一般家屋はどのようなものが望ましいか?」という問題提起に対してPBLを行った時のプリム製作の風景である。PBLは教師からの問題提起➡学生の資料収集➡学生間の議論➡解答の提示➡評価の手順で行われるが,解答の提示をこのようなものづくりで行うことができ,工学教育のPBLとして最適であるといえる。図12-8は学生のアンケート結果の一例である。楽しみましたかという質問に対しては全員がとても楽しんだかかなり楽しんだという解答をしていることが特徴的である。一方操作性については慣れがある程度必要であることも同時に示されたが,同じプロジェクトを米国の高校生に対して行った場合は,とても簡単という解答に集中していたので,個人差があるものと思われる。クラスルームのいくつかの試みでは当初テキストベースのチャットが会話の主体であったが,音声でのやり取りが容易になり,これを取り入れたことによって,より円滑な議論が可能となった。他言語によるチャットも翻訳システムを取り入れることによりテキストベースでの会話でかなりの程度まで議論が可能となることが示された。このシステムを用いることで,海外の高等教育機関との連携に用いることも可能になると思われる。しかし,すでに述べたように,最近ではボイスチャットが会話の主体となってきている。これによってより臨場感のある議論が可能となることが予想される。アバターに表情を加えたり,より会話や動作を加える使い勝手が向上することも期待できる。またどうしてもPBLのそもそもの性格上,同期であることが必要であるが,この点についても非同期が可能となれば,また新たな可能性が拡がることが期待できる。

3 学士力養成のための共通基盤システムを活用した主体的学びの促進

小松川 浩

● 3-1 はじめに

　国公私立・文理問わず，幅広い教養（知識）を活用して社会の多様な問題を解決する力（学士力）の養成は，社会からの強い要請となっている．特に大学のユニバーサル化に伴い，基本的な知識やスキルをきちんと習得させた上でさまざまな教育プログラムの展開を図ることが求められている．一方で，学士力の基礎に関する共通基盤的な教育内容の整備や教育方法の構築は個々の大学で個別に行われており，大学間で評価・検証を行える仕組みは未だ確立されている状況にない．これに対して，大学eラーニング協議会では，震災での被災大学支援を契機に，共通基盤教育教材やeラーニングを活用した効果的な教育方法の共有を図り，互いに教育の質向上に努めてきた．こうした取組は，2013年度文部科学省　大学間連携共同教育推進事業の8大学連携の取組（山梨大学，愛媛大学，佐賀大学，北星学園大学，千歳科学技術大学，創価大学，愛知大学，桜の聖母短期大学）につながった[2]．本事業では，国立・私立，理系・文系，学部・短大が協力して，英語・数学・日本語・情報などの共通基盤的な教育内容に関するモデルシラバス・教材・到達度テストをICTを活用して共有し，かつ大学間のFDを通じて各大学の教育方法も共有しながら質の高い教育プログラムを展開することにしている．本章では，この事業の中でICTを活用した主体的な学びを支援する取組内容について紹介する．取組では，クラウド上で教育資源を共有した共通基盤教育共有システム（以下，共通基盤システムと呼ぶ）を活用して，入学時の学習者特性や初年次段階での到達度を大学間で把握し，これらを活用した学習支援プログラムを試行的に行っている．

● 3-2 共通基盤システム

　8大学連携では，クラウドを用いて大学間で共通に利用できるeラーニングシステムを用意し，ここに後述の入学生向けの高校内容の知識確認テスト（以後　プレースメントテストと呼ぶ）と，初年次教育終了段階の知識定着の確認テスト（以後到達度テストと呼ぶ）を実施できる環境を構築している．さらに，プレースメントテストと到達度テストの間に，学生が主体的に学べるeラーニングの教材を大学間で整備して，これらを自由に活用できるようにしている．数学は高校内容全般の復習

---

[2] 〈http://eight-univ.spub.chitose.ac.jp/〉（2015年10月26日現在リンク切れ）〉

教材（千歳科学技術大学）と大学の解析・代数系及び統計関係（山梨大学），日本語は語彙・文章読解（愛知大学）と日本語運用力（愛媛大学），英語はTOEIC対策（佐賀大学）と文法・語彙（各大学英語担当）を中心に整備している。また，情報については，ステークホルダーである情報科教育学会の研究グループと連携して，知識確認の教科書・演習（千歳科学技術大学・北星学園大学・山梨大学）を整備している。さらに，日本リメディアル教育学会の協力の下，81の質問項目から成る自己診断テストの結果を3項目に分類して学生の学習姿勢を提示できる学修観テストの整備も行っている。

一連の学習内容は，千歳科学技術大学が提供するeラーニングシステム（CIST-Solomon）に大学ごとに用意されたアカウントを自由に利用できるようにしている。また，大学eラーニング協議会と共同運営しており，会員大学も要望に応じて適宜活用できるようにしている。なお，大規模校を中心に学内に設置している専用システム（Moodleを想定）で運用を行いたいニーズが高いことから，クラウド上にMoodleのショーケースを用意すると同時に，教材などのデータをMoodle対応の形で配布できるようにしている。本事業で用意された教材の著作権は各大学で管理され，8大学で自由に使えると同時に，ステークホルダである大学eラーニング協議会を通じて大学間FDの中で利用できる枠組みが検討されている。

● 3-3 プレースメントテスト・到達度テストの整備・実施

8大学連携では，数学・英語・日本語・情報・学修観の5つのワーキンググループ（WG）に各大学から担当者を出し，各テストの内容整備にあたった。プロジェク

表12-1 整備したテストの概要

プレースメントテスト（入学直後）		到達度テスト（入学1年後想定）	
数学①	理系を対象。数学IA, IIB, IIICを含む。40分。	数学①	工学部の解析・代数を含む
数学②	文理を想定。数学IA, IIB。30分	数学②	数学III程度を網羅
数学③	文系を対象。中学及び数学I程度。30分。	数学③	数学II程度と数的思考を含む
日本語	語彙・文章読解。30分。	日本語	プレースメントテストの内容の難易度上昇
英語	文法。読解。30分。	英語	7段階で設定（TOEICを意識）
情報	高校全般の情報の知識理解。20分。自分が知らないものについては，「知らない」という項目を設置。	情報	プレースメントテストと同じ。「知らない」項目の変化を見る。

学習の姿勢・態度	
学修観	80問の質問に基づき，学習姿勢をコメントで返却

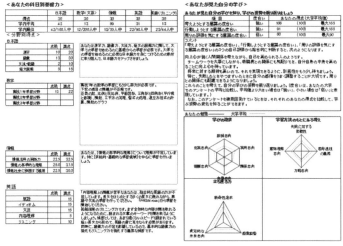

図 12-9　実施結果の個票

ト開始年度（2013年度）は，半年で4回の会合をもち，プレースメントテストの整備を行い，2年目（2014年度）は，1年で4回の会合の中で，プレースメントテストの改訂と到達度テストの整備を行った。会合は毎回各大学を実際に訪問し，FDセミナー的に訪問大学の教育事情を理解しあう中で，問題難易度や種類を合わせることにした。2年目以降は，相互理解が深まったことで，多くのWGがメーリングリストと共通基盤システムのショーケースを活用しながら，問題の改訂・整備にあたれるようになってきた。整備した各テストの概要を表12-1に載せる。

運用面では，1科目20～30分で対応できるようにして，初年次のガイダンスで平均3科目程度受講できるようにした。また，当初共通基盤システム上のeラーニングで自由に行える想定をしていたが，実際の運用では，普通教室での一斉実施などの要望から，マークシートで運用する大学が多かった。2013年度は，8大学で延べ1万人規模での利用となった。実施結果は，図12-9に示すような個票の形で印刷できるようにしており，各大学がこれを学生に配布できるようにした。また，事務局で各大学のデータを集計していることから，大学間の運営評議会を介して設置したデータ活用の委員会を中心に，大学間の統計データの活用方法について検討を進めている。

● 3-4　各大学の取組：主体的な学びへ

　上記の一連の仕組みを活用して，各大学は学生の主体的な学びを誘引するさまざまな試行を始めている。北星学園大学（私立文系）では，「個票」の結果に基づき，数学が芳しくない学生に招待状を出し，教員と学生アシスタント（SA）と一緒に昼食を食べながら，高校の数学の復習を行う学習支援の取組を開始した。文系大学では，日頃から数学に触れる機会が少ないことから，授業外の学習支援で活用できるeラーニング教材を数学WGで検討して取りまとめており，こうした教材の活用も検討している。愛知大学では，初年次必修科目で，各担当が個票を学生に個別に返却しつつ，適宜数学・英語・日本語についてeラーニングを活用した課題学習を課す取組を始めた。千歳科学技術大学では，キャリア教育の中で，8大学で実施した「個票」データをeポートフォリオに蓄積し，学期末の学生の振り返りで活用している。ここで，自分の弱い箇所に対する学習計画を立てさせ，夏休みや春休みにeラーニングで学習させ，学期初めのキャリア教育で計画の振り返りを行わせる取組を行っている。また，短大である桜の聖母短期大学では，初年次から日本語の語彙やSPIなどの就職を意識した取組をeラーニングで開始しており，学生の利便性を考慮してモバイルを活動した学びの推進も計画している。愛媛大学は，初年次系で日本語運用に関する全学必修科目を開講し，本事業で開発された日本語運用に関するeラーニング教材を活用して，ブレンディッド・ラーニングの実践を始めた。佐賀大学では，全学的な英語運用力向上の一環で，本事業でのテストと連動して活用できるTOEIC対策用の学習教材やテストを整備している。また山梨大学は，数学に関するさまざまな力（解析力・数的思考力・統計的処理力）に関する補助教材を整備し，佐賀大学と同様に本事業で実施のテストと連動した利用方法を検討している。また，創価大学は学習態度に関する診断テストをすでに全学的に実施しており，本事業で開発し学修観テストの有効性を既存の取組との比較の中で検証している。

4　学習コミュニティを基礎とする福井県大学間連携（Fレックス）

山川　修

● 4-1　はじめに

　福井県では，2008年度の文部科学省の戦略的大学連携支援事業（戦略GP）に採択され，県内の6つの高等教育機関が連携し仮想的総合大学環境を構築するプロジェクトを開始した。福井県は恐竜の化石を産出することで全国的に有名なので，有名な恐竜（Tレックス）をもじって，このプロジェクトをFレックス（Fukui LEarning

Community ConSortium：F-LECCS，日本語では，福井県学習コミュニティ推進協議会）という愛称で呼んでいる．福井県内の高等教育機関は設置している学部や学科がそんなに重なっておらず，ある高等教育機関に入学した学生が，他の機関の教育リソース（教員，授業，クラブ活動）なども利用できれば，総合大学で学んでいるように大学生活を送ることができる，というのが仮想的総合大学環境の意味するところである．

Fレックスは，ICTシステムを高度に活用している点と学習コミュニティを中心に連携をしていく点の2つが大きな特徴となっている．以下，この2点を解説していく．

● 4-2 ICT（基盤）システムの概要

ICTシステムの高度な活用の目的は，距離から自由になることと，多様な学習支援ためである．福井県は南北に長い形をしており，高等教育機関は最大80km程度離れている．そのためICT技術を利用して，遠くにいても気軽にコミュニケーションを取れることが継続的な連携のためには重要である．この目的のため，Fレックスでは，TV会議，Web会議，授業収録・配信の3つのシステムを導入している．また，複数の学習パラダイム（行動主義，構成主義，状況主義）に対応するため，LMS (Learning Management System)，ePF（eポートフォリオ），SNS (Social Networking Service) の3つの学習支援システムを導入している．LMSは授業を支援すること，

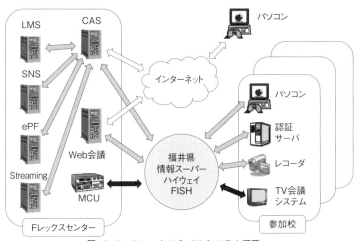

図12-10　FレックスのICTシステム概要

ePFが学習者個人を支援すること，SNSは学習コミュニティを支援することに対応している。

図12-10に，FレックスでF利用しているICTシステムの概要を示した（山川他，2010a）。福井県立大学内にFレックスセンターと呼ばれる，Fレックスで利用しているサーバを設置した一角があり，Fレックス参加校とは，福井県情報スーパーハイウェイ（FISH）を通して結ばれている。FISHは福井県が運営する10Gbpsのバックボーンをもつコンピュータネットワークである。アクセスポイントまでの足回り回線をユーザが整備すれば，無料で利用することができる。Fレックスでは，参加各校がFISHに接続し，TV会議，Web会議，動画のストリーミング配信，LMS，ePF，SNSへのアクセスをFISH経由で行っている。また，各種Webサービス（LMSなど）はインターネットからのアクセスも可能である。Fレックスでは，各システムはFレックスセンターにあるCAS（Central Authentication Service）によりシングルサインオンでログインでき，CASサーバは，各参加校にある認証サーバと通信を行い，ユーザの認証を行う。CASと認証サーバの間の通信は，常にFISH経由で暗号化することによりセキュリティを確保している。

Fレックスでは，これらのICTシステムは比較的よく使われている。ICTシステムが稼働した2009年4月からの5年間で，27回のFレックス内の研究会，8回のFレックス外の人を招待したシンポジウム，4回のFD合宿研修会が開催されたが，そのほとんどで，TV会議システムが利用され，研究会やシンポジムの映像は蓄積され，参加しなかった人でも，後日参照することが可能になっている。また，授業支援のためのWebサービスもよく利用されており，LMSは，授業期間中は月間1万～1万5千ログイン程度，SNSに関しては，最盛期は月間2万ログイン，現在でも月間数千ログイン程度の利用がある。

● 4-3 学習コミュニティを基礎とした連携

Fレックスでは，チーム制でさまざまな事業に取り組んでいる。2008年の開始時には，FD，学習，地域，基盤の4チームが活動を始めた。FDチームは，参加校のFD委員長クラスが参加し，情報交換および連携したFDイベントの開催を行っている。学習チームはeラーニングを使った学習方法の開発および学習方法全般に関わることを取り扱っている。地域チームは大学と地域に関係することを連携して進めようとしていたが，現在は休止している。基盤チームは前述のFレックスの基盤システムの運用を行っている。

表12-2 実践コミュニティ形成のためのメタ・デザイン原則

メタ・デザイン原則	説　明
◎活動の原則 対立する2つの活動を取入れる	「公と私」「対面とネットワーク」などのように，対立する2つの活動を取入れることで，複雑さが大きくなり，活動からの創発が期待できる
◎運用の原則 進化を前提とした運用を行う	進化のキイワードとして統一性（Unity）と多様性（Diversity）が同時に存在していることがある。統一性により方向性を保ちながら，多様性により環境の変化に対応していくことが可能になる。
◎参加の原則 個人の価値実現に焦点をあてる	個人の価値の実現のために実践コミュニティがあるという立場から，個人の価値実現に焦点をあてることによりコミュニティへの参加を促進する

　Fレックスでは，大学連携を継続的に進めるためには人のネットワークを構築することが重要だと考えている。言い換えると，大学連携の活動を通して学習コミュニティが形成されることが，実質的な大学連携プロジェクトを運営する上でのポイントになると考えている。そのためウェンガーらが提唱している実践コミュニティ（Community of Practice : CoP）構築の方法論（ウェンガー，2002）を利用し，Fレックスの運営を実践コミュニティが形成されるように行った。その結果，ウェンガーらが提唱しているCoP形成の手法に，Fレックスで独自に採用した方法論を加え，CoP形成のためのメタ・デザイン原則をまとめたものを表12-2に示す（山川他，2010b）。
　メタ・デザイン原則のうち「参加の原則」は，大学連携プロジェクトを存続させる上で特に重要である。多くのプロジェクトでは，教員の日常業務外の仕事としてプロジェクトの活動が行われていることが多いが，そのような状況では，補助金が修了した後，積極的に活動する力は弱くなることが考えられる。Fレックスの場合，戦略GPの補助金は2010年度までだったが，それ以降も，それまでに形成された学習コミュニティを基礎に，教学IRのための学生意識調査アンケートの実施や，ティーチング・ポートフォリオ作成ワークショップの開催など，新しい取組を行っている。これは個人の価値の実現と，Fレックスの活動の方向性が一致していて初めて可能になったのではないかと考えている。

● 4-4　ま と め

　Fレックスでは，コンピュータネットワークと人のネットワークの双方を重視して大学連携プロジェクトを進めてきた。その結果，学習コミュニティが形成され，

実質的な大学連携が動いている。ICTを活用した教育改善も、そこで活動する人がネットワークを作り、学習しながらICTの活用を行うことが成功するポイントではないだろうか。Fレックスでも決して全てがうまく行っているわけではなく、継続するための資金をどう確保するか、コミュニティメンバーを固定化せずに常に新しい人を迎えるのはどうしたらよいかなど、今後考えていかなくてはならない課題も多い。

5 四国の地域づくりを担う人材育成のための大学間連携（eK4）

林　敏浩

● 5-1　はじめに

近年、複数の高等教育機関が連携したeラーニング実践が増えてきている。e-Knowledgeコンソーシアム四国（以下、eK4と呼ぶ）（林・鈴木, 2009）はそのような取組の1つで、四国内の8大学（徳島大学，鳴門教育大学，四国大学，徳島文理大学，高知大学，高知工科大学，愛媛大学，香川大学（主幹大学））によりeK4が設立された。eK4は、2008（平成20）年度戦略的大学連携支援事業で採択された「『四国の知』の集積を基盤とした四国の地域づくりを担う人材育成」事業において、四国における自立的発展を促す協調的地域づくりに携わる人材を育成する取組を推進する母体として組織された。

上記の戦略的大学連携支援事業の基本目標である「地域に根ざしつつ高い専門性を持つ人材育成」には、以下の2種類の人材育成が挙げられている。

> 1）四国の活性化を先導できる人材育成
> 2）農林水産業の高度化を担う人材育成

ここで、1）は、四国への愛着心や郷土愛が醸成され、四国の魅力ある資源を理解し、そして、四国の広域的視点から活動できる人材育成を目指す。一方、2）は、農工商が連携したビジネスモデルの構築、ICT活用型営農の構築、農林水産業製品のブランド化や高品質化ができる人材育成を目指す。もちろん、このような人材育成は簡単にはいかないが、その端緒を開く取組として、eK4は各大学の特徴ある教育研究をeラーニングコンテンツとして提供し、上記の人材を育成する教育基盤『四国の知』の構築および運用を行っている。

● 5-2 『四国の知』とは

　四国の大学は，瀬戸内圏（瀬戸内浅海を含む）・黒潮圏など海洋研究，里山・里海などの環境研究，遍路歴史文化の研究など，四国の魅力や特色のある教育研究が知られている。大学が立地する各地域に固有の課題に関わる教育研究を進めているケースも多く，地域と密着した形で進められている。このような教育研究を活用する形で，『四国の知』は教養教育科目群『四国学』と専門教育科目群『学際的専門科目』で構成する。四国学は，四国の資源の魅力，ブランド，歴史，地勢，文化，伝統等を対象とした四国の特徴ある教養教育が基本コンセプトである。例えば，四国学を学修することにより，四国の広域的な課題の理解などにつながると考える。一方，学際的専門科目は四国学を学んだ学生が発展的に学修する科目と位置づけられ，四国の課題に取り組むために必要な教育科目が基本コンセプトである。eK4 の構成大学は地域の要望や課題に応じて，コンソーシアムに集積された『四国の知』を活用して，四国への郷土愛と高い専門性をもつ人材を育成する教育プログラムを展開することができると考える。

表12-3　四国の自然環境と防災（2013年度開講）

講義回	講義内容	担当講師
1	ガイダンス	※講義担当責任教員による
2	ため池の歴史	黒川義夫（前香川県農政水産部）
3	四国の河川環境と暮らし・防災	古田昇（徳島文理大学文学部教授）
4	四国の気候と水資源	寺尾徹（香川大学教育学部教授）
5	讃岐の地形と地質の面白さ	長谷川修一（香川大学工学部教授）
6	ジオパークは人を幸せにできるのか	柚洞一央（室戸ジオパーク推進協議会）
7	瀬戸内の島々	中山良太（中国四国地方環境事務所）
8	瀬戸内海の浅海環境の抱える問題	多田邦尚（香川大学農学部教授）
9	黒潮と土佐の海の環境学	深見公雄（高知大学理事（教育担当））
10	防災マップの作成	今村健二（日本損保協会）
11	四国の大地の成り立ちから学ぶ自然災害	西山賢一（徳島大学総合科学部准教授）
12	先人の教えに学ぶ—四国防災88話—	松尾裕治（JACIC 四国地方センター）
13	災害と交通インフラ—国の南海トラフ巨大地震対策—	松本秀應（国土交通省四国地方整備局）
14	持続可能な社会づくりのための環境教育（1）	小林修（愛媛大学国際連携推進機構アジア・アフリカ交流センター・准教授）
15	持続可能な社会づくりのための環境教育（2）	小林修（愛媛大学国際連携推進機構アジア・アフリカ交流センター・准教授）

● 5-3 『四国の知』に関する講義科目

『四国の知』に関する講義科目は2で述べたように四国学と学際的専門科目（2014年度より「学際的科目」に名称変更）である。また，これら科目は後述するICT基盤を活用してeラーニング科目として提供される。四国学は，文芸，歴史，社会，自然の4部門でeラーニングコンテンツの検討がなされた。この検討に基づき，各大学から特色ある教育研究をeラーニングコンテンツ化し，それらをとりまとめてオムニバス形式の講義科目を構成した。また，単独大学によるオムニバス形式によらない四国学科目も提供されている。

2013年度は，オムニバス形式による四国学科目として，「四国の歴史と文化」（文芸と歴史の2部門で1つの科目提供），「四国の自然環境と防災」（自然部門），「四国の地域振興」（社会部門）の3科目が提供された。

例えば，「四国の自然環境と防災」は，表12-3の内容になっており，大学の教員以外が講師になっている講義回もある。また，「四国の歴史と文化」「四国の地域振興」も同様に四国の歴史，文芸，社会に関する多彩な講義内容となっている。四国学はこの他にも，オムニバス形式でない「阿波学－地域文化研究－」(鳴門教育大学)，地方政府論（徳島文理大学）が四国学として提供されている。

一方，学際的専門科目について，2013年度は，「地震・火山災害を防ぐ」「知の

図12-11　「四国の歴史と文化」のeラーニングコンテンツ

探訪」(徳島大学),「未来可能性を創造するための学び」(愛媛大学),「流れと波の災害」(高知大学),「情報社会論」(徳島文理大学),「コンピュータと教育」(香川大学)が各連携大学より科目提供された.

これらの講義科目に対して,2013 年度は総数 898 名の履修があった.なお,自大学で開講されていない科目について,単位互換協定に基づき eK4 連携大学の学生は,e ラーニング科目として履修できる.

● 5-4 e ラーニングを支える ICT 基盤

eK4 ではオンデマンド型 e ラーニングを実現する ICT 基盤として,各大学が自大学の LMS を運用する分散 LMS の構成を取っている.個々の大学の責任下で e ラーニングの管理・運用を容易にするため,このような分散 LMS の構成となった.なお,eK4 の LMS の導入・運用に関して,LMS を限定しない方針を定めたが,結果として全ての大学が Moodle を LMS として利用することになった.このため,3 で述べた講義科目は,各開講大学の Moodle のコースとして提供され,そのコースの中に e ラーニングの視聴コンテンツが用意されている.

なお,LMS のユーザ認証については,履修者が他大学の LMS へアクセスできるよう Shibboleth 認証を利用している.これにより,履修者は,自大学以外の連携大学の LMS に Shibboleth 認証によりログインした後,各講義(コース)の e ラーニングコンテンツを視聴(履修)できる.

図 12-11 は四国学科目「四国の歴史と文化」の e ラーニングコンテンツの例である.図 12-11 は講師映像(左上),講義目次(左下),講義スライドの典型的な e ラーニングコンテンツであるが,講義収録による講義動画のみ,音声説明つき講義資料など,いくつかのバリエーションのコンテンツが提供されている.

● 5-5 まとめ

本節は,四国の 8 大学による四国の地域づくりを担う人材育成のための大学間連携として eK4 の e ラーニング事業の取組を述べた.eK4 では,単位互換に基づく e ラーニングの講義運用を継続しているが,単位互換制度の複雑さなどによる履修意欲の阻害,本事業の協力教員へのインセンティブなど各種問題に直面しているのも事実である.これらの問題解決をはかりながら,今後も eK4 は e ラーニングをコアとして大学連携による人材育成事業を進めていく.なお,eK4 の各種情報(開講科目,イベント,ニュースレター,事業報告書など)は,e-Knowledge コンソーシアム

四国のホームページ[3]を参照されたい。

6 国内外における MOOC を活用した大学間連携の動向

重田勝介

● 6-1　はじめに

情報通信技術の発達とインターネットの普及は，時間や場所の制約なく誰でも・どこでも学ぶことができる学習環境を，学校や大学の枠組みを超えて提供することを可能とした。多数の受講者を募りオンライン教育を行う取組「MOOC（ムーク）」など，オンラインで大学が教育連携する仕組みも普及した。これまでも国内外において多くの大学では，単位互換協定や e ラーニングによる講義共通化など，さまざまな教育連携を行ってきたが，近年では大学間連携により実現される教育環境を自校の学生に限らず，広く一般に公開する取組が活発になっている。本項では，海外におけるMOOCを用いた教育連携の事例から，これからのオンライン大学間連携の可能性と課題について整理する。

● 6-2　MOOC の事例と特徴

MOOC とは Massive(ly) Open Online Course の略で「大規模公開オンライン講座」と訳される。MOOC はインターネット上でオンライン講座を開設し，受講者を広く集め講義を行う取組で，2010年頃を境に急激にインターネット上の学習環境として注目を集めるようになった（Pappano, 2012）。MOOC 誕生の背景には，インターネット上でオープンな教育を提供する活動「オープンエデュケーション」がある。2000年頃を境に，大学や非営利団体が教育コンテンツや学習環境をインターネット上で無償公開する活動「オープンエデュケーション」が盛んになった。オープンエデュケーションの活動は，オープンな教育テクノロジの利活用や教育に関わるナレッジの共有など多岐にわたる（Iiyoshi et al., 2008）。教育コンテンツの公開としては，2001年にマサチューセッツ工科大学が提唱した大学講義に関わる全ての資料を無償公開するオープンコースウェア（OpenCourseWare: OCW）（福原, 2008）や，さまざまな教育資源を無償公開するオープン教材（Open Educational Resources: OER）の普及が代表的な取組である。加えて，単にインターネット上に教材を公開するだ

---

[3] e-Knowledge コンソーシアム四国〈http://www-ek4.cc.kagawa-u.ac.jp（2015年8月24日参照）〉

けでなく，OpenStudy[4]のようにオープン教材を使い教え学び合うオンラインコミュニティや，Mozilla Open Badges[5]のようにオンライン上の学習経験をもとに学習成果を認定するデジタルバッジも普及した。

　このようなオープンエデュケーションの活動の中で，大学の教材だけでなく教育そのものをオープンにする試みも拡がった。これが MOOC である。現在開講されている MOOC は 2 つに大別される。1 つは大学から提供された教材をオンライン講座として公開する「プロバイダー」によるものであり，この代表例としてコーセラ（Coursera）がある[6]。コーセラは MOOC を公開するアメリカの教育ベンチャー企業であり，2015 年 9 月時点で世界 120 の大学や組織が 1000 を超える大学レベルの MOOC を公開しており，受講者は 1300 万人を超えている。また，学習コースは多言語で提供されており，日本からは東京大学が参加している。

　もう 1 つは，大学が協同して「コンソーシアム」を形成し，MOOC を開講するもので，代表例として「エデックス（edX）」がある[7]。エデックスはアメリカを中心とした大学連合がオンライン講座を公開するコンソーシアムである。2015 年 9 月時点で世界 70 の大学が 500 を超える MOOC を公開しており，受講者は 300 万人を超えている。日本からは京都大学，東京大学，大阪大学，東京工業大学，北海道大学が参加している。

　MOOC では，講義ビデオやクイズ，画面上で仮想の実験環境を提供するシミュレーション教材などを受講者に無償で提供する。あらかじめ定められた数週間から数カ月のスケジュールに従い講義は進められ，受講者にはテストの解答やレポートの提出が課される。講座を受講し，講師から学習目標に到達したとみなされた受講者には，受講完了を示す「認定証（Certificate）」が与えられる。オンライン講座を受講するには Web サイト上で受講登録をすればよく，誰でも受講できる。また，MOOC の受講者は学習コースに従い自学自習をするだけでなく，全世界に広がる学習コミュニティーに参加し，相互に学び合う。オンライン講座の各コースには電子掲示板が設けられ，講師や TA（ティーチング・アシスタント）との質疑応答や，受講者同士のコミュニケーションが行われる。受講者同士のつながりはオンラインに限らず，オフラインで受講者が出会う「ミートアップ」というイベントが世界各国

---

4) OpenStudy 〈http://openstudy.com/（2015 年 8 月 24 日参照)〉
5) Mozilla Open Badges 〈http://openbadges.org/（2015 年 8 月 24 日参照)〉
6) Coursera 〈http://www.coursera.org/（2015 年 8 月 24 日参照)〉
7) edX 〈http://www.edx.org/（2015 年 8 月 24 日参照)〉

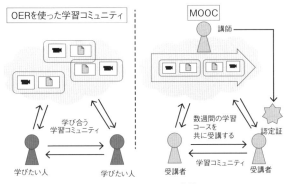

図 12-12　MOOC の特徴

で行われている。

このように MOOC は，オープンエデュケーションの活動で培った知恵と蓄積を活かしつつ，インターネット上でオンライン講座によるオープンな教育サービスを提供する取組だといえる（図 12-12）。

● 6-3　国際的な MOOC 活用の拡がり

Coursera や edX の設立を端緒として，国内外において大学教育に MOOC を活用する取組が急速に拡がっている。Coursera のようなプロバイダによる MOOC の例としては，米国の NovoED[8]，ドイツの Iversity[9]，日本の gacco[10] などがあり，複数大学の教材を公開し MOOC を開講している。また edX のようなコンソーシアムとしては，英国の Futurelearn[11] がある。FutureLearn は英国オープンユニバーシティに端を発する MOOC コンソーシアムであり，2015 年 9 月現在，英国やアイルランド，オーストラリアの大学や組織による 60 の MOOC を開講している。また，フランスや中国，アラブ諸国の大学も連合して Open edX と呼ばれる edX を構築できるオープンソースソフトウェアを使い MOOC を開講している。

---

8) NovoEd 〈https://novoed.com/（2015 年 8 月 24 日参照）〉
9) iversity 〈https://iversity.org/（2015 年 8 月 24 日参照）〉
10) gacco 〈http://gacco.org/（2015 年 8 月 24 日参照）〉
11) FutureLearn 〈https://www.futurelearn.com/（2015 年 8 月 24 日参照）〉

● 6-4　MOOCによる大学間連携の可能性と課題

　MOOCを使ったオンライン大学間連携は，教材や教育環境を無償で世界に公開する社会貢献活動として位置づけられるほか，MOOCを大学への進学を控えた入学志望者が見ることで，大学教育の様子を事前に知る機会を与え，入学志望者の誘引も期待され，地域や国内外に対する大学広報にもつながる。またMOOCをオンライン教材として授業に使い，ブレンド型学習（Blended Learning）に用いることも可能である。ブレンド型学習の一形態として授業前にオンライン教材で予習し，授業では知識確認やディスカッションなど知識を使う活動を行う反転授業（Flipped Classroom）があるが，米国の一部の大学ではMOOCを反転授業用のオンライン教材に用いることにより，MOOCを予習時に受講させることで学生の授業内容に対する理解度を高め，双方的な講義形態と組み合わせることで，受講者の離脱率を大幅に改善させている（Kolowich, 2013）。

　このように，大学がMOOCを開講することは大学広報・経営にプラスの効果をもつだけでなく，MOOC向けに作られた教材を大学教育に用いることで，より質の高い大学教育を提供することにつながる。このとき，大学間で連携してMOOCを開講することに大きなメリットが存在する。すなわち，連携する大学がそれぞれ制作したMOOCを相互利用することで，自校だけでは提供できない多様な教育を行う素地ができ上がる。共有されたMOOCを相互に使い改善してゆくことで教材の質を上げ，このプロセスに教員が参加することで教員の職能開発（FD）に役立てることも可能である。またMOOCを開講するプラットフォームを1つの大学で開発し維持することの負担も大きい。プラットフォームを持ち合うことで，MOOCを開講するにあたっての負担を軽減することもできる。我が国においても北海道地区の国立大学7校の間で，オープン教材を開発しOpen edXをベースとした独自のMOOCプラットフォームに掲載することで教材を共有し，反転授業やアクティブラーニング向けの教材として用いながら，双方向遠隔授業システムの上で遠隔教育を行っている（重田ら, 2015）。

　一方で，大学が広く一般に利用される教材を作り，MOOCを開講することは容易ではない。学内に留まらず広く一般に公開し，大学教育の「いま」を伝えることとなる教材を制作しオンライン講座を開講するためには，教材を制作・改善しMOOCの受講者に対して学習支援を与えることができる人材を大学が有する必要がある。オンライン教育を継続に実施することができる人材の確保や組織づくりが不可欠であるが，このときにも大学間連携によって必要なリソースを持ち合い，負

担を減らしながら MOOC による大学間連携の可能性を探ることも有益だろう。

【引用・参考文献】
第2節
清水康敬（2008）．e-Learning の質を高める視点　日本教育工学会研究報告集, (2), 121-128.

第4節
ウェンガー, E.・マクダーモット, R., スナイダー, W. M.／野村恭彦［監修］（2002）．コミュニティ・オブ・プラクティス―ナレッジ社会の新たな知識形態の実践　翔泳社（Wenger, E., McDermott, R., Snyder, W. M.（2002）．*Cultivating communities of practice: A guide to managing knowledge.* Boston, MA: Harvard Business School Press）
山川　修・篭谷隆弘・徳野淳子・田中洋一・澤崎敏文（2010a）．学習コミュニティ構築を意図した連携基盤システム　教育システム情報学会第35回全国大会講演論文集, 341-342.
山川　修・藤原正敏・坪川武弘・篭谷隆弘・菊沢正裕・杉原一臣・北野皓嗣・徳野淳子・田中洋一・澤崎敏文（2010b）．大学連携における学習コミュニティのデザインと実践　日本教育工学会第26回全国大会講演論文集, 67-70.

第5節
林　敏浩・鈴木正信（2009）．「四国の知」の集積を基盤とした四国の地域作りを担う人材育成　電子情報通信学会技術研究報告, **109**(60), 41-46.

第6節
重田勝介・八木秀文・永嶋知紘・浜田美津・宮崎俊之・島麻里江・小林和也（2015）．MOOC プラットフォームを利用した大学間連携教育と反転授業の導入―北海道内国立大学教養教育連携事業の事例から　デジタルプラクティス, **6**(2), 89-96.
福原美三（2008）．オープンコースウェア―大学の講義アーカイブ　情報の科学と技術, **60**(11), 464-469.
Iiyoshi, T., & Kumar, M. S. V.（2008）．*Opening up education: The collective advancement of education through open technology, open content, and open knowledge.* Cambridge, MA: The MIT Press, p.477.
Kolowich, S.（2013）．California State U. System will expand MOOC experiment. The chronicle of higher education〈http://chronicle.com/blogs/wiredcampus/california-state-u-system-will-expand-mooc-experiment（2014年11月11日参照）〉
Pappano, L.（2012）．Massive Open Online Courses are multiplying at a rapid pace. New York Times. November 2.〈http://www.nytimes.com/2012/11/04/education/edlife/massive-open-online-courses-are-multiplying-at-a-rapid-pace.html?pagewanted=all&_r=0（2014年11月11日参照）〉

あとがき

　自分が大学教員になった時に，学生の頃から大変お世話になった恩師から，「教育は無償の愛」という言葉を贈られたことがある。改めて当時のことを思い起こすと，学生の質問に毎回膝詰めでいつまでも付き合っていた恩師の姿が目に浮かぶ。こうした思い出は，今の自分の人材育成の原点になっている。本書をすべて読み通した読者は，今回執筆頂いたすべての先生方が，こうした視点を持ち合わせた教育者であり，かつ研究者であることをご理解頂けたかと思う。何よりもまず，日頃の熱心な研究活動と真摯な教育活動に従事しながら，お忙しい中，日本の高等教育の質向上の一点で，執筆頂いた先生方に御礼を申し上げる。

　本書は，大学における学習支援への挑戦（日本リメディアル教育学会監修）の後継シリーズ（第二弾）となる。第一弾では，大学教育課程を俯瞰的に見据えながら，特にリメディアルや初年次教育を中心とした実践事例を取りまとめた。これに対し第二弾となる本書では，新たな教育方法として期待されるICTをテーマとして，大学教育課程における学習支援を取り扱うこととした。現在多くの大学で進められている教育改革は，いうまでもなく，学生の主体的な学びを引き出す教育の実現にある。このためには，入学した学生が大学で学ぶための知識やスキルをきちんと獲得できる状況を作り出し，その上で自ら学びたいことに対する明確な学習目標をもって計画的に学び進めていくための学習支援が重要とされる。こうした学習支援を実効的に行う（きめ細かく行う）には，当然のことながら教員一人ひとりの教育力に依るところが大きい。しかしながら，これに限界を感じている大学関係者も少なくは無いであろう。教育を大学という機関が提供するサービスと捉えると，学生全体に対する質の保証（効果性）と教員リソースを最大限活用する生産性（効率性）の観点が非常に重要である。この文脈において，何らかのシステム化への流れは当然の帰着であり，故に昨今ICTの活用が期待される訳である。一方で，ICT活用教育は，導入コストの問題や教育方法の新しさゆえの学内の組織的なコンセンサスの問題等，必ずしも各大学の教育現場で広く認知される教育手法に至っていない実情もある。

　本書では，こうした状況を鑑みて，ICTを活用した教育実践を日頃から行っている方々に執筆を頂き，新たな教育方法のご紹介や教育効果に関する知見を頂くこととした。結果として，大学教育のユニバーサル化とグローバル化の流れの中で，ICTを上手に活用することで，従来の教育内容に対して，ICTの効率性を発揮しな

がら教育的な質の維持・向上を図れることをお示し頂いた．また，授業外の学習の支援，自大学の枠を超えた学びへの展開，組織間連携による学びの拡がりなど，多岐にわたる未来の学びの可能性もお示し頂いた．さらに，こうした質の高い教育の実現には，組織的な運用支援の必要性，教育方法の学内への啓蒙・普及や予算措置など大学として対応すべき課題があることも明らかにして頂いた．

　本書全体を今一度振り返ると，やはり ICT は教育の高度化・改善のための道具であり，教員や大学がそれを使いこなすことが如何に重要であるかを再認識できたかと思う．また，タブレット，eポートフォリオ，データ連携・活用など技術的な動向も踏まえる必要があり，こうした分野を研究する研究者や関連する学協会とも連携したノウハウの共有が重要と再認識できた．この点について，本書では大学機関の連携体としてのeラーニング協議会やサイエンティフィックシステム（SS）研のeポートフォリオ研究会にもご協力頂き，その分野の専門家のご意見も伺いながら章立て・構成を進めることができた．関係する方々には，この場を借りて，改めて御礼を申し上げたい．

　本書を通じて，ICT を多年にわたり導入・運用できている大学は，大学全体での教育方法の改善が少しずつでも着実に図られていることがわかった．また授業で積極的に導入している教員の授業内容は，現在の国が推進する教育改革の流れに沿った Good Practice であることは疑う余地がない．各大学の教育のノウハウは多年にわたる教育行為の成果に他ならないと考えれば，今こそ，多くの大学が導入しやすい形で ICT を活用できるための枠組みを，行政を含むさまざまなステークホルダが連携して推進し，その成果を広く共有する時期に来ているのではと思っている．この点で，本書が少しでも各大学での ICT 推進の一助になれば幸いである．

小松川 浩

# 関連用語集

米満　潔・山川広人

---

1 ■ CompTIA（The Computing Technology Industry Association）　→第2部

IT業界内で作成された各業務の実務能力基準の認定活動などを行っているIT業界団体[1]。

---

2 ■ Coursera（コーセラ）　→第3部

Andrew NgとDaphne Koller（スタンフォード大学）によって創立された教育技術の営利団体。代表的なMOOCプロバイダのひとつ。

---

3 ■ CSCL（Computer Supported Collaborative Learning）　→第1部

複数の学習者たちがコンピュータを利用してコミュニケーションをとりながら，課題を解決していくこと．および，それをどうやって支援するかの研究のこと。

---

4 ■ edX（エデックス）　→第3部

マサチューセッツ工科大学とハーバード大学によって創立されたMOOCsのプラットフォーム。世界中の学生に無償で，多岐な分野にわたる大学レベルの授業を無償で提供している[2]。

---

5 ■ e-Learning Awards（e-Learning World）　→第1部

「eラーニングを取り巻く現状と未来」をテーマに企業・自治体・団体・学校におけるeラーニングの事例を取り上げている国内唯一の総合フォーラム」である。一般社団法人eラーニングアワードフォーラム運営事務局・フジサンケイビジネスアイが毎年主催しており，2010年まではe-Learning Worldとして開催された。また優れたコンテンツ・サービス・ソリューションを表彰する「日本e-Learning大賞」を併催している（eラーニングアワードフォーラム, 2015）。

---

6 ■ ELPA（English Language Proficiency Assessment）　→第2部

特定非営利活動法人英語運用能力評価協会。「わが国の学校における英語教育の成果を客観的に調査・評価するテストを実施し，実戦的で効率的な学習指導の提言を行う」ため，2003年4月15日に東京都知事の認証を得て設立された特定非営利活動法人（NPO）。

---

1) 公式HP：https://www.comptia.jp/cont_about.html（2015年10月28日確認）の記述による。
2) Wikipedia「edX」の項（2015年10月28日確認）を参照した。

7 ■ GNU General Public License（GPL）・GPL3　　　　　　　　　　→第1部

ソフトウェアやプログラムにおける使用・改変・配布の許諾や遵守すべき事項を定めたライセンスの1つ。一例として GPL では，改変したソフトウェアを何らかの形で配布・販売する際には，改変の内容を含めたソフトウェアのソースコードを GPL のもとで提供可能にすることが要求される。こうしたソフトウェアライセンスにはさまざまな種類があり，Apache License, BSD License, MIT License, GNU Lesser General Public License（LGPL）などが有名である。フリーソフトウェアやオープンソースソフトウェア，教材・素材などの使用時には，適用されているライセンスやその内容に注意を払う必要がある。

8 ■ GPA（Grade Point Average）　　　　　　　　　　　　　　　　→第3部

学生の成績を段階的なポイントに換算して（例えば5段階であれば4, 3, 2, 1, 0に換算），対象科目群での平均値で定義される。標準的な指標に基づく数値であるため，学内の進級要件や TA の採用基準に用いるだけでなく，留学の基準として用いる大学もある。

9 ■ IR（Institutional Research）　　　　　　　　　　　　　　　　　→第3部

大学の経営の効率化・健全化を視野に入れ，大学の教育研究及び経営に関する情報を収集・分析し，組織としての計画立案，意思決定を支援するとともに，経営の PDCA サイクルを機能させること。例えば，学生の成長に関わるデータを解析・可視化を図る教学 IR ではでは，修学支援を通じた退学率の低減は，大学経営上の健全化にもつながることになる。

10 ■ MOOC（Massive Open Online Course）・MOOCs（Massive Open Online Courses）
　　　　　　　　　　　　　　　　　　　　　　　　　　　　　　　　　→第3部

Web 上で，無料で参加可能な大規模講義のこと。おもにアメリカの大学で運営されており，基本的に無料で参加できる。各種アプリケーションが開発されており，ビデオ講義を受けるだけでなく，知識確認のための試験なども受けることができる）[3]。

11 ■ NovoED（ノヴォエド）　　　　　　　　　　　　　　　　　　　→第3部

チームを作って他のメンバーと宿題を一緒に取り組んだり，課題を評価し合ったりすることをオンライン上で可能にしている MOOC プラットフォーム。また他の MOOCs プラットフォームと比べてレポート形式の課題が多いため，講義動画を見て学習するだけではなく，チームで意見やアイデアを出し合いながらより深く知識を吸収すると同時に，モチベーションを高く維持して学習していくことが可能である[4]。

---

3) Wikipedia「Massive open online course」の項（2015年10月28日確認）の記述を一部参照した［CC BY-SA 3.0］。
4) 公式 HP：https://novoed.com/ （2015年10月28日確認）。

12 ■ PBL (Problem-Based Learning) →第 1 部

問題解決型学習のこと。文部科学省（2012）によれば「実社会で役に立つプロジェクト課題を学生にグループ単位で与え，その課題を達成するためのアイデアの創出，計画立案，実現などを学生自身に遂行させることにより，学生の学習意欲，知識の活用能力，計画立案・遂行能力，ディベート能力，プレゼンテーション能力，組織運営能力などの向上を図るための学習・教育の方法」と説明されている。また PBL は，患者の事例の中から問題を見つけ出し，その問題を手がかりに学習を進めていく医学教育で発達した。

13 ■ SCORM (Sharable Content Object Reference Model) →第 1 部

e ラーニングの教材に用いられる代表的な標準規格。アプリケーションプラグイン（API）を介して，教材の操作やイベントに応じた学習履歴を学習管理システムに記録することができる。世の中の多くの学習管理システムが SCORM 規格の教材に対応しており，異なるシステム間であっても教材の共有利用が可能となる。

14 ■ TBL (Team-based Learning) →第 1 部

TBL（チーム基盤型学習）とは，中越他（2014）によれば「一人では解決できない認知レベルの問題をチームで協同して解決しながら，互いに教え合う能力を鍛えることができる少人数によるチーム学習の教育方法」である。学生個々人が自らとグループに対して責任を強く意識して学習し，同じ目標に向かって「チーム」としてともに学ぶことで成長するとされる。PBL や TBL の教育手法は，医学関係だけでなく，教育学系，経済学系，理工学系，農学系などのあらゆる教育に利用できる。

15 ■ TeX →第 1 部

Plain TeX はスタンフォード大学のクヌース（D. E. Knuth）氏によって開発された無償で配布される組版システムである。その後，DEC 社のランポート（L. Lamport）氏によって Plain TeX を使いやすくした LATeX が作られ一般に普及した。活字での出版物と同等の仕上がりの文書を作成でき，現在では TeX を用いて組版している出版社もある。
TeX はワープロ等の DTP と異なり，すべてテキスト文で記述するので入力が容易である点が特徴である。数式の記述は得意であるが画像等の挿入に多少工夫が必要である。LATeX 以後 AMSTeX や日本語対応の pLATeX 等の目的に応じた LATeX が開発されたが，現在は多言語対応の LATeX2 ε が主に使われ，今後は LeXLive という配布形式が主流になっていくであろう。

16 ■ アクティブ・ラーニング (Active Learning) →第 1 部

アクティブ・ラーニング（AL）は文部科学省（2012）によれば「教員による一方向の講義形式の教育とは異なり，学習者の能動的な学習への参加を取り入れた教授・学習法の総称」である。「演習」「実験」「実習」「野外調査」「インターンシップ」などもその 1 つとされる場合がある。最近注目されている AL は，高次のアクティブ・ラーニングと河合塾[5]が定義しているもので，教室内の授業を能動的にした課題研究型授業，クリッカーなどを用いて逐次フィードバックさせる学生参加型授業，各

種の協同学習を取り入れた授業，問題発見・問題解決させる PBL/TBL を取り入れた授業などがそれに相当する。

17 ■アドミッション・ポリシー（Admission Policy：AP） →第 3 部

大学の入学者受け入れ方針を規定したもの。自校の特色や教育理念などに基づき，どのような学生像を求めるかをまとめたもので，このポリシーに従って入学した学生については，具体的なカリキュラム構成の中で，責任をもって人材育成をすることを求められる。文部科学省（2012）の【「学位授与の方針」，「教育課程編成・実施の方針」及び「入学者受入れ方針」】に詳しい説明が掲載されている。

18 ■ e ラーニング →第 1 章

パーソナルコンピュータ（PC）やネットワークなどを利用して学習すること。教室で学習を行う場合に比べて，遠隔地にも教育を提供できることや，コンピュータの機能を活かした教材が利用できることに主な特徴がある。e ラーニングの形態としては，非同期型のドリル形教材や VOD 型講義を利用したものの他，TV 会議システムなどを使った同期型遠隔授業などがある。最近，急速に発展したタブレット端末やスマートフォンなどを利用したモバイル・ラーニングの活用が注目されている。

19 ■インストラクショナル・デザイン（Instructional Design：ID） →第 1 部

「システム的なアプローチを教育に取り入れた手法」のこと。計画（分析・設計・教材などの開発），実行（提供），評価（効果測定）の 3 プロセス 5 工程を通じた，学習者の負担の軽減，学習時間の短縮，習得度の向上，費用の低減により正確な学習効果の測定の実現が狙える（清水，1992）。

20 ■ S/T 比（Student-Teacher Ratio） →第 2 部

教員一人あたりの学生数のこと。

21 ■ LTD 話し合い学習法（Learning Through Discussion） →第 1 部

安永（2006）によれば LTD 話し合い学習法とはアイダホ大学の Hill が考案した「協同学習の一技法」で，「小グループによる話し合いを中心とした学習法」である。また「対等な話し合いを通して参加者一人ひとりの学習と理解を深める」ことを目的としている。事前準備レポート，討論など，何をするのかが各ステップで細かく規定された，効果的な学習法である。

22 ■オーサリング（Authoring） →第 1 部

e ラーニング分野においてオーサリングとは，素材となる複数のデータを組み合わせて，教材として構成された電子的なコンテンツを出力すること。映像・解説スライドをテンプレートファイルに埋め込み，再生タイミングを決定するといった簡単な操作だけで特別なスキルを用いなくても標準規

5）http://www.kawaijuku.jp/research/activelearning/（2015 年 10 月 28 日確認）。

格に対応した教材を出力できるオーサリングツールが広く公開・販売されている。

23 ■オープンコースウェア（Open Course Ware：OCW） →第1部

他の教育機関での利用を目的として，大学等で在籍している学生の単位取得の対象として実施された講義とその講義に関連している情報をインターネット上に無償で公開する活動のこと。

24 ■オープンソースソフトウェア（Open Source Software：OSS） →第1部

ソースコードが広く公開されており，指定されたライセンスのもとでそのソフトウェアの再頒布や改良・利用が誰でも自由に行えるようなソフトウェアのこと。

25 ■オープン教育リソース（Open Educational Resources：OER） →第3部

自由に誰でも使用することができる教育に関する資料であり，それらを共有財とすることを目的としている世界的なコミュニティネットワークのこと。

26 ■学習管理システム（Learning Management System：LMS） →第1章

学習者を登録し，学習時間や学習進捗状況を管理できるeラーニングの基盤となるシステム。Web上のLMSに学習者がログインし，事前に設定された教材により学習することができる。学習教材配信の他，資料配布，掲示板による連絡伝達やアンケート調査，グループ討論，クイズ形式の確認テスト，レポート課題提示及び提出などもオンライン上で可能であり，インターネットさえ利用できれば，世界中どこからでもアクセスできるため，学習者の意志や学習進捗状況を確認しながら教員による学習の指示を行うことができる。

27 ■学士力 →第3部

中央教育審議会（2008）が，「学士課程答申」において分野横断的に我が国の学士課程教育が共通して目指す「学習成果」として示した「参考指針」。大学全入を意識した内容として，(1) 知識・理解（文化，社会，自然など）(2) 汎用的技能（コミュニケーション・スキル，数量的スキル，問題解決能力など）(3) 態度・志向性（自己管理力，チームワーク，倫理観，社会的責任など）(4) 総合的な学習経験と創造的思考力，の4項目が挙げられている。

28 ■カリキュラム・ポリシー（Curriculum Policy：CP） →第3部

APに従って入学した学生については，最終的にどのような人材を育成して社会に輩出するかというポリシーと連関しながら，体系的に整合性のある形でカリキュラムを構成する必要がある。CPは，こうした入口と出口をつなぐ体系的なカリキュラムポリシーを指す。

29 ■キャップ制（CAP制） →第1章

文科省（2012）によれば「教育の質の向上を図るため単位の過剰登録を防ぎ，1年間あるいは1学期

間に履修登録できる単位の上限を設ける制度」のこと。大学設置基準第21条には「1単位の授業科目を45時間の学習を必要とする内容をもって構成する」、第27条の2第1項には「大学は、学生が各年次にわたって適切に授業科目を履修するため、卒業の要件として学生が修得すべき単位数について、学生が1年間又は1学期に履修科目として登録することができる単位数の上限を定めるように努めなければならない」と規定されている。4年間にわたって卒業に必要な124単位をほぼ均一に取得することにすれば、授業期間はおおよそ年30週で、1年間で約30単位を修得することが標準となる。2学期制でCAP制を導入している大学は、1学期間に20単位前後で上限を規定している。

30 ■キャリア・ディベロップメント・アドバイザー (Career Development Adviser: CDA)
→第2部

特定非営利活動法人日本キャリア開発協会 (JCDA) が運営する認定資格でキャリア・ディベロップメント・アドバイザー、キャリアカウンセラーの実務家向け資格のこと。(参考URL: https://www.j-cda.jp/cda/work.php (2015年11月16日参照))。

31 ■協同学習 (Cooperative Learning)
→第1部

協同とは同じ目的のために複数の個人が事にあたることである。協同して行う活動においては、個々人は、自分にとっての利益であるとともに、グループの全員にとっても有益な結果を追い求める。協同学習とは、教育において小集団を活用するもので、学生が、自分と他者の学修を最大限に高めるために協同して学習する (Johnson et al., 1991)。

32 ■クリエイティブ・コモンズ (Creative Commons)
→第1部

著作物の利用・改変・配布の許諾や遵守事項を定めたライセンス、およびこれを提供する団体の名称のこと。このライセンスには、著作者の明記の有無、営利目的での利用の可否、改変の可否、二次的著作物のライセンス継承の有無の観点から、著作物利用の上での制限を明確化できる特徴がある。プログラムやソフトウェアだけではなく、文章・画像といったマルチメディアファイルだけではなく、eラーニング用の教材コンテンツなどにも広く利用されている。

33 ■ゲーミフィケーション (Gamification)
→第1部

「ゲームだから面白いのではなく、面白くなるように作られているのがゲームである」という視点から、ゲームを面白くする要素について検証し、これを教育内容や方法、教材等に組みこむことで学習者等の学習動機を高め、継続的・効果的に学習を行わせること。
より一般的には、ゲームを楽しむことを目的としないサービスに、ゲームを面白くする要素を組みこむことで、サービス利用者の利用に対するモチベーションを高めることを指す。

34 ■コンピテンシー (Competency)
→第1部

コンピテンシーは、経営の分野で使われてきた概念であったが、教育の分野でもこの概念が使われるようになった。OECDのDeSeCoでは、コンピテンシーを単なる知識や技能だけでなく、複雑な要求に対応することができる能力としている[6]。

35 ■ ジグソー法（Jigsaw Method / Jigsaw Strategy）　　　　　　　　　→第1部

協同学習の1つの技法。あるテーマについて複数の視点で書かれた資料をグループに分かれて読み，同じパートを担当する人とその内容や意味合いを話し合い，理解を深め，資料を読んでいない他のグループの人たちにうまく説明する準備をする（専門家グループ活動）。次に，違うパートの資料を読んだ人を1人ずつ合わせた新しいグループで，担当した資料を互いに説明し合って，チームで話し合いながら課題全体について理解を深める（ジグソー活動）。この活動を繰り返すことで，1人ひとりが自分の言葉で説明したり，他人の説明を分かろうとして自分の考えを変えたりと言った行動を意識する機会が多いので，考え方や学び方そのものが学べる。

36 ■ 情報リテラシー（Information Literacy）　　　　　　　　　　　　→第1章

インターネットを含めた様々な媒体から得られる情報を目的に応じて利活用するための基礎的な知識やスキルのこと。情報機器や情報システムの基礎的な使用方法（コンピューターリテラシー）だけではなく，インターネットや書籍を用いた情報の検索方法，コミュニケーションツールを利用する際のマナーや情報を活用・発信する際のモラルとルール（情報倫理），自他の情報を守るためのセキュリティ（セキュリティリテラシー）などの面での素養や能力も情報リテラシーの一部として広義に解釈されることが多い。

37 ■ シングルサインオン（Single Sign-On：SSO）　　　　　　　　　　→第1部

ある情報システムでの認証情報を元に，他の情報システムの利用許諾や認証をも可能とする技術および手法。シングルサインオンが可能な情報システム間では，利用者がどれかひとつのシステムへのユーザ認証を行うことで，その認証可否情報が連係されたシステムに共有される。これにより利用者が複数の情報システムを一度きりの認証ですべて使えるようになり，複数の情報システムによる連携サービスの提供が容易となる。近年では組織外のサービスをシングルサインオン可能にする仕組みも提供されており，特に教育機関向けには学術認証フェデレーション：学認[7]が運営されている。

38 ■ ソーシャル・ネットワーキング・サービス（Social Networking Service：SNS）
→第1部

インターネット上で運用されるWebサービスの1つ。ホームページやブログと違い，情報の公開範囲を，交流のあるユーザー間（主にフレンド等と呼ばれる）に一定程度制限することができる。この機能によって，情報を公開するグループを，自分の趣味や好み，友人，親類縁者等にあわせて，コミュニティの構築が可能となり，より深いコミュニケーションをとれる。これより社会的ネットワークを構築するサービスといわれる。

---

6) OECDにおける「キー・コンピテンシー」について http://www.mext.go.jp/b_menu/shingi/chukyo/chukyo3/016/siryo/06092005/002/001.htm （2015年11月16日確認））

7) https://www.gakunin.jp/ （2015年11月16日確認）。

39 ■大学eラーニング協議会　　　　　　　　　　　　　　　　　　→第1部

国内で先導的にeラーニングに取組んでいる大学の知識交流および緩やかな大学連携を目的とした協議会。システム運用，コンテンツ・教材共有，ICT活用教育事例をテーマとした3つの部会に分かれて活動しており，eラーニングを用いた事例やノウハウを公開するフォーラムの開催や教材の共有を行っている。2012年度3月時点の加盟大学は35大学。

40 ■チューター（Tutor）　　　　　　　　　　　　　　　　　　　→第1部

チューターとは，もともと個人教師，家庭教師のことであるが，学生生活を送る上でのアドバイスや相談に応じる学級担任にも使われる。教員や大学院生が担当する。留学生に対して1人の現地大学生や大学院生がチューターとしてつくチューター制を取り入れている大学もあり，慣れない生活についての個人的な悩みなど，自分ひとりで解決できない問題を相談する役割を果たしている。日本国内の大学では，賃金を支払って正式にチューターとしての職を与える制度が整備されてきている。

41 ■ティーチング・アシスタント（Teaching Assistant：TA）　　→第1部

授業の内外で，教員・学生への教育にかかわる補助を行うことを職務とする存在。授業科目で優秀な成績を修めた学生（主に大学院生）が雇用され担当する。

42 ■ティーチング・ポートフォリオ（Teaching Portfolio）　　　→第1部

ティーチング・ポートフォリオとは本来，教員が自らの教育活動を省察して授業能力の改善向上を図るためのツールである。2008年の中教審答申「学士課程教育の構築に向けて」がとりあげて以降，学生の授業評価アンケート以外の教育業績の評価法として国内で普及し始めた。ポートフォリオには教授活動に関連するあらゆる情報を記録するよう推奨されるが，教授活動が学生の学習にとってより効果的であることを示すためには，根拠となる情報を厳選して記述することが重要である。

43 ■ディプロマ・ポリシー（Diploma Policy：DP）　　　　　　　→第3部

DPは，APやCPに従って学生が学修した学修成果として実現できるポリシーを指す。APやCP・DPは，一体的に扱うことで初めて意味をなす。

44 ■到達度テスト　　　　　　　　　　　　　　　　　　　　　　　→第2部

到達度テストとは，学習の到達度を測定するためのテストという意味で使われてきたが，センター入試にかわるものとして中央教育審議会において議論されている。そこでの議論では，基礎レベルと発展レベルに分かれるが，両者とも，広い意味で，高等学校における学習成果の達成度を測定するためのものである。基礎レベルは，自らの高校教育における基礎的な学習の達成度の把握及び自らの学力を客観的に提示するためのもので，発展レベルは，これからの大学教育を受けるために必要な能力（「生涯学び続け，主体的に考える力」など）について把握することを主たる目的としている。本書の場合，基礎レベルと同様の趣旨と考えてよい（文部科学省, 2014）。

45 ■特定非営利活動法人日本イーラーニングコンソシアム（eLC：e-Learning Consortium Japan） →第1部

eラーニングの普及促進を目的に，標準化の推進，ラーニングコンテンツ開発に関する教育，eラーニング関連の情報提供などを行っている[8]。

46 ■反転授業（Flip Teaching or Flipped Classroom） →第1部

従来型の講義と課題を，ICTを用いた予習と講義という形に置き換えたブレンディッドラーニング手法の1つ。従来では講義の中で行われていた知識の獲得にむけた内容をマルチメディア教材や講義映像として収録し，学生がeラーニングシステムを通じて予習できる環境を整える。そして講義では，予習で得た知識を応用するテーマや課題をとりあげ，学生の理解度を見ながら助けが必要な学生への個別指導を行い，着実な知識の定着を図るといった事例が行われている。

47 ■ピア・ラーニング（Peer Learning） →第1部

ピア（仲間）と学ぶこと。講師から受講者への一方からの知識の伝達ではなく，仲間と共に互いの知識を持ち寄り，共有・共感し，さらに知識を深めていくという取組。1人でやるより，仲間と頑張り，励ましあい，共感しあい，時には刺激しあうことで，「自分だけではない」「あいつも頑張っている」「負けたくない！」というようなモチベーションが生じる（公益法人協会，2015；ブラ・トヨ，2011）。

48 ■ビクサ（Business Communication Skill Assessment：BCSA） →第2部

「ビジネス・コミュニケーション・スキル診断」のこと。公式HPによれば「仕事上のコミュニケーション・スキルを定義・明確化し，そのスキルの活用度合を診断」する取組を指す[9]。

49 ■ビデオ・オン・デマンド（Video On Demand：VOD） →第1章

様々な映像コンテンツを，視聴者が観たい時に視聴することができるように配信するサービス。映像の一時停止・早戻し・早送りなどの操作が可能。大学などのe-Learningでは，実際の講義を撮影したビデオを元に映像教材を作成し配信を行う。

50 ■ファカルティ・ディベロップメント（Faculty Development：FD）／スタッフ・ディベロップメント（Staff Development：SD） →第2部

大学教職員の能力・技能などの向上を目的とする組織的な取組・活動。FDは教員の職能開発。SDは事務職員や技術職員など職員を対象とした，管理運営や教育・研究支援までを含めた資質向上のための組織的な取組。また，FDとSDを区別せずに，FDSDと呼称し，教員と職員が一緒に取り組むことも多い。

---

8) 公式HP：http://www.elc.or.jp（2015年8月24日確認）。
9) 公式HP：http://bcsa.comptia.jp/about_us_1.html（2015年10月26日確認）。

51 ■ フェイスブック（Facebook） →第1部

ソーシャル・ネットワーキング・サービス（SNS）の1つで，Facebook 社が提供している。世界中の多くのユーザが実名で利用している点が他の SNS に比べて特徴的である。プロフィール・経歴の公開，メッセージや写真の共有といったコミュニケーション方法が提供されている。企業や団体がフェイスブック内に広報用のページを作成するといった事例もみられる。

52 ■ プレースメントテスト（Placement Test） →第2部

語学力などの学力レベルを測り，その能力に応じたクラス分けを行うために使うテストのことを指す。入学者のレベルにあった授業を受けてもらうために実施されることが多い。

53 ■ ブレンディッド・ラーニング（Blended Learning） →第1部

授業形態として，個別学習，e ラーニング授業，及び教員による対面授業などがある（モハメド・三好, 2011）。教育効果の向上を目指して2つ以上の授業形態を組み合わせた学習を指し，対面授業と自習システムを組み合わせたもの，授業において WBT（Web Based Training）教材を活用した個別学習，協調学習，及び教員による一斉指導を組み合わせたものなどが実施されている。反転授業もブレンディッド・ラーニングの1つである。

54 ■ ポートフォリオ（Portfolio） →第1部

ポートフォリオは，紙挟み，書類かばん，作品集，品揃え，資産構成，などの意味をもつ英単語。e ポートフォリオはポートフォリオの電子版で，インターネットにつながった PC さえあれば，いつでもどこからでもデータの入力や保存・管理及び共有が可能になる。
ポートフォリオには，ラーニング（学習）ポートフォリオ，キャリアポートフォリオ，語学ポートフォリオなど，「学習者中心」の学習活動と評価活動をサポートするものと，教員をサポートするティーチング・ポートフォリオがある。学習過程におけるエビデンスを残すことが可能なため，学習成果や学習プロセスへの評価が重視されるなかで注目されている。

55 ■ メンター（Mentor） →第1部

「助言者」「相談相手」「師匠」。メンターは仕事やキャリアの手本となり，助言・指導をしてくれる人材。e ラーニングなどの ICT 活用教育を組織的に導入・運用する場合には重要な役割を果たす。またメンターに対して，メンターから指導・支援を受ける人材を「メンティー（mentee）」と呼ぶ。

56 ■ ラーニング・アウトカムズ（Learning Outcomes） →第3部

教授者側から設定された授業やコースにおいて，学習者が理解し，修得すべき知識や技能に照らし合わせて，学習者が達成した学習成果を指す。従来の試験結果のみではなく，レポートや自己の達成に関する取組過程を含め，多面的に成果物を取り扱うことを想定していることが多い。

57 ■ リフレクション（Reflection） →第 1 部

省察。学生生活や学習に関わるさまざまな事柄を振り返ることによって，そこに映し出される自分自身の姿を見つめ返す。

58 ■ ルーブリック（Rublic） →第 1 部

文部科学省（2012）によれば「米国で開発された学習評価の基準の作成方法」。評価水準である「尺度」と，尺度を満たした場合の「特徴の記述」で構成され，記述により達成水準などが明確化されるため濱名はルーブリック評価について「被評価者と評価者の双方に評価規準と評価基準をあらかじめ提示し評価の観点を可視化することから，パフォーマンス評価に有効であり，評価者ごとのズレの発生を抑制し，被評価者への答案やレポートのフィードバックを促進する上で有効である」と述べている（濱名, 2011）。コースや授業科目，課題（レポート）などの単位で設定でき，個別の授業科目における成績評価などでの活用が，現在，国内でも始まっている。

【引用・参考文献】
ウィキペディア　フリー百科辞典：〈http://ja.wikipedia.org/wiki/（2015 年 11 月 16 日確認）〉
公益法人協会（2015）．互いに学ぶ「ピア・ラーニング」開催のご案内　〈http://www.kohokyo.or.jp/kohokyo-weblog/topics/docs/平成 27 年度%20 北陸ブロック%20 ピア・ラーニングご案内.pdf（2015 年 11 月 16 日参照）〉
清水康敬［編］（1992）．情報通信時代の教育　社団法人電子通信情報学会
中央教育審議会（2008）．「学士課程教育の構築に向けて」中央教育審議会答申の概要　〈http://www.mext.go.jp/b_menu/shingi/gijyutu/gijyutu4/siryo/attach/1247211.htm（2015 年 11 月 16 日確認）〉
中越元子・野原幸男・林　元彦・川口基一郎・山崎洋次（2014）．チーム基盤型学習（TBL）と問題基盤型学習（PBL）を統合した授業「プレゼンテーション」の実践　京都大学高等教育研究，**20**．
日本イーラーニングコンソシアム〈http://www.elc.or.jp/（2015 年 11 月 16 日確認）〉
濱名　篤（2011）．濱名委員説明資料〈http://www.mext.go.jp/b_menu/shingi/chukyo/chukyo4/015/attach/1314260.htm（2015 年 10 月 27 日確認）〉
ブラ・トヨ（2011）．ピア・ラーニング法—行動変容プログラム〈http://8quest.net/learning/420（2015 年 11 月 16 日確認）〉
モハメド，N. N.・三好　匠（2012）．遠隔教育におけるブレンディッドラーニングの効果　電子情報通信学会学生部会
文部科学省（2012）．用語集　新たな未来を築くための大学教育の質的転換に向けて—生涯学び続け，主体的に考える力を育成する大学へ（答申）〈http://www.mext.go.jp/component/b_menu/shingi/toushin/__icsFiles/afieldfile/2012/10/04/1325048_3.pdf

（2015 年 10 月 27 日確認）〉
文部科学省（2014）．達成度テスト（基礎レベル）（仮称）と達成度テスト（発展レベル）（仮称）の関係について〈http://www.mext.go.jp/b_menu/shingi/chukyo/chukyo12/shiryo/__icsFiles/afieldfile/2014/07/09/1349406_3.pdf（2015 年 8 月 24 日参照）〉
安永　悟（2006）．実践・LTD 話し合い学習法　ナカニシヤ出版
e ラーニングアワードフォーラム（2015）．e ラーニングアワード 2014 フォーラム結果報告書〈http://www.elearningawards.jp/pdf/kekkahoukoku2014.pdf（2015 年 11 月 16 日確認）〉
IT 用語辞典 e-Words:〈http://e-words.jp/（2015 年 11 月 16 日確認）〉
IT 用語辞典 BINARY：〈http://www.sophia-it.com/（2015 年 11 月 16 日確認）〉
Johnson, D. W., Johnson, R. D. & Smith, K. A. (1991). *ACTIVE LEARNING：COOPERATION IN THE COLLEGE CLASSROOM.* Interaction Book Company.（ジョンソン, D. W., ジョンソン, R. D., スミス, K. A.／関田一彦［監訳］（2001）．学生参加型の大学授業―共同学習への実践ガイド　玉川大学出版部）
KOTOBANK:〈http://kotobank.jp/（2015 年 11 月 16 日確認）〉

事項索引

A-Z

Apereo Foundation　*131*
ARCS 動機づけ理論　*59*

BCSA（Business Communication Skill Assessment）　*230*, **299**

CAP 制　*10*, **295**
　——の導入　*252*
Caretta　*96*
CAS　*21*, *77*
CDA（Career Development Adviser）　*234*, **296**
CEAS　*27*, *28*, *200*
　CEAS/Sakai　*27*, *30*, *201*
　CEAS2 系　*28*
　CEAS3 系　*28*, *30*
CEN　*101*
CHiLOs　*23*
　——の実装状況　*26*
　CHiLO Badges　*25*
　CHiLO Books　*24*
　CHiLO Books ポータル　*26*
　CHiLO Communities　*25*
　CHiLO Lectures　*24*
CIST-Solomon　*153*, *178*, *274*
CMS　*127*
CollabTest　*178*
CompTIA　*230*, **291**
Coursera　**291**
CSCL（Computer Supported Collaborative Learning）　*91*, *103*, *110*, **291**
CSCW　*92*
C-SIREN　*82*

eALPS　*83*
e-Collaboration　*98*
ECTS　*264*
EDUPUB　*101*
edX　**291**
e-Japan 重点計画　*1*
e-Knowledge コンソーシアム四国　*265*, *280*
el-Campus　*231*
e-Learning World/Award　*2*, **291**
e-Learning の質を高める視点　*269*
ELPA（English Language Proficiency Assessment）　**291**
EML　*97*
ESP 教育　*210*
European Learning Grid Infrastructure　*100*

Facebook　*26*, **300**
Fathom　*22*
FD　*196*, *229*, *287*, **299**
FD／SD　*14*
FD 委員会　*251*
Flash　*39*
Flash コンテンツ　*40*

GNU GPL（General Public License）　*18*, **292**
GoogleApps　*261*
GPA（Grade Point Average）　*152*, *251*, **292**
　——制度の導入　*252*
GPL3（GNU General Public License version 3）　*124*

HiRC　　255

ICT　　13
IDE　　211
IDPF　　101
IEEE　　101
ILIAS　　86
IMS Enterprise　　21
IMS Global　　101
IMS-LD Information Model　　98
IR（Institutional Research）　　12, 250, 251, 279, **292**
ITSS　　142
ITSSスキル診断　　143
IT基本法　　1
IT離れ　　208

Ja Sakai コミュニティ　　32
Jasig　　76
Jigsaw形式　　113
JST（独立行政法人科学技術機構）　　13

Karuta　　130
KIT インターンシップ・プロジェクト　　222
KIT ポートフォリオシステム　　223

Learning Content Management System　　92
Learning Design Information Model　　97
LMS（Learning Management System）　　18, 37, **295**
LTD（Learning Through Discussion）　　11, **294**
LTI　　131

Mahara　　124
Mahara Newsletter　　127
Mahara Open Forum　　127
MAJ　　20

MOOC（Massive Open Online Course）　　4, 23, 27, 265, 284, 285, **292**
Moodle　　18, 19, 22, 174
Mozilla Open Badges　　285

NovoED　　286, **292**

OFF-JT　　141
OJT　　141
Open Badges　　25
Open Source Portfolio　　128
OpenStudy　　285

PBL（Project-Based Learning）　　11, 133, 256, 271, **293**
PDCAサイクル　　75, 142
PHP　　20
Producer　　39

RBXフレームワーク　　135
ReCoNote　　113
RENANDI　　192

Sakai　　31
　Sakai CLE　　27, 31, 128, 200
　Sakai Foundation　　32
SCORM（Sharable Content Object Reference Model）　　28, 36, 38, 42, **293**
SMIL　　39
SNS　　3, 108, 277, **297**
S/T比（Student-Teacher Ratio）　　204, **294**

TA　　47, 169, 178, 210, **298**
TBL（Team-based Learning）　　11, **293**
TeX　　48, **293**
　TeXフィルタ　　48
TIES　　23
TOEICのトレーニングプログラム　　159

事項索引　305

UeLM　239
　　UeLMモデル　245
uPortal　76

VOD（Video On Demand）　13, **299**
　　――型教材　38, 39, 46

WBT　40
Webチェックリスト　270
Webポータル　76

あ行
アカンサスポータル　79
アクセスログ　203
アクティブ・ラーニング　11, 121, 185, 256, 271, **293**
足場がけ　260
アドミッション・ポリシー　239, **294**
新たな情報通信技術戦略　工程表　1

1単位　10
eポートフォリオ　13, 120, 194
　　――システム　122
eポートフォリオWG　119
eラーニング　12, 22, 192, 267, **294**
　　――用コンテンツ　36
eラーニング研究実践センタ　86
eラーニング高等教育連携（eHELP）　86, 264, 265
インスティテューショナル・リサーチ（IR）　120
インストラクショナルデザイナー　59
インストラクショナル・デザイン　241, **294**
インターネット　3
インターフェース科目　165

映像ポートフォリオ　232
エデックス（edX）　285, 291
エビデンス　120

Fレックス（福井県学習コミュニティ推進協議会）　264, 276
遠隔講義　193
演習問題型教材　40

オーサリング　39, **294**
オープンエデュケーション　284
オープン教育リソース（OER）　**295**
オープン教材　284
オープンコースウェア（OCW）　284, **295**
オープンソースソフトウェア（OSS）　31, **295**
オープンソースプロジェクト　124
オンライン自動採点テスト　198

か行
学習　3
学習アドバイザー　54
学習環境プラットフォーム　104
学習管理システム（LMS）　41, **295**
学習コンテンツの構造化　198
学習支援　7
学習特徴チャート　146
学習パラダイム　277
学習分析　102
学士力　1, 164, 273, **295**
学士力養成のための共通基盤システムを活用した主体的学びの促進　14
学生カルテ　136, 229
学生支援システム　82
学生指導シート「はぐくみ」　137
学認フェデレーション　82
金沢電子出版株式会社　69
ガニェの9教授事象　56
カリキュラム・ポリシー（CP）　239, **295**

キャップ（CAP）制　**295**
キャリアポートフォリオ　214

キャリア・デベロップメント・アドバイザー（CDA） **296**
キャンパスコミュニケーションサービス 66
教育・学習活動支援センター 250
教育デザイン室 238, 239, 241
教育の情報化ビジョン 100, 102
教育ボランティア 234
教材開発体制 62
教職実践演習 84
協調学習 91
協調学習環境 112
協調学習場 93
協調メモリー 99
共通基盤システム 273
協同学習 11, 168, **296**
協働学習環境 3

クライアント側コンテンツ 42
クリエイティブ・コモンズ **296**
グレードブック 200
グローバル人材 145

経済学基礎知識1000題 67
ゲーミフィケーション 67, **296**
現代GP i
現代的教育ニーズ取組支援プログラム 68

高次のアクティブ・ラーニング 11
公募型教材作成 71
コーセラ（Coursera） 285, **291**
コノサー 25
今後の教員養成・免許制度の在り方について 84
コンピテンシー 121, 234, **296**

さ行
サーバ側コンテンツ 42
サイエンティフィック・システム研究会 119
ジグソー法 **297**
『四国の知』 281
自学自習システム 65
実践コミュニティ 279
社会人基礎力 262
集団指導体制 138
重点教材作成資金 71
授業改善会議 54
授業支援型UI 29
小テスト 20
情報リテラシー 47, **297**
ショーケース 120
初年次教育 7, 164
初年次教育学会 164
シラバス 77
シングルサインオン（SSO） 21, 76, 82, **297**

スタディスキルゼミ 184

セメスター制の導入 252

ソーシャル・ネットワーキング・サービス（SNS） **297**

た行
大学eラーニング協議会 i, 2, 12, **298**
大学教育センター 192
『大学における学習支援への挑戦』 7
大学入門科目 167
大学ポータル 76
タブレット端末 4
単位の実質化 10
短期大学 227

チューター 159, **298**
　──制度 14
著作権処理 69

事項索引　307

著作権法　69

ティーチング・アシスタント（TA）　**298**
ティーチング・ポートフォリオ　11, **298**
ディクテーション問題　202
ディプロマ・ポリシー　239, **298**
デジタル教材制作マニュアル　52
電子教科書の問題点　5
電子教科書の利点　4
電子書籍　24
電子バッジ　25
電子ポートフォリオシステム　131
テンプレート　129

到達度テスト　171, 230, 273, **298**
導入教育　164
独習型eラーニング　41
特定非営利活動法人日本イーラーニングコンソシアム　46, **299**

な行
ナノレクチャー　24

21世紀のエネルギーと環境問題　46
日本語リテラシー入門　55
日本リメディアル教育学会　164
入学前教育　7, 152

ネット授業　38, 46

は行
パソコン相談カウンター　82
8大学間連携共同教育推進事業　214
話し合い学習法　11, **294**
パナソニックラーニングシステム　27
パブリッククラウド　261
反転学習　168
反転授業　2, 4, 13, 287, **299**

ピア・ラーニング　14, **299**
ビクサ（BCSA）　**299**
ビデオ・オン・デマンド（VOD）　**299**
ファカルティ・デベロップメント（FD）　**299**
フェイスブック　**300**
不登校　8
フューチャースクール事業　100
プライベートクラウド　261
プラグイン　125
プレースメントテスト　159, 273, **300**
ブレンディッド型ネット授業　49
ブレンディッド・ラーニング　13, 55, **300**
ブレンディング　6
ブレンデッド教育　163
ブレンド型学習　287
プロジェクト学習　62
分散認知　99

ポータル　76
ポータルサイト　76, 79
ポートフォリオ　13, 229, **300**
　　──ツール　129
ボローニャ宣言　264

ま行
マイクロ・インサーション　222
マトリクス　129
学びのイノベーション事業　100

ミートアップ　285
見える化　67

眼鏡型ウェアラブル端末　109
目指す教師像　85
メタ認知　94
メタバース　271
メンター　**300**

メンタルサポート　78

モバイルラーニング　107

や行
ユーザインターフェース　205
ユーティリティ　104

吉野ヶ里学　166

ら行
ラーカー　24
ラーニング・アウトカムズ　**300**

ラーニングコモンズ　249

理科離れ　7
リフレクション　84, 120, **301**
リフレクション会議　54
リメディアル教育　7, 12, 164

ルーブリック　121, 129, **301**

わ行
ワークショップモジュール　20
ワークプレース　120

人名索引

A-Z
Anjewierden, A.　96

Barrett, H.　*120, 123, 148*
Bote-Lorenzo, M. L.　*98*

Cambridge, D.　*128*

Davenport, T.　*98*

Freeman, L.　*94*
Furukawa, S.　*112*

Iiyoshi, T.　*284*

Kayama, M.　*95, 96*
Kojiri, T.　*114*
Kolowich, S.　*287*

McConnell, D.　*92*

Okamoto, T.　*95, 96, 99*
O'Malley, C.　*104*

Pappano, L.　*23, 284*

Ritrovato, P.　*100*
Rosenblatt, W.　*22*

Smith, J.　*120*
Sugimoto, M.　*96*

Tamura, Y.　*112*

Ueno, M.　*96*

Zubizarreta, J.　*120*

あ行
赤堀侃司　*75*
浅田洋平　*94*
荒川雅裕　*209*
新目真紀　*239*

石川由紀子　*133*
入口紀男　*196, 212*
岩井 洋　*218*
岩﨑千晶　*186, 187*

ヴィゴツキー, L. S.　*260, 262*
植木泰博　*29, 205*
植野真臣　*85*
ウェンガー, E.　*279*
宇都雅輝　*85*
梅田政信　*135*

大澤幸生　*94*
岡部洋一　*26*
岡本清美　*210*
岡本敏雄　*92, 93, 104, 105*
小野　博　*12*

か行
風間重雄　*7*
梶田将司　*31, 77*
カッツ, R. N.　*76*
ガニェ, R. M.　*56, 246*
香山瑞恵　*93, 104, 105*
金　英子　*94*

久保田真一郎　*78*
久家淳子　*38*

ケラー, J. M.　*59*

古賀崇朗　*39, 170*
児島完二　*67*
小尻智子　*110*
小松川 浩　*178*
小山直樹　*156, 159*
コリン, A.　*186*

さ行
櫻井良樹　*112*

清水克哉　*156, 159*
清水康敬　*269*

鈴木克明　*56, 120, 121*
鈴木恒雄　*68*
鈴木正信　*280*

た行
高木正則　*178, 183*
田口真奈　*23*
田中秀樹　*52, 54*
谷川裕稔　*7*
谷塚光典　*84*
玉木欽也　*239*

辻　昌之　*28*

寺西宏友　*239*

ドウギアマス（Dougiamas, M.）　*19, 20*

常盤祐司　31

な行
永井孝幸　79, 198
中野裕司　77, 121
仲林　清　42
仲道雅輝　56-58, 60, 238, 241
中村肖三　157

西村秀雄　222, 227

根本淳子　120

野口大二郎　115

は行
畑 耕治郎　52, 54
馬場善久　239
林　敏浩　280
林　佑樹　112
原口聡史　38

姫野完治　84

福島真司　157
福原美三　284
藤本元啓　221, 223
冬木正彦　205, 209

細井一弘　96
穂屋下 茂　38, 166
本間里見　196

ま行
前野義晴　94
益川弘如　113
松尾　豊　94
松下佳代　186
松葉龍一　199

松村真宏　96

溝上慎一　11
宮尾　亘　7
三宅貴也　159
宮原俊之　239, 245
望月雅光　131, 215
森川　修　156, 159
森　祥寛　69

や行
安永　悟　11
山川　修　278, 279
山田貴光　156

吉田　文　23
吉田光宏　20
米満　潔　12, 167

大学名索引

A-Z

HEC Montréal（モントリオール商科大学） *130*

MIT（マサチューセッツ工科大学） *4, 284*

Yale 大学 *77*

あ行

愛知大学 *152, 153, 156, 273, 274, 276*

青山学院大学 *239, 255, 259*

茨城大学 *191, 192, 193, 194, 195*

岩手県立大学 *178, 179*

ヴィクトリア大学 *124*

愛媛大学 *36, 55, 239, 241, 243, 273, 274, 276, 280, 281, 283*

オークランド工科大学 *124*

大手前大学 *36, 51-53, 54, 120, 214, 231, 232, 234, 235*

か行

香川大学 *280, 281, 283*

金沢工業大学 *120, 214, 221, 223*

金沢大学 *37, 68-71, 77, 79, 81, 82*

関西大学 *27, 28, 30, 184-186, 191, 204, 209*

畿央大学 *27, 30, 191, 200, 201, 204*

京都大学 *32, 130, 285*

熊本大学 *21, 77, 191, 196, 198*

高知工科大学 *280*

高知大学 *280, 281, 283*

コロンビア大学 *22*

さ行

佐賀大学 *36, 38, 39, 46, 47, 50, 51, 165-171, 273, 274, 276*

桜の聖母短期大学 *120, 214, 227-230, 273, 276*

札幌学院大学 *119, 136-139*

四国大学 *280*

静岡産業大学 *108*

信州大学 *21, 78, 83-85*

スタンフォード大学 *4*

創価大学 *119, 120, 131, 133, 135, 214-216, 250, 251, 253, 255, 273, 276*

た行

千歳科学技術大学 *36, 62, 64, 120, 152-155, 160-163, 173, 177, 214, 218-221, 230, 273, 274, 276*

千葉大学 *21*

帝塚山大学 *23*

東京大学 *285*

徳島大学 *280, 281, 283*

徳島文理大学 *280-283*

鳥取大学 *152, 156-159*

富山大学 *21*

な行

長岡技術科学大学 *86-89, 271*

名古屋学院大学 *36, 65, 68*

名古屋大学 *32, 77*

鳴門教育大学 *280, 282*

は行

法政大学 *32-34*

放送大学 *26, 173*

北星学園大学 *273, 274, 276*

ま行

マッセー大学 *124*

三重大学 *21*

ミネソタ大学 *128*

明治大学 *245, 247, 249*

や行

山梨大学 *171-175, 177,*

312

178, 273, 274, 276

横浜国立大学　*146*

執筆者紹介 （執筆順）

岡本敏雄（おかもと・としお）
京都情報大学院大学教授
電気通信大学名誉教授
執筆担当：まえがき, 01-2, 05-1, 05-2

穂屋下 茂（ほやした・しげる）
佐賀大学全学教育機構教授
執筆担当：01-1, 01-4, 03-2, 03-4, 08-1, 08-2

寺田 貢（てらだ・みつぐ）
福岡大学理学部物理科学科教授
執筆担当：01-3

喜多敏博（きた・としひろ）
熊本大学eラーニング推進機構教授
執筆担当：02-1, 02-2

堀 真寿美（ほり・ますみ）
NPO法人CCC-TIES・帝塚山大学TIES教材開発室
執筆担当：02-3

冬木正彦（ふゆき・まさひこ）
畿央大学副学長・関西大学名誉教授
執筆担当：02-4

常盤祐司（ときわ・ゆうじ）
法政大学情報メディア教育研究センター教授
執筆担当：02-5

森 祥寛（もり・よしひろ）
金沢大学総合メディア基盤センター
執筆担当：03-1, 03-9, 04-3

米満 潔（よねみつ・きよし）
佐賀大学eラーニングスタジオ
執筆担当：03-2, 関連用語集

仲林 清（なかばやし・きよし）
千葉工業大学情報ネットワーク学科教授
執筆担当：03-3

古賀崇朗（こが・たかあき）
佐賀大学eラーニングスタジオ
執筆担当：03-4

畑 耕治郎（はた・こうじろう）
大手前大学現代社会学部准教授
執筆担当：03-5

西尾信大（にしお・のぶひろ）
大手前大学情報メディアセンター
執筆担当：03-5

仲道雅輝（なかみち・まさき）
総合情報メディアセンター教育デザイン室長
兼 教育企画室講師
執筆担当：03-6, 11-1, 11-2

山川広人（やまかわ・ひろと）
千歳科学技術大学理工学部助教
執筆担当：**03-7, 関連用語集**

児島完二（こじま・かんじ）
名古屋学院大学経済学部教授
執筆担当：03-8

佐藤信平（さとう・しんぺい）
金沢電子出版株式会社
執筆担当：03-9

不破 泰（ふわ・やすし）
信州大学総合情報センター教授
執筆担当：04-1

長谷川 理（はせがわ・おさむ）
信州大学総合情報センター助教
執筆担当：04-1, 04-4

中野裕司（なかの・ひろし）
熊本大学総合教育統括センター教授
執筆担当：04-2, 06-1, 06-2

谷塚光典（やつか・みつのり）
信州大学教育学部付属教育実践総合センター准教授
執筆担当：04-4

福村好美（ふくむら・よしみ）
長岡科学技術大学工学部教授
執筆担当：04-5, 12-1, 12-2

中平勝子（なかひら・かつこ）
長岡科学技術大学工学部助教
執筆担当：04-5

田村恭久（たむら・やすひさ）
上智大学理工学部情報理工学科教授
執筆担当：05-3

香山瑞恵（かやま・みずえ）
信州大学工学部情報工学科教授
執筆担当：05-4

永田奈央美（ながた・なおみ）
静岡産業大学情報学部情報デザイン学科講師
執筆担当：05-5

小尻智子（こじり・ともこ）
関西大学システム理工学部電気電子情報工学科准教授
執筆担当：05-6

渡辺 潮（わたなべ・うしお）
サイエンティフィック・システム研究会
執筆担当：06-2

丹羽量久（にわ・かずひさ）
長崎大学情報メディア基盤センター教授
執筆担当：06-2

隅谷孝洋（すみや・たかひろ）
広島大学情報メディア教育研究センター准教授
執筆担当：06-3

宮崎 誠（みやざき・まこと）
畿央大学教育学習基盤センター助教
執筆担当：06-4

梶田将司（かじた・しょうじ）
京都大学学術情報メディアセンター教授
執筆担当：06-4

望月雅光（もちづき・まさみつ）
創価大学経営学部教授
執筆担当：06-5, 10-1, 10-2

斉藤和郎（さいとう・かずお）
札幌学院大学教務部
執筆担当：06-6

戸田博人（とだ・ひろと）
富士通ラーニングメディア
執筆担当：06-7

佐伯 敦（さえき・あつし）
富士通
執筆担当：06-8

島田昌紘（しまだ・まさひろ）
富士通
執筆担当：06-8

石田雪也（いしだ・ゆきや）
千歳科学技術大学理工学部グローバルシステム
デザイン学科専任講師
執筆担当：07-1, 10-3

湯川治敏（ゆかわ・はるとし）
愛知大学地域政策学部教授
執筆担当：07-2

森川　修（もりかわ・おさむ）
鳥取大学大学教育支援機構入学センター准教授
執筆担当：07-3

大河内佳浩（おおこうち・よしひろ）
千歳科学技術大学メディア教育センター
執筆担当：07-4

佐藤眞久（さとう・まさひさ）
山梨大学大学院総合研究部教授・工学部基礎教
育センター教授
執筆担当：08-3

高木正則（たかぎ・まさのり）
岩手県立大学ソフトウェア情報学部准教授
執筆担当：08-4

岩﨑千晶（いわさき・ちあき）
関西大学教育推進部准教授
執筆担当：08-5

小松川 浩（こまつがわ・ひろし）
千歳科学技術大学理工学部グローバルシステム
デザイン学科教授
執筆担当：09-1, 12-3, あとがき

宇野美由紀（うの・みゆき）
茨城大学大学教育センター講師
執筆担当：09-2

松葉龍一（まつば・りゅういち）
熊本大学ｅラーニング推進機構准教授
執筆担当：09-3

深田將揮（ふかだ・まさき）
畿央大学教育学部現代教育学科講師
執筆担当：09-4

本村康哲（もとむら・やすのり）
関西大学文学部総合人文学科教授
執筆担当：09-5

安室喜弘（やすむろ・よしひろ）
関西大学環境都市工学部都市システム工学科准
教授
執筆担当：09-6

藤本元啓（ふじもと・もとひろ）
金沢工業大学基礎教育部教授
執筆担当：10-4

加藤竜哉（かとう・たつや）
桜の聖母短期大学キャリア教養学科教授
執筆担当：10-5

石毛　弓（いしげ・ゆみ）
大手前大学現代社会学部准教授
執筆担当：10-6

宮原俊之（みやはら・としゆき）
明治大学ユビキタス教育推進事務室
執筆担当：11-3

寺西宏友（てらにし・ひろとも）
創価大学副学長
執筆担当：11-4

馬場善久（ばば・よしひさ）
創価大学学長
執筆担当：11-4

新目真紀（あらめ・まき）
青山学院大学社会連携機構ヒューマン・イノベーション研究センター客員研究員
執筆担当：11-5, 11-6

玉木欽也（たまき・きんや）
青山学院大学経営学部教授・社会連携機構ヒューマン・イノベーション研究センター所長
執筆担当：11-5, 11-6

西野和典（にしの・かずのり）
九州工業大学大学院情報工学研究院教授
執筆担当：12-2

小川信之（おがわ・のぶゆき）
岐阜工業高等専門学校建築学科教授
執筆担当：12-2

兼松秀行（かねまつ・ひでゆき）
鈴鹿工業高等専門学校校長補佐・教授
執筆担当：12-2

山川　修（やまかわ・おさむ）
福井県立大学学術教養センター教授
執筆担当：12-4

林　敏浩（はやし・としひろ）
香川大学総合情報センター教授
執筆担当：12-5

重田勝介（しげた・かつすけ）
北海道大学情報基盤センター准教授
執筆担当：12-6

大学 e ラーニング協議会
e-Learning という教育手段を活用することによって確かな教育効果とメリットを教職員・学生が享受できるよう，関連する情報，コンテンツ，運用方法，そして知恵や意識を共有するための大学連携組織です。
ホームページ：https://www.uela.org/

日本リメディアル教育学会
高大接続で議論される，高校からの積み上げとしての大学生の力をきちんと養成するため，入学前教育や初年次教育などで，実際の科目を想定して教育方法や内容を研究する学術団体です。
ホームページ：http://www.jade-web.org/

大学における e ラーニング活用実践集
大学における学習支援への挑戦 2

2016 年 1 月 30 日　　初版第 1 刷発行

監修	大学 e ラーニング協議会
	日本リメディアル教育学会
発行者	中西健夫
発行所	株式会社ナカニシヤ出版

〒606-8161　京都市左京区一乗寺木ノ本町 15 番地
　　　　　　　　　　　　Telephone　075-723-0111
　　　　　　　　　　　　Facsimile　075-723-0095
　　　　　Website　http://www.nakanishiya.co.jp/
　　　　　Email　iihon-ippai@nakanishiya.co.jp
　　　　　　　　　　　郵便振替　01030-0-13128

印刷・製本＝ファインワークス／装幀＝白沢　正
Copyright © 2016 by The Japan Association for Developmental Education
　　　　　　　　　　　& University e-Learning Association
Printed in Japan.
ISBN978-4-7795-0885-1

本書のコピー，スキャン，デジタル化等の無断複製は著作権法上の例外を除き禁じられています。本書を代行業者等の第三者に依頼してスキャンやデジタル化することはたとえ個人や家庭内での利用であっても著作権法上認められていません。

ナカニシヤ出版◆書籍のご案内
表示の価格は本体価格です。

ゆとり京大生の大学論
教員のホンネ，学生のギモン
安達千李・新井翔太・大久保杏奈・竹内彩帆・萩原広道・柳田真弘［編］
突然の京都大学の教養教育改革を受けて，大学教員はどのような思いを語り，ゆとり世代と呼ばれた学生たちは何を議論したのか？――学生たち自らが企画し，大学教育とは何か，教養教育とは何かを問い，議論した，読者を対話へと誘う白熱の大学論！
主な寄稿者：益川敏英・河合潤・佐伯啓思・酒井敏・阪上雅昭・菅原和孝・杉原真晃・高橋由典・戸田剛文・橋本勝・毛利嘉孝・山極壽一・山根寛・吉川左紀子他
1500 円＋税

学生、大学教育を問う
大学を変える，学生が変える3　木野　茂［編］
学生・教員・職員の関わる大学教育とは何か――全国の80以上の大学に広がった学生FD活動の実際と数百人の学生、教職員が集う白熱の学生FDサミットの内容を幅広く紹介し、これからの大学教育の展望を拓く。
2800 円＋税

学生FDサミット奮闘記
大学を変える，学生が変える2：追手門FDサミット篇　梅村　修［編］
あなたは、どんな大学に通いたいですか？　大学授業の改善について思い悩む300名以上の学生・教員・職員が、大学を越えて、対話を行い、作り上げた第5回学生FDサミット。その開催までの苦難の軌跡と当日の熱気の篭った発表記録を集約！
2500 円＋税

大学を変える、学生が変える
学生FDガイドブック　木野　茂［編］
教職員が考え一方的に行われてきたFD（ファカルティ・ディベロップメント）は学生とともに作り上げていく時代に入った――本書は学生FDが望まれる背景，各大学での教員・職員と学生が一体となった果敢な取組みへの挑戦，そして具体的な実践例を参加学生たちの声を交え，余すところなく解説する。
2300 円＋税

学生主体型授業の冒険 2
予測困難な時代に挑む大学教育　小田隆治・杉原真晃［編著］
学生の主体的な学びとは何か？　学生の可能性を信じ、「主体性」を引き出すために編み出された個性的な授業と取り組みを紹介し、明日の社会を創造する学びへと読者を誘う注目の実践集、第二弾！
3400 円＋税

学生主体型授業の冒険
自ら学び，考える大学生を育む　小田隆治・杉原真晃［編著］
授業が変われば学生が変わる！　学生自らが授業に積極的に参加し、互いに学び合い教えあいながら、学びの主人公になる。果敢な取り組みの貴重な事例と授業設計を余すところ無く集約した待望の実践集。
3200 円＋税

高校・大学から仕事へのトランジション
変容する能力・アイデンティティと教育　溝上慎一・松下佳代［編］
若者はどんな移行の困難の中にいるのか――教育学・社会学・心理学を越境しながら、気鋭の論者たちが議論を巻き起こす！
2800円＋税

生成する大学教育学
京都大学高等教育研究開発推進センター［編］
技術的合理性の軛（くびき）から脱するために――「相互研修」と教育的日常性の豊かさから、今、生成する大学教育学
3700円＋税

大学教育
越境の説明をはぐくむ心理学　田島充士・富田英司［編著］
コミュニケーション能力の育成の方法やその教育法の開発に生かせる科学的研究を集約。「越境の説明力」を磨く新しい大学教育論。
3700円＋税

学生の納得感を高める大学授業
山地弘起・橋本健夫［編］
授業改善のキーワードは学生の「納得感」。学生の自主的な学びの力を引き出す数々の方法や様々なツールを用いた授業実践を集約。
3300円＋税

学生と楽しむ大学教育
大学の学びを本物にするFDを求めて　清水　亮・橋本　勝［編］
学生たちは、大学で何を学び、何ができるようになったのか。個々の教員・職員・学生、そして大学コミュニティがもつ活力を活性化し、大学教育を発展させる実践・理論・主張を一挙集約！
3700円＋税

学生・職員と創る大学教育
大学を変えるFDとSDの新発想　清水　亮・橋本　勝［編］
教員・職員・学生が一体となってFDとSD（スタッフ・ディベロップメント）を推進する――今、ユニヴァーサル化が進む大学にとって必要不可欠な、学生の目を輝かせる珠玉の授業と取組を集約した待望の実践集、ついに刊行！
3500円＋税

学生と変える大学教育
FDを楽しむという発想　清水　亮・橋本　勝・松本美奈［編］
「大学における教育」とは何か？　教員の本音、学生・院生・職員の声、そして新聞記者からの視線も交えながら、大学教育の来し方、行く末を見据えつつ、「学生」の顔が見える教育現場の最前線から届いたさまざまな取組み、実践、そして大胆な発想転換のアイデアを余すところ無く一挙公開。
3200円＋税

ピアチューター・トレーニング
学生による学生の支援へ　谷川裕稔・石毛　弓［編］
大学で学生同士の学びが進むには？　学生の学習を支援する学生＝「ピアチューター」を希望する学生のための基礎知識を網羅。ワークを行い、ふりかえるためのさまざまな工夫がこらされた決定版テキストブック！　　　　　　　　　　　　　　　　　　　　　　　　　　　　　　　　　　　　2200円＋税

私が変われば世界が変わる
学生とともに創るアクティブ・ラーニング　中　善則・秦美香子・野田光太郎・師　茂樹・山中昌幸・西澤直美・角野綾子・丹治光浩著
学生と学生、教員と学生、学生と社会、社会と大学をつなぐ。大学教育の実践現場から届いたアクティブ・ラーニング活用術。　　　　　　　　　　　　　　　　　　　　　　　　　　　　　2400円＋税

大学1年生からのコミュニケーション入門
中野美香［著］
充実した議論へと読者を誘う基礎から応用まで網羅した平易なテキストと豊富なグループワーク課題を通じて企業が採用選考時に最も重視している「コミュニケーション能力」を磨く。【教員用指導マニュアル情報有】　　　　　　　　　　　　　　　　　　　　　　　　　　　　　　　　　1900円＋税

大学生からのプレゼンテーション入門
中野美香［著］
現代社会で欠かせないプレゼンテーション――書き込みシートを使って，プレゼン能力とプレゼンをマネジメントする力をみがき段階的にスキルを発展。大学生のみならず高校生・社会人にも絶好の入門書！【教員用指導マニュアル情報有】　　　　　　　　　　　　　　　　　　　　1900円＋税

話し合いトレーニング
伝える力・聴く力・問う力を育てる自律型対話入門
大塚裕子・森本郁代［編著］
さまざまな大学での授業実践から生まれた，コミュニケーション能力を総合的に発揮する話し合いのトレーニングを便利で使いやすいワークテキストのかたちに。情報共有や問題解決のためのグループワークの決定版！　書き込み便利なワークシート付き。　　　　　　　　　　　　1900円＋税

学びのデザインノート
MH式ポートフォリオ　大学英語学習者用　村上裕美［著］
英語がなかなか身につかないのはなぜ？　学習効果を上げるために自分を正確に分析して弱点を見つけよう！　個々の学習目標に合わせてその成果を確認しながら，英語力を高める工夫が施された英語学習の自己管理帳。【英語力診断テスト情報有】　　　　　　　　　　　　　1800円＋税

教養としての数学
堤　裕之［編］／畔津憲司・岡谷良二［著］
高校1年次までに学ぶ数学を大学生の視点で見直すと？　さまざまな計算技法，数学用語，数学記号を丁寧に解説。就職・資格試験の類題を含む豊富で多様な練習問題を通して学ぶ全大学生のための数学教科書。

2000円＋税

学生のための学び入門
ヒト・テクストとの対話からはじめよう　牧　恵子［著］
「何かな？」という好奇心からスタートしましょう。好奇心に導かれた「対話」から、訪れる気づきを「書く」力をみがきます。

1800円＋税

3訂 大学 学びのことはじめ
初年次セミナーワークブック　佐藤智明・矢島　彰・山本明志［編著］
高大接続の初年次教育に最適なベストセラーワークブックをリフレッシュ。全ページミシン目入りで書込み、切り取り、提出が簡単！【教員用指導マニュアル情報有】

1900円＋税

理工系学生のための大学入門
アカデミック・リテラシーを学ぼう！　金田　徹・長谷川裕一［編著］
理工系学生のための初年次教育用テキスト。大学生としてキャンパスライフをエンジョイする心得を身につけ、アカデミック・ライティングやテクニカル・ライティング、プレゼンテーションなどのリテラシーをみがこう！【教員用指導マニュアル情報有】

1800円＋税

大学1年生のための日本語技法
長尾佳代子・村上　昌孝［編］
引用を使いこなし、論理的に書く。徹底した反復練習を通し、学生として身につけるべき日本語作文の基礎をみがく初年次科目テキスト。【教員用指導マニュアル情報有】

1700円＋税

大学生活を楽しむ護心術
初年次教育ガイドブック　宇田　光［著］
簡単に騙されない大学生になるためにクリティカルシンキングをみがきながらアカデミックリテラシーを身につけよう。大学での学び方と護心術としてのクリティカルシンキングを学ぶ，コンパクトな初年次教育ガイド！

1600円＋税

大学における学習支援への挑戦
リメディアル教育の現状と課題　日本リメディアル教育学会［監修］
「教育の質の確保と向上」を目指して——500以上の大学・短大などから得たアンケート結果を踏まえ，日本の大学教育の最前線からプレースメントテスト・入学前教育・初年次教育・日本語教育・リメディアル教育・学習支援センターなど，60事例を紹介！　　　　　　　　　2800円＋税

もっと知りたい大学教員の仕事
大学を理解するための12章　羽田貴史［編著］
カリキュラム、授業、ゼミ、研究倫理、大学運営、高等教育についての欠かせない知識を網羅。これからの大学教員必携のガイドブック。　　　　　　　　　　　　　　　　　　　　2700円＋税

学士力を支える学習支援の方法論
谷川裕稔［代表編者］／長尾佳代子・壁谷一広・中園篤典・堤　裕之［編］
高等教育機関における「学習支援」の枠組みを明確に提示し，学生の質保証という難題に立ち向かう実践者たちのさまざまな工夫と多様な事例を多角的に網羅。　　　　　　　　　3600円＋税

協同学習の技法
大学教育の手引き　E・F・バークレイほか／安永　悟［監訳］
一人一人が真剣に考え、対話し、活動する授業へ。仲間との学び合いによる協同学習の導入法・技法を徹底解説。小中高校にも活用可。　　　　　　　　　　　　　　　　　　　　　3500円＋税

教養教育の思想性
林　哲介［著］
教養教育の形式化・技術化に抗して——大学設置基準「大綱化」前後の大学内外の議論を詳らかにし，思想史と日本の学制の歩みを紐解く中からあるべき教養教育を提示する。大学における教養教育の本質に迫る貴重な記録と論考。　　　　　　　　　　　　　　　　　　　　　　　　2800円＋税

成熟社会の大学教育
渡部信一［著］
これからの大学教育はどう変わるべきか？　高度成長期を過ぎ、価値観の多様化する成熟期を迎えた日本の、新しい大学教育を模索。　　　　　　　　　　　　　　　　　　　　　2400円＋税

日本の「学び」と大学教育
渡部信一［著］
目的を明確に定め，細かなプロセスなどは斟酌せずにそこに向けて大胆に突き進んでいく認知科学的な裏付けのある教育を提唱する。　　　　　　　　　　　　　　　　　　　　　1800円＋税